长江三峡工程
文物保护项目 报告

乙种第十二号

巴东雷家坪

国务院三峡工程建设委员会办公室 国家文物局 编著

科学出版社

内 容 简 介

本书是三峡库区巴东雷家坪遗址的考古发掘专题报告。书中分别对该遗址新石器时代、商周时期、东汉与六朝、唐明清时期的遗迹和遗物作了系统、翔实的报道，反映了该地区古代文化的基本面貌，为三峡地区考古学文化序列的建立提供了重要的资料。

本书可供从事地方史、历史学、考古学、人类学以及古地理环境研究的科研、教学人员参考、阅读。

图书在版编目（CIP）数据

巴东雷家坪／国务院三峡工程建设委员会办公室，国家文物局编著．
—北京：科学出版社，2008
（长江三峡工程文物保护项目报告．乙种；12）
ISBN 978-7-03-022842-0

Ⅰ．巴…　Ⅱ．①国…②国…　Ⅲ．文化遗址－发掘报告－巴东县
Ⅳ．K878.05

中国版本图书馆 CIP 数据核字（2008）第 131670 号

责任编辑：闫向东　宋小军　曹明明／责任校对：陈玉凤
责任印制：赵德静／封面设计：黄华斌

科 学 出 版 社 出版
北京东黄城根北街 16 号
邮政编码：100717
http://www.sciencep.com
中国科学院印刷厂 印刷

科学出版社发行　各地新华书店经销

*

2009 年 1 月第 一 版　　开本：A4（880×1230）
2009 年 1 月第一次印刷　　印张：16　插页：32
印数：1—1 500　　　　　字数：425 000

定价：180.00 元
（如有印装质量问题，我社负责调换〈科印〉）

Reports on the Cultural Relics Conservation
in the Three Gorges Dam Project
B(site report) Vol.12

TGCR

The LeijiaPing Site
in Badong, Hubei

State Council Three Gorges Project Construction Committee Executive Office
&
State Administration of Cultural Heritage People's Republic of China

Science Press

长江三峡工程文物保护项目报告

湖北库区编委会

主 任	张岱梨
副主任	杜建国

编 委　张岱梨　　杜建国　　胡美洲　　沈海宁

　　　　　汪元良　　吴宏堂　　杨德菊　　黎朝斌

　　　　　方学富　　陈振裕　　梁今辉　　王红星

　　　　　王风竹

总 编　沈海宁

副总编　吴宏堂　　王风竹

长江三峡工程文物保护项目报告

乙种第十二号

《巴东雷家坪》

主　编

冯恩学　蔡　维

副主编

周百灵　潘　艺　陈国庆

项目承担单位

吉林大学边疆考古研究中心

黄石博物馆

目　　录

插 图 目 录

彩 版 目 录

图 版 目 录

第一章　地理环境与工作经过

一、遗址文化地理环境

1. 三峡与巴东的地理环境

雷家坪遗址，位于长江三峡中部，东经110°23′06″，北纬31°3′9″，隶属湖北省恩施自治州巴东县东瀼口镇雷家坪村。

长江三峡，西起重庆市奉节县的白帝城，东至湖北省宜昌市的南津关，全长192.3公里。向东奔腾的江水切开了七耀山、巫山和黄陵三个背斜构造，形成了雄伟险峻的瞿塘峡、幽深秀丽的巫峡和滩多流急的西陵峡三段峡谷。瞿塘峡西起夔门，东止大溪，长8公里。巫峡西起巫山县城东的大宁河口，东到湖北省巴东县的官渡口，全长45公里。西陵峡西起秭归县香溪口，东至宜昌市南津关。三段峡谷之间是较为开阔的两个宽谷，即大宁河宽谷、香溪宽谷（图一）。西陵峡全长66公里，是长江三峡中最长的峡。西陵峡内有庙南宽谷，把西陵峡分为东、西两部分。举世瞩目的三峡大坝就修筑在庙南宽谷中的三斗坪。

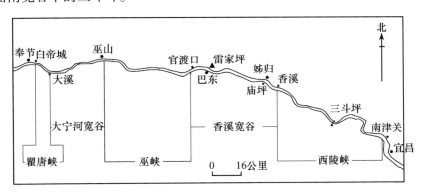

图一　雷家坪遗址在三峡位置示意图

随着三峡水库的修建，"三峡"一词的地理含义也发生了变化。三峡水库的淹没区西过重庆港，东西长达600余公里，是真正三峡长度的3倍多。目前人们普遍使用的"三峡"经常是指三峡水库，如三峡移民、三峡考古等。

瞿塘峡、巫峡和西陵峡的峡谷，奇峰延绵耸立，峭壁夹岸欲坠。三峡地区的宽谷地带，江面较为宽阔，沿江两岸地势相对平缓。邻近长江及其支流、沟涧的入江处，多为泥沙淤积层覆盖的一级阶地；远离江岸的山麓、山顶部，则往往是喀斯特洼地、沟谷谷底和一些构造平台。这些比较平坦的地方，峡民俗称为坪、坝、沱等，如茅坪、三斗坪、庙坪、平善坝、南沱等，是三峡地区的主要农业区和居民聚居区；巫山县、巴东县、秭归县城和峡区内的集镇，也大多在这些宽谷内。雷家坪就是香溪宽谷西部的长江北岸的一个临江平台。

巴东县南有清江、中部有长江自西向东将其横截，大巴山脉、巫山山脉、武陵山脉交汇峙立，属于峰岭嵯峨、峡谷幽深、地势崎岖的山地地貌。海拔 800 米为低山区，海拔 800 ~ 1200 米为半高山区，海拔 1200 米以上为高山区。香溪宽谷两岸多为低山区。

"巴东县处于新华夏系一级隆起带的第三隆起带，长江中下游东西向构造带和淮阳山字形西翼反射弧等 3 个构造体系的相汇处，彼此相互干扰，构造格局复杂"[①]。大巴山山脉从县北部进入，形成小神农架、神农顶、鸡心山、仙女山、葱坪山等海拔在 2400 ~ 3100 米的高山。向南延伸，形成龙会观、羊乳山、仙峰观、界岭、庄屋顶等海拔在 1000 ~ 1700 米的余脉高山和半高山。大巴山余脉在长江北岸被东西向的山脉阻挡。武陵山脉从县南进入，向北延伸，形成蛇口山、金满溪、银金山等海拔在 1200 ~ 1942 米的高山。武陵山余脉在长江南岸被东西向的山脉阻挡。长江南北两岸东西向的山脉构造形成长江三峡的巴东宽谷地带。雷家坪就处在江北岸东西向构造的山脉南坡上。

巴东县处于亚热带季风气候区，温暖多雨，湿润多雾，四季分明。由于地形复杂，相对落差大（最大相对落差为 2952 米），光、热、水的分布呈明显的垂直差异。海拔每升高 100 米，气温平均下降 0.62℃，无霜期减少 5 ~ 7 天，降雨量增加 50 毫米左右，春天迟到 4 天，秋早 2 ~ 7 天。雷家坪遗址所在的山坡落差超过 1000 米。与雷家坪隔江相望的黄土坡观测站（海拔 294.5 米）记录的气温如下：年平均气温 17.5℃，7 月平均气温 28.3℃，1 月平均气温 5.9℃，极端最高气温 41.4℃，极端最低气温 –9.4℃。无霜期 300 天左右，初霜日最早出现在 11 月 17 日，最晚终霜日在 4 月 5 日。夏季炎热，春秋温暖。冬天多雾，阴天为主，山巅落雪，山下夜晚积水坑偶见薄冰。

植被呈垂直变化，以常绿阔叶林为基本植被类型。柑橘林广泛分布在海拔 600 米以下的河谷地带，是农业居民目前的主要经济作物。常绿阔叶林以青枫林和小叶青枫林为主，分布在人类活动较少的山坡、沟谷、岩隙地。常绿阔叶落叶林以栎类为优势品种，多为人类频繁活动形成的次生林。巴东也有常绿针叶植被。海拔 2200 米以上有秦岭冷杉、巴山冷杉和少量的桦木构成的寒温性针叶林，为原始植被。以下是以华山松、巴山松、落叶栎混生的温性针叶林，人工营造的巴山松、华北松林。以马尾松、杉木、柏木为主的暖性针叶林分布在海拔 300 ~ 1500 米山地。峡谷低地的地表土壤是黄壤和紫色土，是由砂岩、页岩、石灰岩等风化而成，形成于亚热带生物气候条件下，宜于粮食作物和经济作物的生长，大田农作物以一年二熟为主。

三峡古代野生动物群也呈垂直分布，有丰富的动物资源。秭归县官庄坪遗址和柳林溪遗址动物群分析结果表明，从新石器时代到明代，三峡立体自然景观特点较强[②]，从屈家岭文化时期到明代，三峡谷内的环境变化不大，气候基本是以湿热为主。但是在半高山或高山地区，气候波动可能稍大一些。在更新世结束时期，我国曾出现过气温降低时期，北方型动物曾向南方大举扩迁，气温再回升时，在气温适宜地区可能有所孑遗。三峡高山峰顶区域，地势平缓开阔，气候温凉，有北方型孑遗动物。如在官庄坪遗址新石器时代屈家岭文化中有北方戈壁草原型动物野马，柳林溪遗址新石器时代有北方动物羚羊。在峡谷地带有犀牛、巨貘、水牛、水鹿等大型喜水的哺乳动物和华南虎、野猪、梅花鹿等南方森林动物，江溪水中有青鱼等。夏商西周时期犀牛、巨貘绝灭。东周时期气候变凉爽，狼增多[③]。

三峡是四川重庆地区通往长江中下游平原的黄金水道，历史时期航运业是峡内经济的重要支柱之一。三峡以其特殊的地理优势成为四川盆地与长江中下游平原文化交流的主要通道，峡江两岸留

---

① 湖北省巴东县志编委会：《巴东县志》，湖北科学技术出版社，1993 年，第 25 页。以下关于自然地理与历史资料大多出自此书。

② 武仙竹：《湖北秭归县柳林溪遗址动物群研究报告》，《秭归柳林溪》，科学出版社，2003 年，第 290 ~ 291 页；武仙竹、周国平：《湖北官庄坪遗址动物遗骸研究报告》，《秭归官庄坪》，科学出版社，2005 年，第 616 ~ 617 页。

③ 武仙竹：《湖北秭归县柳林溪遗址动物群研究报告》，《秭归柳林溪》，科学出版社，2003 年，第 290 ~ 291 页。

下丰富的古代遗迹、遗物。川东和三峡古代盛产盐,长江支流大宁河上的巫溪县的"白鹿盐泉"从先秦时开始煮盐外销,素有不耕不织、恃盐以易衣食之誉。1852~1904 年,每年从三峡运往湖北的盐有 50 万~150 万担。盐的长期外销促进三峡古代经济的发展。巴东县城处于三峡航运交通的地理中心位置,古代上行下往的船只多在此停靠补给。

2. 巴东的历史沿革

三峡景色险峻奇美,但是山高、坡陡、水恶、滩险,山洪与山体滑坡时有发生,人类生存条件险恶,可供古人类开发利用的空间极其有限。人类在三峡的生活历史是人类不断开发自然又依赖自然的斗争史,是人类伟大创造精神的体现。

人类何时进入三峡生活仍然是历史之谜。1985 年在巫山县庙宇镇龙坪村龙骨坡,发现一个人的下颌骨,1986 年发现一颗人的右上门齿,这些古人类化石被定名为"巫山直立人",生活年代在 201 万~204 万年前。1997 年和 2005 年龙骨坡遗址发现了大批石制品,构成三峡最早的考古学文化"龙骨坡文化"。

经过漫长的历史发展,在距今 7500 年左右三峡出现了楠木园文化,该文化以巴东县官渡口镇的楠木园遗址为代表,有成熟的制陶技术,耕作农业已经出现。此后有城背溪文化、柳林溪文化、大溪文化、屈家岭文化等新石器时代的文化。

夏商时期巴东属于古代巴人生活地区。西周时期巴东为夔子国地。秦始皇二十六年(公元前 221 年)郡天下,设置巫县,巴东属于巫县地。东汉建安二十四年改属吴地。三国蜀汉时属于宜都郡地,吴国时属建平郡地。

南朝宋景平元年(公元 423 年)置归乡县,开始建县。梁普通六年(公元 526 年)置信陵郡,为郡治。北周废郡治改名为乐乡县。隋朝开皇十八年(公元 599 年)更名为巴东县,沿用至今。

隋朝巴东县隶属于信州,州治在白帝城。唐代武德二年开始,巴东县隶属于归州管辖,郡治在秭归(天宝年间改名巴东郡)。清朝雍正十三年(1725 年)巴东县隶属宜昌府。"中华民国"时期先直隶湖北省,后隶属湖北省第十行政督察区。巴东成为鄂西之门户。

1949 年 11 月 3 日,巴东县城被人民解放军四野部队解放,巴东县隶属于湖北省恩施专区。1983 年鄂西土家族苗族自治州建立,巴东县为其属县。

南朝到宋朝时期的 500 年间,巴东县县治在长江北岸的旧县坪遗址。由于自然条件恶化,宋时县治三次迁移到长江的南岸,到南宋末时彻底放弃江北县城,江南县城延续至今。

古代巴东人烟稀少,经济不发达。明万历三十年(1602 年)平均每平方公里不足 4 人。清中叶人口每平方公里不足 40 人。抗日战争时期巴东处于抗战前沿,发展加快。民国二十四年(1935 年)修筑公路,开始有汽车过境,巴东港置趸船,轮船能够靠港。民国二十九年(1940 年)湖北省属的一些工厂、机关单位、学校纷纷迁入,江防部队驻防,难民涌入,使得人口激增,长江沿岸森林受到破坏。县城被日机 51 次轰炸,曾经被夷为废墟。建国后巴东得到快速发展,三峡水利枢纽工程为巴东发展又带来新的历史机遇,新县城已经成为高楼林立的现代化城市。

1982 年全县 44 万人口中,汉族 28 万、土家族 16 万人(共计 8 个姓氏)。土家族的族源是巴人后裔,巴东"八坪谭姓"传说是廪君后裔,向姓多支,有人自认为是东周向巴曼子的后裔。

3. 雷家坪遗址的地理环境

雷家坪遗址,位于香溪宽谷的西部,长江北岸,与巴东老县城(巴东港)隔江相对。隶属巴东县东瀼口镇雷家坪村二组。

雷家坪遗址北靠丘陵，面临长江，东有东瀼溪汇入长江，向西距离3公里是旧县坪遗址，考古已经发掘出六朝梁代的归乡县城遗址和唐、北宋的巴东县城遗址[①]。

雷家坪遗址由中部舌形台地和西、东两翼的山坡三部分组成（图二）。遗址中部台地的顶部平坦，即雷家坪（彩版一）。雷家坪是高出长江水面60余米的舌形台地，台地纵长方向是西南—东北向。1997年，有7套民房横列于平台中部，房屋前后有农田和柑橘林，农作物有小麦、红薯、豌豆、白菜。后部靠近山坡处有现代的坟地，两条曲折小道通往高头的雷家坪村（2000年东瀼口镇迁移到此）。台地之西是水冲沟的东侧陡坡，陡峭处生长灌木野草，较缓处有农田和柑橘林。台地之西南是陡峻的坡坎，巨大紫色和灰白色岩石交错裸露，荆棘小树攀岩斜出，人不能行。在台地之西的陡坡与西南陡峻坡坎之间，有一条连续"Z"形的坎坷小道通达长江边的礁石滩。长江水流从西南向东北奔流，遇雷家坪台地山体的阻挡而弯转南行。汛期江水急流把江边石缝间的泥沙全部携走，形成怪石林立的礁石滩。向上游的岸边是直立的石壁，人兽不能立足；向下游岸边是平缓的沙滩，水浅，船难于靠岸；所以这里高耸的礁石成为小船停靠的天然码头。雷家坪村以及更高处的村庄的人们，都是通过这个天然小码头摆渡到长江对岸的巴东县城（巴东港）。从这里下船的人，沿小道上行到雷家坪，即使轻装也会气喘吁吁，汗流浃背，过往的人多在雷家坪的民屋前歇脚喘息。2003年三峡工程二期蓄水后，水位从海拔80米上升到海拔135米。水位上涨后礁石淹没，但是摆渡码头仍在。在西瀼口修筑的巴东跨江大桥通车后，结束了巴东居民靠船摆渡过江的历史。台地之南是较缓的山坡，生长茂密的柑橘林，在接近平台处地面有零星的碎陶片。一条蜿蜒的山道通达长江边的沙滩，这个平坦的沙滩是长江主流向南偏转、水流流速变缓、水中沙土在此沉积而形成，是雷家坪村建筑取沙土的来源。

遗址西部是山坡梯田，原为红橘林，近十几年多嫁接脐橙树。地面可散见古代墓葬的青砖头，当地人俗称此山坡为黄家墓地。黄家墓地同雷家坪以一条水冲山沟相隔，沟底嶙峋岩石裸露，沟两壁上侧生长茂密灌木野草和挺拔的毛竹。一条曲折崎岖的羊肠小道横穿山沟，把雷家坪和黄家墓地连接起来。在沟底的小道北边有一口深1.5米深的古老水井，井水是山内岩石层的积水，清澈透明，常见树叶漂浮水面，数尾小鱼游戏井底。这口水井是雷家坪居民的日常饮用水源，井内水不旺，平时只能满足40人的日常用水需求。1999年春天发掘时，因久旱，井内渗水不足，居民则下山到长江背水为用。古代雷家坪居民也应该是饮用这条深沟内的山水。2003年三峡工程二期蓄水后，遗址下部被淹没，水井和小道亦被淹没，没有迁走的居民饮长江水。

遗址东部山坡位于东瀼溪汇入长江的河口，山坡较陡多断崖，现为柑橘林梯田，地面田埂有古代墓使用的素面小灰砖。在三峡文物保护规划中单列为雷家坪东遗址。山坡之上现今地势平缓且开阔，有公路通往县城，是雷家坪村委会所在地，三峡移民后这里成为东瀼口镇镇政府所在地。

至少从新石器时代末开始，雷家坪开始有人生活。限于自然条件，始终没有形成大的村落。1997年雷家坪平台现居民有雷、张、向、陈四姓，其中向姓是巴东县土家族八姓之一。由于山道狭窄崎岖，坡度大，车马不能行，搬运全靠单人背。三峡土家人使用的背物专用工具——背篓、打杵和皮肩，这也是雷家坪上下背物的唯一工具。背篓是竹编的平底容器，上大下小，外接两条弧形背带。打杵是"T"形柄的木手杖，行走时用搭杆点地借力，身体倾斜时撑地平衡稳住负重身体，歇脚时把打杵支在背篓下，身体斜靠打杵而立。雷家坪居民就是凭借

---

① 湖北巴东旧县坪遗址联合考古队：《巴东旧县坪遗址首次全面揭示六朝至宋代县级城址》，《中国文物报》2003年3月12日。

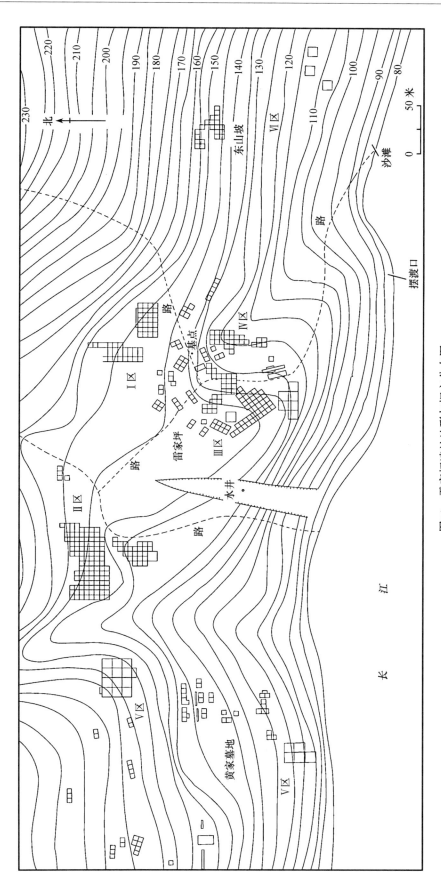

图二　雷家坪遗址地形与探方分布图

这样的简陋实用的传统工具把材草、煤炭、粮食、沙土、生猪搬运到山上山下，一人一次最多可以背负达100公斤的重物。我们考古发掘出的遗物就是用这种"原始工具"运往县城博物馆。这种实用的运输工具是何时发明的已无可考，其材料和制作的简单性可以归为原始工具类，发明它的技术难度不会比制作陶器和青铜器大，起源一定很早。古代雷家坪人也应该使用这种必要的实用工具进行生活。

雷家坪现代民居虽然有几栋房子，却体现不同的时代特征。土墙房最古，是建国初期建造的。浅地穴，版筑夯土墙，两面坡硬山式小青瓦顶。平面为"T"形，前部是堂屋和厨房，明亮宽敞，后室矮小阴暗是卧室，冬暖而夏凉。青砖阁楼房是20世纪70年代建造的，平地起建，两面坡硬山式小青瓦顶。长方形平面，面阔三间，中间是厨房和堂房，两侧间是卧室，上有阁楼。由于有阁楼，房内夏季凉爽。台基砖房是20世纪80年代末建造的，在长方形台基座之上建造长方形面阔3、4室的砖房，水泥平顶，与北方砖房没有区别，夏季酷暑时室内闷热。

2003年二期水位上涨到135米后，绝大部分居民迁移到高头的雷家坪村开始了住楼房、吃自来水、出门乘车的新生活。2006年10月三期水位达到156米时，雷家坪完全沉入水下，结束了人类在这个天赐的平台生活繁衍4000余年的历史。

二、遗址发掘工作概况与报告编写体例

1. 遗址发掘工作概况

雷家坪遗址位于巴东县东瀼口镇长江北岸的山坡中部，南距新巴东县城约1.5公里（见图一）。遗址面积较大，遗址中心的一部分现为民房所压，东西两侧的山坡上散见有砖墓和石墓。

巴东博物馆李庆荣馆长和当地居民讲述，在遗址江边的沙场经常能拾到铜箭头，特别是在20世纪80年代村民在平台上修积肥的粪池时获得一柄青铜剑，可能是挖到战国土坑墓。1984年3月恩施自治州博物馆开始调查，尔后又经过几次复查，采集到陶片、石器[①]。

在三峡文物保护工程规划阶段，武汉大学三峡考古队在1994年3月调查和1995年试掘，在平台上张家老屋的西侧发掘到西周地层和战国墓，出土了巴式剑。遗址内涵确定为周代到六朝时期的遗址和墓地。

三峡导流明渠全长3.7公里，宽350米，是一段"人造长江"，以供修筑大坝时上下船只的通航。1997年10月开挖成功并正式通航。1997年11月8日进行大江截流，截断了长江主河道，使主河床裸露，在此修建永久大坝。随着导流明渠的修建，三峡库区内地下文物考古抢救性工作也进入了会战式高潮期。雷家坪遗址进入正式发掘阶段。

1997年秋，吉林大学考古学系雷家坪考古队对雷家坪遗址进行了正式发掘。发掘工作自9月中旬开始，到11月中旬结束。对遗址进行分区，雷家坪台地被划分为4区，西翼的山坡（黄家墓地）是第Ⅴ区，东翼的山坡（即规划中雷家坪东遗址）是第Ⅵ区。共分六个发掘区，布5米×5米探方52个，10米×15米探方1个，3米×20米探沟2个，3米×10米探沟1个，3米×15米探沟1个（见图二），发掘总面积1659平方米。共清理灰坑7个、墓葬3座、灶1个、沟1条。本次发掘没有发掘到期盼的战国墓葬，但是首次发现了新石器时代晚期的地层、商代地层、六朝地层与灰坑，对遗址包含的文化内涵和堆积特点有了基本认识。领队陈国庆，参加人员有李言、冯恩学和1995级考古专业学生。

---

① 恩施自治州博物馆：《巴东长江段几处古遗址调查》，《三峡考古之发现》（二），湖北科学技术出版社，2000年。

1999 年 3~6 月，吉林大学考古学系对雷家坪遗址进行了第二次发掘。沿用上次发掘时的分区，共布探方 44 个、探沟 4 条，发掘面积为 1257 平方米。在Ⅰ区揭露出战国墓葬 1 座、明墓 1 座、六朝灰坑 2 个、夏商代灰沟 1 条，发掘了新石器时代、夏商、西周、春秋、六朝的文化层。在第Ⅴ区发掘六朝墓 1 座、唐朝墓 3 座。在第Ⅵ区发掘清墓 1 座。发掘领队冯恩学，参加人员有宜昌博物馆的李孝沛，另有考古系学生郑小炉、何景成、朱之勇等。

从 1998 年开始浇筑的 1600 多米长的三峡二期大坝，在 2002 年 5 月上游基坑破堰进水后，大坝开始永久挡水，9 月 15 日，三峡二期大坝泄洪坝段 22 个导流底孔成功分流，10 月 25 日全线封顶，达到海拔 185 米最终坝顶高程。11 月 6 日导流明渠宣告截流成功。按计划 2003 年 4 月开始蓄水，海拔 135 米以下将全部淹没。吉林大学边疆考古研究中心组建的雷家坪考古队在 2002 年 11 月下旬赴雷家坪遗址，对该遗址进行了第三次发掘。2003 年 1 月结束野外工作，发掘面积 2025 平方米。Ⅰ区 5 米×5 米探方 34 个，5 米×10 米探方 1 个；Ⅳ区 5 米×5 米探方 12 个；Ⅴ区 5 米×5 米探方 10 个，10 米×10 米探方 5 个。发掘了商周地层，战国墓 1 座、南北朝墓 2 座、唐墓 2 座、清墓 1 座。发掘领队冯恩学，参加发掘工作的有哈尔滨市博物馆的杜赤和李斌，黑龙江省双鸭山市文物管理站黄震亚，吉林省双辽博物馆邵海波，吉林市文物管理委员会刘力，内蒙古乌盟博物馆李树国，吉林大学研究生赵明星、盛之翰、周蜜、张玉霞等。

2003 年 6 月 10 日 21 时 50 分，三峡水库蓄水位达到海拔 135 米。雷家坪遗址的第Ⅲ区、Ⅴ区、Ⅵ区的一部分被水淹没。2003 年湖北省荆州博物馆对雷家坪遗址进行第四次发掘，发掘面积 2000 平方米。发掘到周代地层和唐墓 1 座等。

2003 年 11 月到 2004 年 1 月，中山大学进行第五次发掘，面积 2000 平方米，发掘到六朝墓葬 16 座，发掘领队郑君雷。

2004 年 6~8 月，湖北省黄石博物馆考古队对雷家坪遗址进行第六次发掘，在第Ⅱ区、第Ⅴ区发掘了 4500 平方米。其中 5 米×5 米探方 130 个，10 米×10 米探方 13 个。在第Ⅴ区东北部发掘到东汉到六朝墓 6 座。领队冯少龙，执行领队黄功扬。蔡维、胡继传、程波、王勇、陈斌、阮鹏参加了发掘工作。

2005 年 5~8 月，湖北省黄石博物馆考古队对雷家坪遗址进行第七次发掘，发掘了 3000 平方米。在第Ⅰ区、第Ⅱ区、第Ⅲ区、第Ⅵ区发掘，其中 5 米×5 米探方 108 个，10 米×10 米探方 1 个，在第Ⅱ区发掘到六朝墓 3 座。领队冯少龙，执行领队黄功扬。蔡维、黄功扬、程波、王勇、陈丽燕、鲁静等参加了发掘工作。

2005 年 12 月，吉林大学边疆考古研究中心雷家坪考古队对该遗址进行第八次发掘，发掘面积 1000 平方米。Ⅰ区 5 米×5 米探方 6 个；Ⅲ区 5 米×5 米探方 8 个，5 米×10 米探方 2 个；Ⅴ区 5 米×5 米探方 22 个。在平台的Ⅲ区发掘出灶 1 座、祭祀坑 1 座。发掘领队冯恩学，参加发掘的有吉林大学研究生吴敬、王晶、王博、张晓东、陈章龙等。

2006 年 6~7 月，湖北省黄石博物馆雷家坪考古队对遗址进行第九次发掘，发掘面积 2472 平方米。这次发掘时，水位涨到 139 米，遗址主体所余未发掘部分很少，发掘探方主要分布在李家湾村遗址（这是在雷家坪遗址之西的自然村，行政隶属雷家坪村一组），在沿江坡地布方发掘（图三）。共开探沟、探方 72 个，在此次发掘过程中共清理发掘出战国至明代土坑墓、砖室墓、砖石室墓葬 9 座，其中战国土坑墓 1 座、东汉砖室墓 1 座、六朝砖室墓 1 座、唐代砖室墓 1 座、唐代砖石室墓 1 座、明代土坑墓 3 座、明代砖室墓 1 座。其中在坪台处发掘出战国墓 1 座。本次发掘领队为冯少龙，项目负责人为蔡维、工地负责人为周百灵，参加发掘和整理人员有曲毅、陈斌、谢昆、张伟、余乐、曾令斌、向勇、李刚、胡刚、李辉、罗晓东。

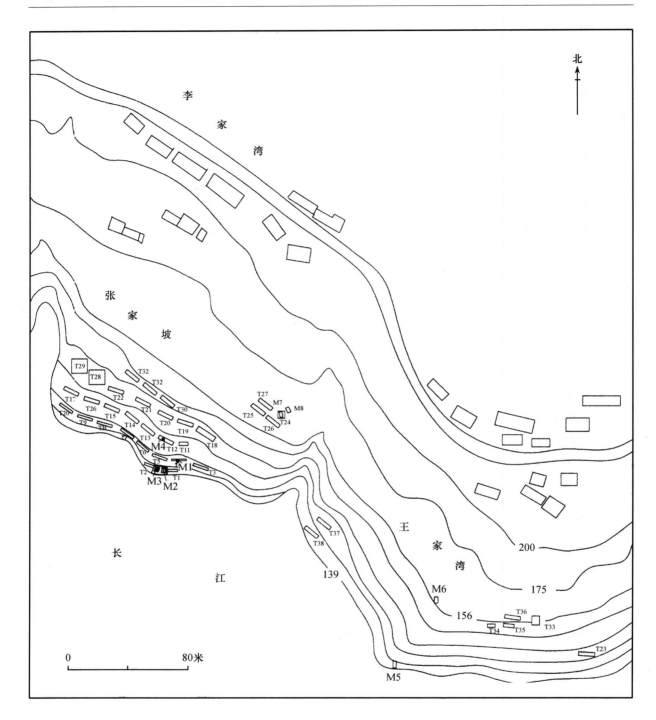

图三 雷家坪一组李家湾遗址地形与探方分布图

2006 年 10 月，三峡水库蓄水达到 156 米水位，雷家坪的平台全部被水淹没。

总之，雷家坪遗址发掘可以分为两个阶段，伴随 1997 年三峡大坝首次截流开始，到 2003 年 6 月二期截流蓄水达 135 米为第一阶段，吉林大学进行三次发掘。2003 年 6 月遗址 135 米以下被淹没，又进行了六次发掘，承担发掘单位以黄石博物馆为主，其次是荆州博物馆、中山大学、吉林大学。

根据湖北省文物局三峡办的部署，由吉林大学的冯恩学和黄石博物馆蔡维负责编写本报告。

在发掘期间和发掘后进行了部分资料整理工作，其中 1997 年①和 1999 年②的发掘简报已经发表。

2. 关于报告编写体例的说明

本报告是吉林大学承担的 4 次发掘（1997 年、1999 年、2002 年、2005 年下）和黄石博物馆承担的 3 次发掘（2004 年、2005 年上、2006 年）成果的总报告（不包括武汉大学历史系考古专业试掘成果、中山大学和荆州博物馆 2003 年的两次发掘成果）。

雷家坪遗址的发掘所得资料特点是：历史跨度大，内容零碎，每期各类资料极不平衡。在章节的安排上，采用内容决定形式、不强求标题和层次序号的形式统一。第一期到第五期的遗存，所属时代虽基本明确，其年代和文化归属都是整理者现有的认识，还需要研究者探讨，随着今后的研究而深化，所以以期另立题。第五期的墓葬也可能到秦代，所以没有以"战国墓葬"为题。第六期到第八期，所属朝代明确，便于读者利用，直接以朝代立题。

吉林大学 4 次发掘对遗址分区是一致的。黄石博物馆 3 次发掘的分区与吉林大学不同，但只发掘到少量墓，没有发掘到文化层，涉及遗物遗迹很少，所以本报告遗址分区采用吉林大学的分区。

本报告编号由前缀、主干、后缀构成。由于种种原因，各次发掘实际使用的编号系统不统一，为了既不混乱，又不改变原始号，报告内的遗迹、探方、遗物都采用原始编号前一律加年度号的办法。这样造成编号冗长，给利用者带来一定的不方便，但只能如此，敬请谅解。具体编号方法说明如下。

编号的前缀由年度号、巴东雷家坪遗址代号组成，即"97BL"代表 1997 年巴东县雷家坪。编号的主干与后缀完全沿用各个年度发掘所使用的实际编号。主干是探方号、探沟号或遗迹号。遗迹号是按照每次发现的顺序数字编号。探方编号沿用各次发掘的实际编号。吉林大学 4 次发掘的探方和探沟编号是"T"和 3 位数字组成，第 1 位数字是分区号，第 2 位和第 3 位数字是代表发掘顺序，如"T401"表示第 4 区第 01 号探方。黄石博物馆 2004 年发掘的探方编号是"T"和 4 位数字组成，前 2 位代表横排数，后 2 位代表纵列数。黄石博物馆 2005 年发掘的探方编号是"T"和 1 位或 2 位数字组成，数字代表本次实际发掘区内由西向东、由南向北排列的顺序号，如"T2"表示向东排列的第 2 个探方。后缀是器物在本单位中排序数字，按照考古报告的惯例前面加此号"："，如果是地层则在此号前加地层号。

---

① 吉林大学考古系：《湖北巴东雷家坪遗址发掘简报》，《考古》1999 年第 1 期。
② 吉林大学边疆考古研究中心：《湖北巴东县雷家坪遗址第二次发掘简报》，《考古》2005 年第 8 期。

第二章　文化地层与分期

一、文 化 地 层

雷家坪遗址由中部舌形台地和西侧黄家墓地山坡、东侧的东山坡三部分组成，其西邻李家湾村山坡。下面分别叙述各自的文化地层。

1. 中部（雷家坪台地）的文化地层

遗址中部的雷家坪是高出长江水面60余米的舌形台地。台地顶部平坦，适合居住，1997年有民房呈"Y"字形分布，依据民房和自然道路把平台顶和周围划分为4个发掘区，以武汉大学试掘探方所在区域为Ⅰ区，沿逆时针方向排列，编号为Ⅰ、Ⅱ、Ⅲ、Ⅳ区（见图二）。

（1）Ⅰ区地层堆积与层位关系

Ⅰ区位于张家老屋的西侧，现地表平坦。北部靠山坡处发掘2米深，未见文化层。中部和南部断断续续有文化层分布，深浅不一，多数探方的文化层只有1层，少数探方的文化地层达7层。有墓、灰坑和灶遗迹，遗迹在探方的分布见图四。

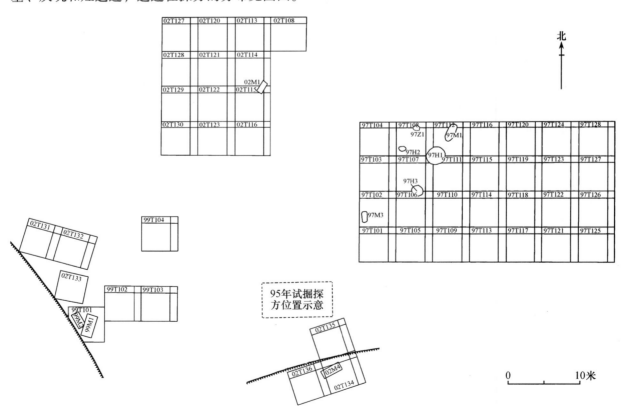

图四　雷家坪遗址Ⅰ区遗迹分布图

现择探方97BLT112、02BLT135对地层堆积介绍如下。

97BLT112位于Ⅰ区东北部，地表平坦。其探方地层如下（图五）。

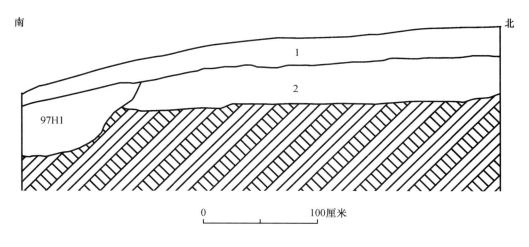

图五　97BLT112西壁探方剖面图

第1层：耕土层，黄褐色土。厚8～40厘米。质地疏松。其分布范围遍及全方。有少量陶片。97BLH1、97BLM1在第1层下开口。

第2层：红褐略带黄色土。厚30～40厘米。质地较硬，杂有较多炭灰、红烧土块和石块等。该层分布范围主要居于探方的东北部。陶器有鬲、罐、豆等。此层为西周时代的地层。

第2层以下为生土。

本探方的层位关系有2组：

①→H1→②→生土

①→M1→②→生土

02BLT135位于Ⅰ区东南，其探方地层堆积如下（图六；图版一，1）。

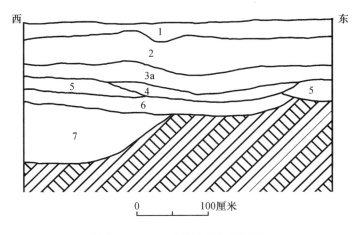

图六　02BLT135北壁探方剖面图

第1层：耕土层，灰褐色土。厚15～50厘米。分布于整个探方。土质疏松软黏，包含植物根茎及少量红、灰色陶片，瓷片。

第2层：灰紫色土。厚2～50厘米。分布于整个探方。土质松软，内包含植物根茎、少量红、灰色陶片，瓷片及其他杂物。为现代垫土层。

第 3 层：分为 a、b 两亚层。

第 3a 层：黑灰色土。厚 15～20 厘米。分布于整个探方。土质坚硬呈块状，包含少量陶片及石块。陶器有鬲足、尖底器、豆、罐、夹炭黑陶釜等。属于西周时期地层。

第 3b 层：浅黄色土。厚 1～30 厘米。分布于探方东南部。土质坚硬紧密，包含极少量陶片，器类同上。属于西周时期地层。

第 4 层：红烧土块层。厚 1～30 厘米。分布于大部分探方中部。土质坚硬，包含红、灰色陶片、零星木炭及少量石块，器类有敛口罐、灰陶卷沿盆、盘口罐、圈足、器盖等。属于夏商时期地层。

第 5 层：黑褐色土。厚 15～45 厘米。分布于整个探方。土质坚硬紧密，含有红色砂岩颗粒、红烧土块、零星木炭及少量石块。器类有罐、平底器等。属于夏商时期地层。

第 6 层：黑褐色土。厚 1～55 厘米。分布于大部分探方内。土质坚硬，包含大量红烧土块及少量鹅卵石。陶器同第 5 层，属于夏商时期地层。

第 7 层：灰黄色土。厚 3～85 厘米。分布于探方西北部。土质坚硬，包含少量石块、零星木炭。石器、陶片稀少。属于夏商时期地层。

（2）Ⅱ区地层堆积与层位关系

Ⅱ区位于平台的西北部，地势为北高南低的坡地。地层堆积简单，耕土层下为生土，没有发掘到文化层。遗迹只有 3 座墓葬，墓葬开口在耕土层下，墓葬打破生土。墓葬在探方的分布见图七。

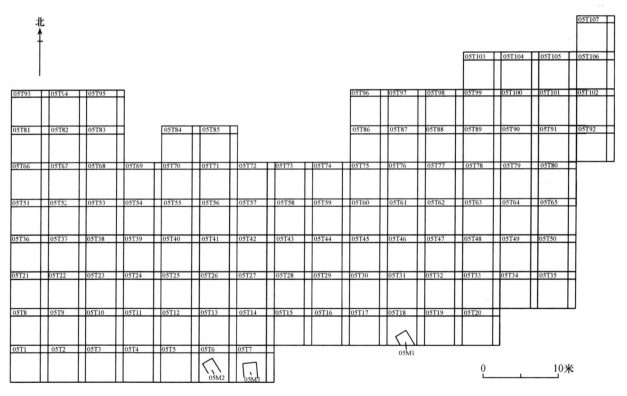

图七　雷家坪遗址Ⅱ区遗迹分布图

（3）Ⅲ区地层堆积与层位关系

Ⅲ区位于平台的南部，地势平坦。没有连续的大片分布的地层，残留的地层和遗迹呈分散状态。遗迹有灰坑、祭祀坑、墓葬、沟、灶，遗迹在探方的分布见图八。

97BLT302 地层堆积（图九、图一〇）。

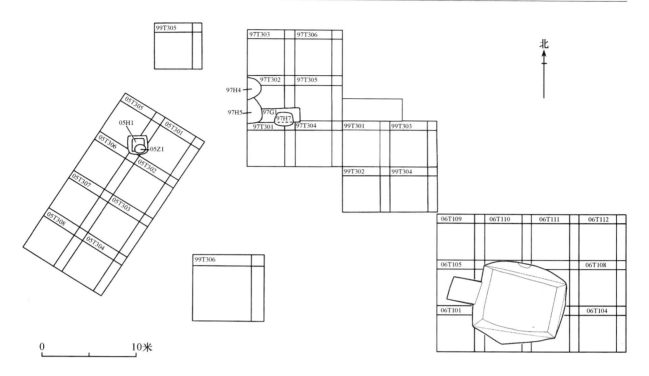

图八　雷家坪遗址Ⅲ区遗迹分布图

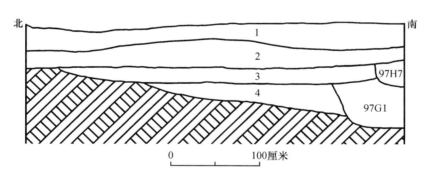

图九　97BLT302东壁探方剖面图

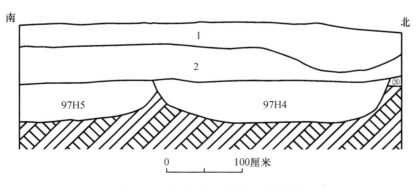

图一〇　97BLT302西壁探方剖面图

第1层：耕土层，灰褐色土。厚20～65厘米。有零星瓷片。

第2层：黄褐色土。厚10～50厘米。遍布全方。夹杂大量红砂粒，土质疏松，包含物较杂，有青花、青瓷片和红陶片等。此层为明清时期的地层。97BLH4、97BLH5开口于此层下。

第3层：黑褐色土。厚2～45厘米。分布探方的东部和南部。土质致密坚硬，土层中夹杂红砂粒、红烧土、炭末等。出土遗物相对丰富，以瓷片为主，多青瓷，器形以碗为主，其次是罐、小钵、盏、盘口壶、瓮和盆。含绳纹、方格纹陶片。此层下开口的遗迹有97BLG1，此层为六朝地层。

第4层：黄褐色土。厚2～50厘米。土质坚硬，夹杂红烧土。分布于探方东部，遗物较少，以泥质红陶片为主，有鬲口，卷沿罐口沿等，为春秋地层。

第4层下为生土。

本探方的层位关系：

①→②→H4→H5→③→G1→④→生土

05BLT305地层（图一一）如下。

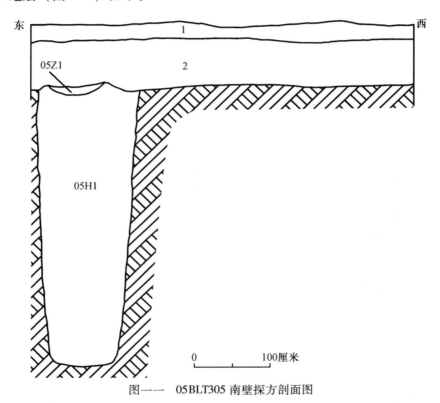

图一一　05BLT305南壁探方剖面图

第1层：耕土层，灰黄色土。厚10～25厘米。土质疏松。包含大量植物根茎，无古代遗物出现，地势北高南低倾斜分布。

第2层：红土层，红褐色黏土。厚30～45厘米。土质结构紧密，黏度较大，含少量石块，北高南低，倾斜分布。此层下开口的遗迹单位有Z1、H1，其中Z1叠压H1。

第3层：生土层，较纯净，无任何遗存出土。

本探方层位关系如下：

①→②→③→④→G1→⑤→⑥→⑦→⑧→⑨→⑩→生土①→②→Z1→H1→生土

（4）Ⅳ区地层堆积与层位关系

Ⅳ区位于台地的东部、张家老屋的东南侧。西北为平台，其余为较陡的坡地。遗迹有灰坑和沟，其在探方分布如图一二。

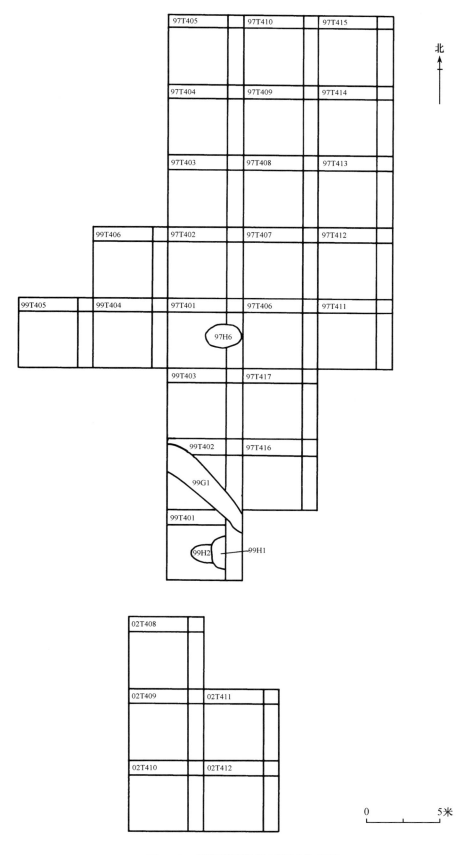

图一二　雷家坪遗址Ⅳ区遗迹分布图

Ⅳ区文化地层可以分为3个小区。

第一小区是台地的顶部（即现代房屋的院子），地表平坦，其地层堆积02BLT404地层堆积为例叙述如下。

第1层：表土层。厚22~135厘米。土质坚硬、板结，土色灰黑。偶有花纹砖头出土，饰回纹、菱形纹、折线几何纹等；有少量碎陶片。也有现代瓦片、塑料等出土。

第2层：灰黑色土。厚20~45厘米。土质结构紧密，仍很坚硬，夹杂炭粒、白灰粒等。伴随陶片出土，均泥质陶，红色、灰色都有；也有瓷片出土，包括青花、白瓷片、豆绿色瓷片、米黄色瓷片等；还有铁钉、铁片、玻璃等。

第3层：深灰黑色土。厚15~85厘米。土质较第2层疏松，白灰粒也少得多。出土物差别不大，但远没有第2层丰富。

该探方分布于张家老屋的院内，地表接近水平，发掘出的各个地层特点是西北高东南低倾斜分布，说明古代地貌是坡度较小的缓坡，由于建房子而被填平去高，各层为近现代修建房屋时的垫土。

第二小区是接近第一小区的坡地，地势较陡。文化层地层厚、保留新石器时代晚期到西周的原始地层，边缘地区地层薄，遗物较少。

97BLT402地层堆积如下（图一三）。

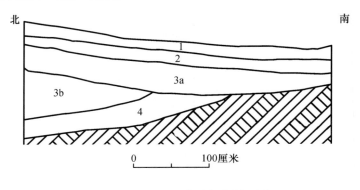

图一三　97BLT402东壁探方剖面图

第1层：耕土层，黑褐色土。厚15~20厘米。含有少量陶片、瓷片和铁钉。

第2层：红褐色土。厚15~20厘米。结构较疏松。含有少量带釉瓷片和泥质灰陶片。该层为六朝时期地层。

第3层：黑色土。质地较坚硬。本层又可分为a、b两亚层。

第3a层：厚20~45厘米。夹杂少量红烧土块和炭粒，出土遗物主要是陶片，此层为西周时期地层，

第3b层：厚1~70厘米。仅在探方东北角有分布。夹杂大量的红烧土块及少量石块和兽骨，出土较多夏商陶片。此层为夏商时期地层。

第4层：黄褐色土。厚2~35厘米。仅在探方东北角有分布。较为黏硬，夹杂少量红烧土块和较多新石器时代晚期陶片，该层为新石器时代晚期的地层。

第4层以下为黄色生土。

97BLT403 地层堆积如下（图一四）。

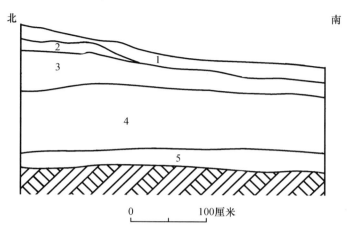

图一四　97BLT403 东壁剖面地层

第 1 层：耕土层，黑褐色土。厚 10～20 厘米。含有少量陶片和瓷片。

第 2 层：红褐色土。厚 10～20 厘米。仅分布在北部，结构较疏松。含有少量带釉瓷片，为六朝时期地层。

第 3 层：黑色土。厚 25～55 厘米。质地较坚硬。夹杂少量红烧土块和炭粒，出土遗物主要是陶片，器形有鬲、釜、罐等。此层为西周时期的地层。

第 4 层：黑色土，略带黄色。厚 75～95 厘米（地层厚度分布不均匀在探方中部最厚 120 厘米，最薄 40 厘米）。质地坚硬，夹杂大量的红烧土块及少量石块和兽骨，出土较多夏商时期陶片和石器，陶器器形有罐、盆等，纹饰有太阳纹、贝纹等。此层为夏商时期地层。

第 5 层：红褐色土。厚 20～30 厘米。较为黏硬。含有陶片等遗物。器形有罐等。夏商时期地层。

99BLT402 地层堆积如下（图一五）。

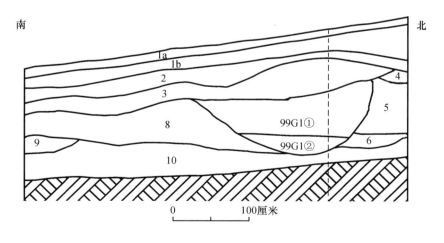

图一五　99BLT402 西壁剖面图

第 1 层：耕土层。厚 20～55 厘米。土质松软。

第 2 层：黄褐土。厚 10～30 厘米。夹杂小石块，土质较硬。出土陶片和六朝时期的青瓷片、灰瓦片。

第 3 层：灰黑色土。厚 20～60 厘米。杂有红烧土块，土质较软。出土西周时期的陶片、扁足。G1 开口于第 3 层下。属于西周时期地层。

第4层：红色土。厚2～40厘米。夹有较多石块，土质坚硬。分布面积小，仅在探方北部和隔梁处。无任何遗物。可能是北山坡生土块滚落至此形成的地层。

第5层：棕色土。厚80～90厘米。土质较软，无遗物出土。

第6层：灰黑色土。厚6～40厘米。土质较硬，杂有大量红烧土。呈东南—西北向分布。出土有夏商时期陶片。属于夏商时期地层。

第7层：黑色土。厚2～30厘米。土质较硬，夹杂少量红烧土块。分布在探方的东部。出土遗物有夏商时期陶片。属于夏商时期地层。

第8层：黄褐色土。厚2～50厘米。土质较硬，含有炭灰。出土新石器时代晚期的陶器、石器。属于新石器时代晚期地层。

第9层：浅黄褐色土。厚2～20厘米。含有炭粒，土质较硬。出土较少新石器时代晚期的陶片。属于新石器时代晚期地层。

第10层：灰黄色土。厚2～45厘米。含有炭粒，土质较硬。出土少量的新石器时代晚期的陶片。属于新石器时代晚期地层。

本探方层位关系：

①→②→③→④→G1→⑤→⑥→⑦→⑧→⑨→⑩→生土

99BLT401地层堆积如下（图一六）。

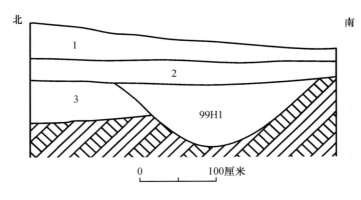

图一六　99BLT401东壁剖面图

第1层：耕土层。厚12～50厘米。土质松软。

第2层：黄褐色土。厚15～35厘米。夹杂小石块，土质较硬。出土陶片和六朝时期的青瓷片、灰瓦片。H1开口于第2层下。第2层属于六朝地层。

第3层：黄灰色土。厚30～85厘米。杂有红烧土块，土质较硬。出土新石器时代晚期的陶片。属于新石器时代晚期的地层。

本探方层位关系：

①→②→H1→③→生土

第三小区是Ⅳ区南部的山坡，坡度较缓。1999年发掘时布探沟发掘，揭去耕土层，下面就是生土，没有找到文化层和遗迹。

2. 西部（黄家墓地山坡）的文化地层

雷家坪西部黄家墓地山坡被编为第Ⅴ区，山坡较陡，现地表为梯田。没有发现文化层。遗迹仅见汉、六朝、唐代的墓葬，墓葬在探方内的分布见图一七和图一八。

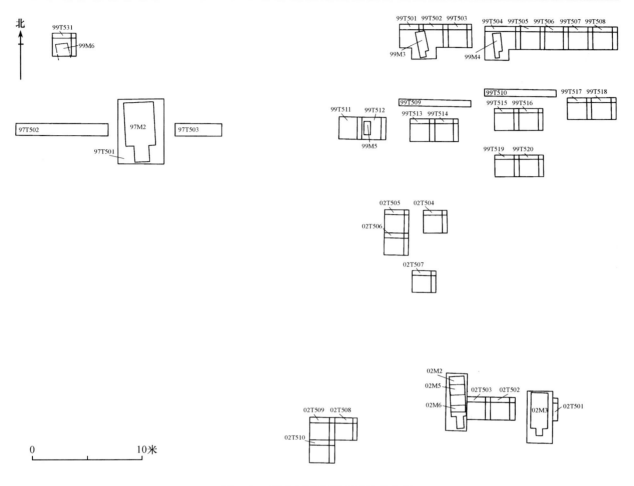

图一七　雷家坪遗址 Ⅴ 区遗迹分布图

02BLT503 地层堆积如下（图一九）。

第 1 层：表土层，灰黄色土。属橘林地，土质疏松，土色较深，厚度 20～40 厘米。

第 2 层：土色为浅红褐色，厚度 20～25 厘米。土质较疏松。土中包含有碎石。第 2 层下开口的遗迹有 M5、M6、M2。M2 是南朝砖室墓，M5、M6 是唐代利用 M2 的墓圹修建的。

第 3 层：生土层，为红褐色黏土。土质紧密，无包含物。

本探方的层位关系：

$$① \rightarrow ② \rightarrow \begin{matrix} M5 \\ M6 \end{matrix} \rightarrow M2 \rightarrow 生土$$

3. 东部（东山坡）的文化地层

雷家坪东部的东山坡被编为第 Ⅵ 区，地势陡峭，现为梯田。在相距较远的两处布探方发掘，均没有发现文化层。其中在地势较低的梯田内只发现 1 个清代的小型积石土坑墓（图二〇）。

从发掘情况分析雷家坪遗址文化地层的特点是面积小而零散，地层薄出土物少。形成的原因有两方面，一是各个时期居住的人都很少，不能形成厚实的大面积连续地层；二是山高坡陡，水土流失严重，坪台狭小，历代反复铲平地基建房，地面被不断削低，古代房屋已荡然无存。所获含陶片的地层多数乃当时自然沟的底部。

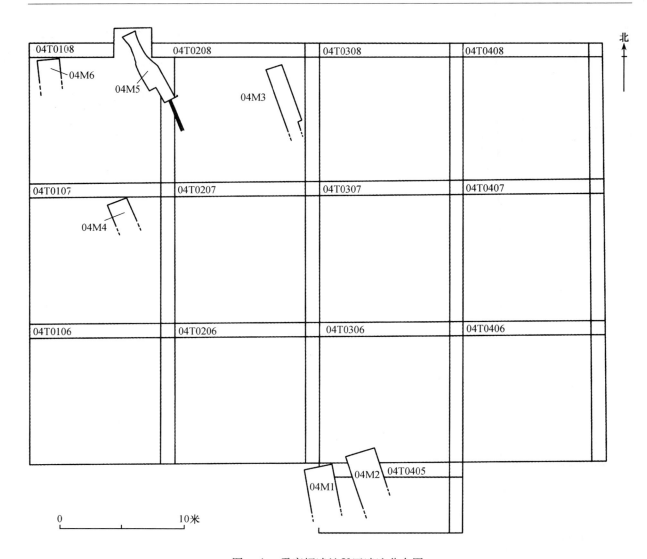

图一八　雷家坪遗址Ⅴ区遗迹分布图

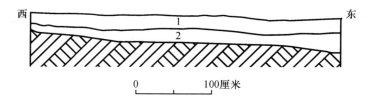

图一九　02BLT503 北壁剖面图

4. 李家湾村山坡地层

李家湾村在雷家坪遗址之西的自然村，行政隶属雷家坪村一组，2006 年在沿江坡地布方发掘，没有发现古代文化层，耕土层下为生土层，墓开口在耕土之下。

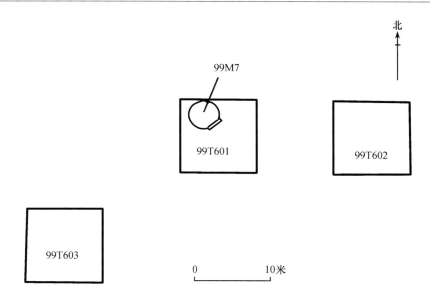

图二〇　雷家坪遗址Ⅵ区遗迹分布图

二、分　　期

　　雷家坪遗址进行了 8 次发掘，所获考古资料的时代从新石器时代晚期到明清时期，时间跨度长，各时期内容都不丰富。由于自然和人为的因素，古代的遗存保存不好。出土陶片破碎严重，能拼对复原的陶器寥寥无几，陶器器物组合和器物的完整形态资料严重缺乏，历史时期的墓葬多被盗扰严重，甚至有的墓没有任何遗物存留，为分期和文化性质判定带来困难。根据地层和遗迹的层位关系，结合对出土遗物的分析，可以把雷家坪遗址所获遗存划分为八期。

　　第一期，新石器时代晚期。以 97BLT402 第 4 层，99BLT402 第 8 层、第 9 层、第 10 层，99BLT404第 8 层为代表。没有发现遗迹现象，但出土了新石器时代晚期的遗物，主要包括陶器、石器。陶器以夹粗砂夹炭陶、泥质陶为主，夹细砂陶次之。夹粗砂夹炭陶中有的掺和料有砂粒和有机物，其中有机物以草为主，个别有骨粉末。纯夹砂者很少。泥质陶中有一部分质地细腻的细泥灰陶，还有一部分磨光黑陶、黑皮陶。器类以盆、壶、罐、豆、圈足盘和钵等日常生活用具为主。器表装饰以素面为主，纹饰有方格纹、篮纹、弦纹、压印纹、锥刺纹和粗细绳纹等，多通体施纹，其中又以细线纹、锥刺纹、压印纹、交错线纹和舟形纹较具特色。一部分陶器的口沿和唇部有较精巧的装饰，一些泥质陶和细泥陶皆为薄胎，有明显的轮制痕迹，泥质陶皆为薄胎，部分轮制，造型轻巧而规整。有的黑陶片，厚仅0.8 毫米，质地坚硬，有龙山文化蛋壳陶之风。这些器物都具有新石器时代晚期陶器的特征。

　　第二期，夏商时期。以 97BLT402 第 3b 层，97BLT403 第 4、5 层，97BLT409 第 4 层，99BLT402 第6、7 层，99BLT404 第 6a、6b 层和第 7 层，02BLT135 第 4、5、6、7 层为代表。遗迹 99BLG1 属于此期。陶器以夹砂夹炭陶、泥质陶最为多见，夹细砂陶最少。陶色以黄褐、灰褐、红色为主，还有少量的黑陶，包括黑皮陶。陶器均手制，未见轮制。泥质陶的陶胎较新石器时代晚期加厚，器壁特别薄者消失。纹饰也较一期丰富，除了常见的绳纹、方格纹、弦纹、戳印纹和附加堆纹以外，还出现太阳纹、贝壳纹、S 纹、连弧纹等。器类有罐、尖底器、长颈壶和缸等。02BLT135 的第 4～7 层是雷家坪二期地层，2003 年北京大学实验室对 02BLT135 第 6 层出土的兽骨（标本实验室编号为 BA03055）进行[14]C测定，为距今 3820±80 年（未经树轮校正）。

　　第三期，西周时期。以97BLT402第3a层，99BLT402第3层，99BLT404第3层，02BLT135第3层为代表。仍以夹砂夹炭陶、泥质陶为主，夹细砂次之。夹炭的掺和料仍是草和骨末，高温炭化后，形成小孔隙，但是第三期的掺杂的有机物所占比率下降，砂的含量有所提高，所以陶器硬度提高。二期常见的"轻陶"消失。陶胎普遍较夏商时期加厚，制作不精制，但火候较高，陶片较坚硬。纹饰以方格纹、粗绳纹为主，还有一定数量的弦纹，附加堆纹，花边口沿压印都较深，形成所谓的大花边；器形较前期简单，胎质普遍加厚，制作也不规整。器形出现鬲，此外还有釜、罐、瓮、壶、盘、豆、平底杯、尖底杯等。这一时期还发现了青铜器，出现青铜盅1件、青铜镞1件。

　　第四期，春秋时期。地层以99BLT302第4层为代表，属于此期的遗迹有97BLH1、97BLG1、97BLZ1、05BLH1、05BLZ1。陶器以夹砂夹炭陶为主，泥质陶次之。夹炭陶的胎体都比较厚，制作也比较粗糙。陶色以红褐、黄褐色为主，另外还有灰、褐和黑色陶。纹饰也比较简单，典型纹饰为制作粗糙的粗绳纹，还有少量的方格纹和弦纹，典型器物有鼎、罐、豆、钵等。

　　第五期，战国时期。未见此期地层，属于此期的遗迹有99BLM2、02BLM4、06BLM9。为土坑竖穴墓，随葬品有青铜剑、矛、鍪、壶和陶盂。

　　第六期，东汉六朝时期。地层以97BLT402第2层为代表。属于此期的墓葬有16座：97BLM2、97BLM3、99BLM6、02BLM2、02BLM3、04BLM1～04BLM6、05BLM1～05BLM3、06BLM5、06BLM8。灰坑6座：97BLH4～97BLH7、99BLH1、99BLH2。出土了青瓷器、铜器和铁器，以盏和碗为大宗，还有南朝时期典型的四系罐、盘口壶、长颈壶等。

　　第七期，唐代。唐墓8座：97BLM1、99BLM3～99BLM5、02BLM5、02BLM6、06BLM6、06BLM7。

　　第八期，明清时期。属于此期的有明墓6座：99BLM1、06BLM～06BLM4、06BLM10。清墓2座：02BLM1、99BLM6。在99BLT302②、99BLT402②、99BLT402③地层中见有明清瓷片。

第三章 一期遗存

雷家坪一期遗存较少，原生地层仅见第Ⅳ区的以97BLT402、99BLT403、99BLT402、99BLT403、99BLT404等几个探方内。没有发现遗迹。遗物有陶器和石器。

一、陶　器

陶器以夹粗砂夹炭陶、泥质陶为主，夹细砂陶次之。夹粗砂夹炭陶中有的掺和料有砂粒和有机物，其中有机物以草为主，个别有骨粉末。胎泥掺杂大量的有机物，因炭化作用而呈黑色或黑褐色。器类以罐缸类为主。多数器物的火候不高，胎质疏松，少数胎质较坚硬。部分夹炭陶胎中所掺夹的有机物多，烧成后胎内孔隙多（彩版二，4），表面显现出密集的炭孔，比重很轻，经过几千年的埋藏，出土时陶质松软易碎。纯夹砂者很少，火候高，质密，硬度大，见于炊器。泥质陶以灰色、黑色为主，也有少量的红色。其中有一部分质地细腻的细泥灰陶，还有一部分磨光黑陶和黑皮陶。以褐色为主，其次也有灰色和红色陶。泥质陶颜色较纯正，火候较高。个别器物有灰白色或浅灰色陶衣。泥质陶皆为薄胎，部分轮制，造型轻巧而规整。1997年曾发现一小块黑陶片，厚仅0.8毫米，质地坚硬，有龙山文化蛋壳陶之风。

陶器纹饰发达，多通体施纹。纹样有方格纹、细绳纹、线纹、篮纹、篦齿纹、戳刺纹、坑丘纹、附加堆纹、弦纹、舟形纹（图二一、图二二）。

压印纹类最多，有方格纹、细绳纹、线纹、方格纹、篮纹等。细绳纹有横向、竖向、斜向或交错压印，印痕一般较浅。线纹较细绳纹更细，或横向、斜向、或交错压印，纹痕深而直。方格纹和篮纹较少，多用于大件器物上。方格纹的纹格多呈菱形。篮纹多为斜向压印，纹痕宽浅，纹路较乱。

另外有一件陶片有压印的舟形纹（图二一，5），颇精致，但出土于晚期的第2层，依其陶片为质地细腻、壁薄的风格，暂归为此期。

戳刺纹类有篦齿纹、戳点纹、锥刺纹、坑包纹、人字纹等，分布在器物的口唇、颈、肩部位。篦齿纹一般使用2~3齿工具，斜向戳压而成，纹痕深陷（图二一，2；图二二，3）。戳点纹是用圆形钝尖工具戳刺，多横向排列，或无规律排列（图二二，7）。坑丘纹是用钝尖工具在器表斜戳出坑，后挑起坑边泥成丘包状堆于坑侧（图二二，8）。人字纹是使用长圆形端头工具，戳压出长坑呈人字形排列的花纹。锥刺纹是用细尖的锥形工具，深刺入壁胎，坑圆而较深（图二一，3）。

附加堆纹类为横向的泥条，其上压印条纹。有一块陶片上还发现附加泥饼，其上斜压条纹（图二二，2）。

弦纹类以压划的凹弦纹为主，凸弦纹较少，且弦纹多与其他纹饰配合使用。

此阶段的陶器也注重器物的口、唇部的装饰。无论是夹细砂陶，夹粗砂陶还是泥质陶，都有"纹唇"现象，即一些器物唇面上有规律的轻轻按压出纹饰，纹痕浅淡，排列整齐，式样丰富。

出土陶器大部分已破碎，经过拼对，仅复原1件陶缸，其余为个体较大的标本。现把能看出大致器形的标本分型介绍如下：

器类有罐、钵、壶、盘、杯、盅、豆、器盖、釜、缸、鼎、盘形器、纺轮等。

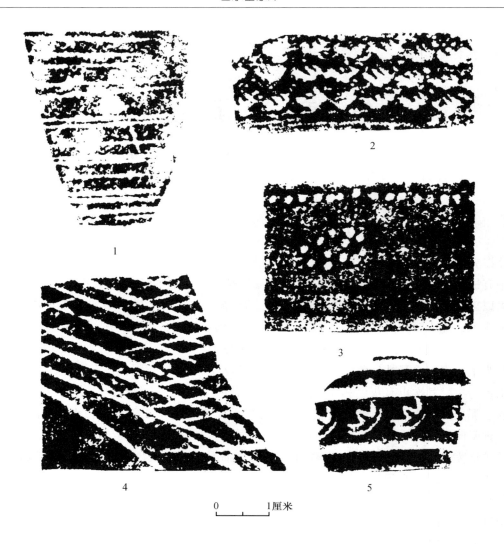

图二一　一期陶片纹饰拓片

1. 线纹　2. 箅齿纹　3. 锥刺纹　4. 细绳纹（1~4 出于 97BLT402④）　5. 舟形纹（97BLT403②:25）

罐　分四型。

A 型　盘口罐，7 件。分二亚型。

Aa 型　大盘口，4 件。99BLT404⑧:11，夹细砂黄褐陶。尖唇，唇下内凹，形成双唇，颈较长。腹壁较直。素面。口径 20 厘米（图二三，1）。99BLT404⑧:10，夹细砂褐陶。圆唇，唇下稍内凹。颈较短，腹稍外鼓，器腹饰拍印不规则的方格纹。口径 23 厘米，残高 12 厘米（图二三，2）。02BLT135⑦:2，泥质红陶。圆唇，沿面内凹幅度较大。残高 4.8 厘米（图二三，4）。99BLT402④b:5，夹砂夹炭褐陶。圆唇，唇下稍内凹。饰细绳纹。口径约 16 厘米，残高 5.8 厘米（图二三，3）。

Ab 型　小盘口，3 件。99BLT404⑧:12，夹细砂灰褐陶。圆唇，折沿。沿壁薄，颈壁厚。沿壁约为颈壁的 1/3 厚。鼓腹。口沿和颈部都经轮修，颈以下饰竖向细绳纹。口径 18 厘米，残高 11.8 厘米（图二四，1）。99BLT402⑧:14，夹细砂灰陶。圆唇，唇下有细凹弦纹一周，形成双唇，长颈，腹部残失。口径 16 厘米，器壁厚 0.4 厘米，残高 5.6 厘米（图二四，2）。99BLT402⑧:27，夹细砂黄褐陶。沿壁薄，颈壁厚。沿壁厚度约为颈壁的 1/3。尖唇，唇面横压细沟纹，沿面与颈壁接触部折棱明显（图二四，3）。

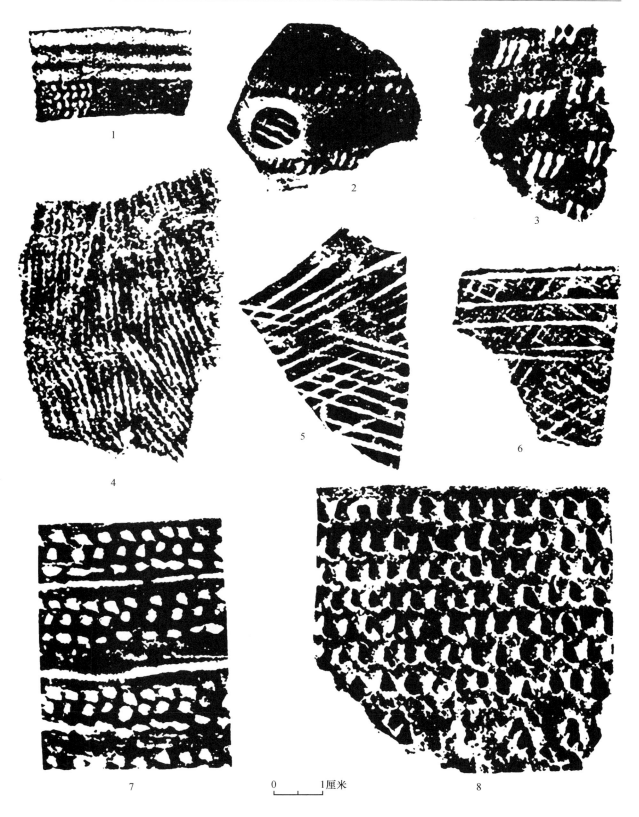

图二二　一期陶片纹饰拓片

1. 凹弦纹和人字形戳点纹　2. 窄细的附加泥条上压出长条坑、圆泥饼上压印斜道　3. 篦齿纹　4. 竖向细绳纹　5. 交错细绳纹
6. 凹弦纹和交错的线纹　7. 凹弦纹和戳点纹　8. 坑丘纹（2~4 出土于 99BLT404⑧，其余出土于 99BLT402⑧）

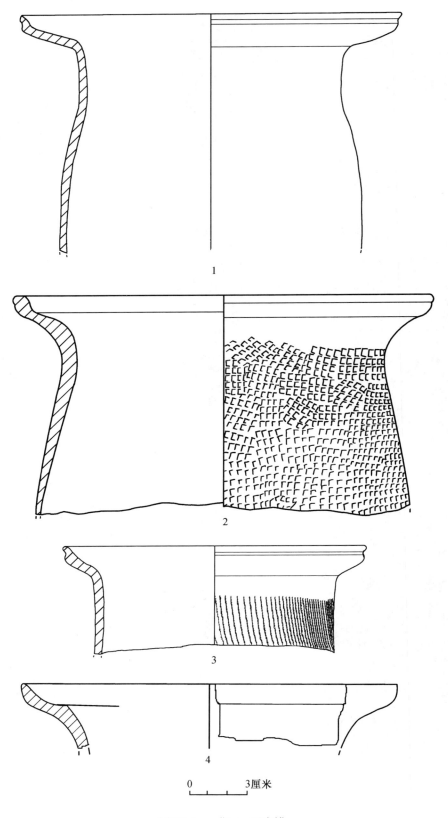

图二三　一期 Aa 型陶罐

1. 99BLT404⑧: 11　　2. 99BLT404⑧: 10　　3. 99BLT402④b: 5　　4. 02BLT135⑦: 2

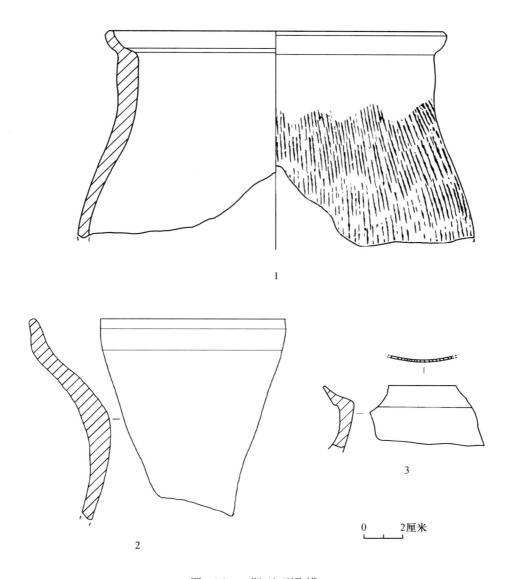

图二四 一期 Ab 型陶罐
1. 99BLT404⑧: 12   2. 99BLT402⑧: 14   3. 99BLT402⑧: 27

B 型　大口罐，16 件。分三亚型。

Ba 型　筒腹，器壁上部较直如筒形，8 件。99BLT402⑧: 25，夹细砂黄褐陶。斜尖唇，唇面上使用带双齿痕的长圆形端头工具压印出浅淡的椭圆形纹饰。平折沿，沿面微微向上凸出。沿与壁转折锐利。器壁施浅的线纹。沿宽 1.2 厘米，壁厚 0.4 厘米（图二五，5）。02BLT403③: 12，夹砂红褐陶。尖唇，斜折沿，折角明显。器身刻划不规则线纹，纹痕浅而直。纹路斜向，或交错。口径 28 厘米（图二五，1）。99BLT412②: 47，泥质红褐陶，口径 14 厘米。方唇，平折沿，折棱明显。薄沿，壁厚。素面。沿壁厚 0.15 厘米，器壁厚 0.4 厘米（图二五，2）。97BLT402④: 15，夹细砂褐陶。平沿，直腹，方唇，唇沿上斜向压印小花边，沿下饰压印纹。口径 16 厘米（图二五，7）。97BLT402④: 24，砂质褐陶。圆唇，斜折沿，薄沿，唇沿上斜向压印小花边，颈壁较厚，颈部转折处较明显（图二五，8）。02BLT411①: 2，夹砂褐陶，火候较高。斜尖唇，斜沿，唇面斜向刻划条纹。直腹，器壁施浅细的交叉线纹。残高 5.4 厘米（图二五，3）。02BLT134②b: 1，夹砂夹炭红褐陶，内外遍布炭化后形成的孔隙。平折沿，方唇。唇面和沿面有浅的凹坑，似用手指捏按形成。薄沿，腹壁厚。沿下腹壁饰有斜向的细绳纹。口径 25 厘米（图二五，4）。02BLT403③：3，夹砂红褐陶。圆唇，薄平沿，竖颈，直腹。唇部厚 2 毫米，其上压印斜向绳纹，绳纹压印较深。颈部和肩部有四齿一组的篦齿纹（图二五，6；图版一，2）。

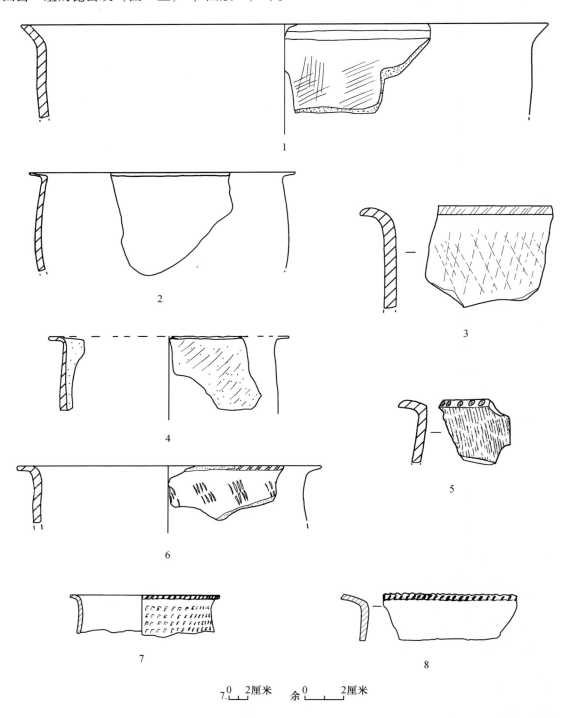

图二五　一期 Ba 型陶罐

1. 02BLT403③：12　2. 99BLT402②：47　3. 02BLT411①：2　4. 02BLT134②b：1　5. 99BLT402⑧：25　6. 02BLT403③：3
7. 97BLT402④：15　8. 97BLT402④：24

Bb 型 鼓腹，腹壁上部斜直，没有颈肩之分，3 件。99BLT402⑧：20，夹细砂黑褐陶。火候不均。唇面压印斜向粗绳纹，排列整齐，压印较深。沿下施密集横向线纹。口径 20 厘米，残高 7.8 厘米（图二六，1）。99BLT402⑧：21，夹细砂黑褐陶。唇面用带 2 齿的长圆形端头工具压出坑点纹。饰交错细绳纹。口径 19 厘米（图二六，2）。02BLT134①：2，夹细砂黑皮陶。方唇，平折沿。器身饰竖向绳纹，稀疏浅淡。口径 10 厘米，残高 4 厘米（图二六，3）。

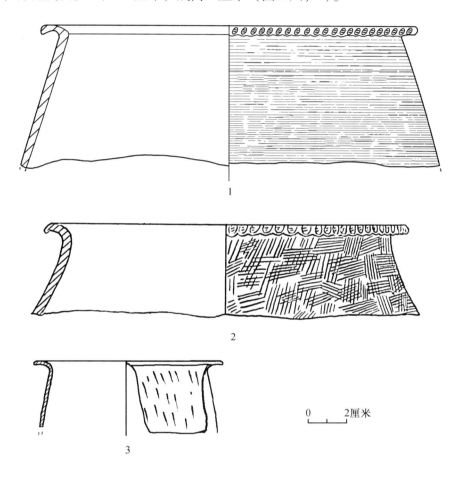

图二六 一期 Bb 型陶罐
1. 99BLT402⑧：20 2. 99BLT402⑧：21 3. 02BLT134①：2

Bc 型 竖颈，鼓腹，溜肩或鼓肩，5 件。99BLT402⑧：18，夹砂褐陶。圆唇，薄沿厚颈。沿下有两周戳点纹，戳点纹下刻划斜向不规则细绳纹。口径 18 厘米，残高 4.8 厘米（图二七，1）。99BLT402⑧：8，夹粗砂黑陶，火候较高。圆唇，平折沿，高领，小鼓肩。薄沿厚颈。颈、肩及上腹部器表饰坑丘纹，即斜向戳成坑状，在坑的右侧胎泥被挤压堆起成丘状突起。口径 14 厘米，残高 9 厘米（图二七，2）。99BLT402⑧：13，夹细砂黄褐陶。薄胎，圆尖唇，沿面平。颈部饰两周戳点纹，肩部有横向浅细线纹。口径 20 厘米，残高 5 厘米（图二七，5）。02BLT403③：13，夹砂黑陶。圆唇，折沿，薄沿厚颈。沿下向右斜压绳纹，篦齿状工具向左斜压成篦点纹（4 个篦点为一组），口径 17 厘米，残高 4 厘米，残长 3.8 厘米（图二七，4）。02BLT403③：10，夹砂褐陶。圆唇，折沿，沿面上凸。器表有坑丘纹，即斜戳成坑状，在坑的右侧胎泥被挤压堆起成丘状突起。残高 5 厘米，残长 6 厘米，口径 24 厘米（图二七，3；彩版二，1）。

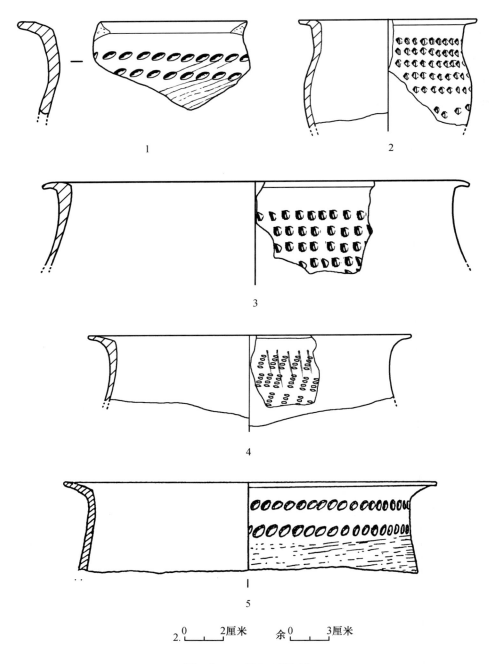

图二七　一期 Bc 型陶罐

1. 99BLT402⑧: 18　2. 99BLT402⑧: 8　3. 02BLT403③: 10　4. 02BLT403③: 13　5. 99BLT402⑧: 13

C 型　敞口罐，5 件。分三亚型。

Ca 型　敞口，束颈，鼓肩，3 件。99BLT402⑧: 11，夹砂黄褐陶。圆唇，唇面压印小坑点纹（图二八，1）。99BLT402⑧: 23，泥质灰陶。尖唇，敞口，束颈。口径 18 厘米，残高 4 厘米，薄胎，壁厚 0.4 厘米（图二八，2）。99BLT402⑩: 1，磨光黑皮陶。圆尖唇，侈口。口径 14 厘米，残高 3 厘米（图二八，3）。

Cb 型　敞口，卷沿，溜肩，1 件。02BLT411③: 3。夹砂褐陶。方唇，唇面的上下缘压印芝麻形的小坑痕。颈部有弦纹和线纹，口径 15 厘米（图二八，5）。

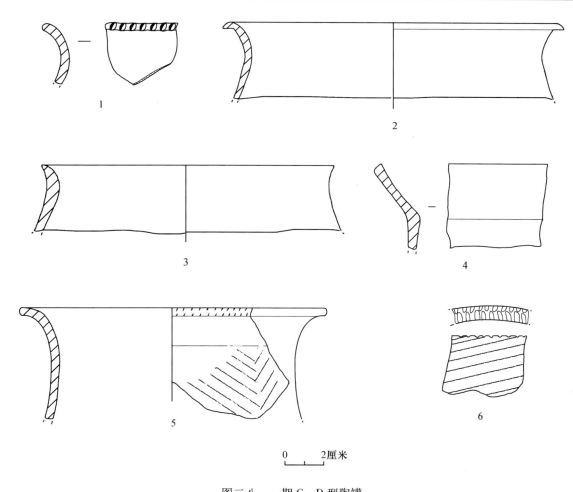

图二八 一期 C、D 型陶罐

1~3. Ca 型（99BLT402⑧：11、99BLT402⑧：23、99BLT402⑩：1） 4. Cc 型（99BLT404⑧：15）

5. Cb 型（02BLT411③：3） 6. D 型（99BLT404⑧：16）

Cc 型 敞口，折沿，1 件。99BLT404⑧：15，泥质灰陶。宽沿，沿面微下凹。方唇，上缘较锐。（图二八，4）。

D 型 直口罐，1 件。99BLT404⑧：16，夹细砂灰褐陶。圆唇，唇面饰压人字形纹。口部较厚，外表面饰斜向粗线纹。残高 3.3 厘米（图二八，6）。

釜 3 件。分二型。

A 型 折沿釜，2 件。99BLT404⑧：9，夹细砂，黑陶。薄胎，火候高。壁厚 0.2~0.3 厘米。尖唇、折沿，折棱锐利。沿面内凹较深，唇边有一浅凹槽，为扣盖用的子母口槽。颈下有一周宽凸弦纹。口径 12 厘米，残高 6 厘米（图二九，2；图版一，3）。99BLT404⑧：20，黄褐色夹砂陶。尖唇，敞口，口部略内敛，形制纹饰皆与上件相同，口径 17 厘米（图二九，1）。

B 型 敞口釜，1 件。97BLT402④：31，夹砂灰陶，胎体较厚。侈口，圆唇，鼓肩，器物左右制作不对称。颈部以下饰斜向绳纹。口径 25 厘米（图二九，3）。

缸 8 件，分二型。

A 型 直口缸，5 件。99BLT402⑧：19，夹砂夹炭黄褐陶。丁字形唇，口沿下饰附加堆纹宽条带，宽条带上压印网格纹。口径约 43 厘米，残高 6 厘米（图三〇，2）。97BLT402④：29，夹粗砂夹炭褐陶。平唇，唇口内外缘分别向里侧和外侧突出，形成丁字唇，外唇棱宽于内唇棱。口沿与腹壁

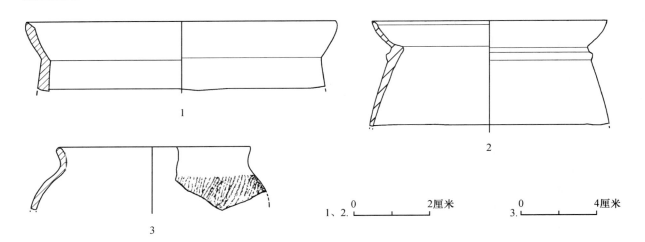

图二九　一期陶釜
1、2. A 型（99BLT404⑧：20、99BLT404⑧：9）　3. B 型（97BLT402④：31）

分界不明显。口下有二周凸弦纹，腹部饰横向篮纹（图三〇，4）。97BLT402④：28，夹粗砂夹炭黄褐陶。平唇，唇口内缘向里侧突出，形成内勾唇。口沿下饰附加堆纹宽条带，宽条带上有斜向压印的沟（图三〇，5）。97BLT402②：30，夹砂夹炭红褐陶，平唇，唇内外侧加厚形成丁字形唇。口下有二周附加堆纹宽条带的痕迹，原宽条带已经脱落。残高 4.3 厘米（图三〇，1）。97BLT403③：48，夹砂夹炭红褐陶。胎厚，体大，口径在 50 厘米以上。平唇，直口，直壁。口外侧附加宽泥条，泥条上斜向压印细小的叶脉纹，叶脉纹排列整齐，器身拍印小方格纹。残高 6 厘米（图三〇，3）。

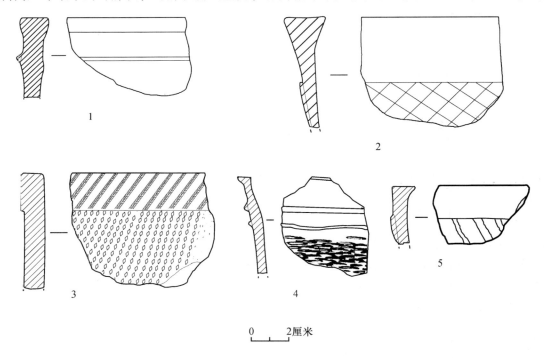

图三〇　一期 A 型陶缸
1. 97BLT402②：30　2. 99BLT404⑧：19　3. 97BLT403③：48　4. 97BLT402④：29　5. 97BLT402④：28

B 型 折沿缸，3 件。99BLT402⑧:7，夹粗砂夹炭褐陶，火候不均匀。表面色斑驳。折沿，沿面内凹，圆唇，直腹，下腹斜收，小平底。胎体由上向下逐渐加厚，分段制作，再接合成器。在颈下有凸弦纹一周，腹部有凸弦纹二周。通体饰斜向篮纹。口径42厘米，底径14厘米，高58厘米（图三一，2；彩版二，3）。97BLT402④:38，夹粗砂夹炭陶，外表面为黑褐色，内表面及胎心为红褐色。圆唇，折沿，沿面内凹，折沿处内壁有一锐棱，腹斜直。沿下有一周凸弦纹，腹部饰横向篮纹。口径36厘米（图三一，3）。02BLT403③:4，夹粗砂夹炭褐陶，胎体厚重。折沿，敞口，圆唇，沿面平整。外壁折沿处有一周凹弦纹。沿下施篮纹，篮纹斜向拍印，不规整。口径36厘米，残高10厘米，残长14厘米（图三一，1）。

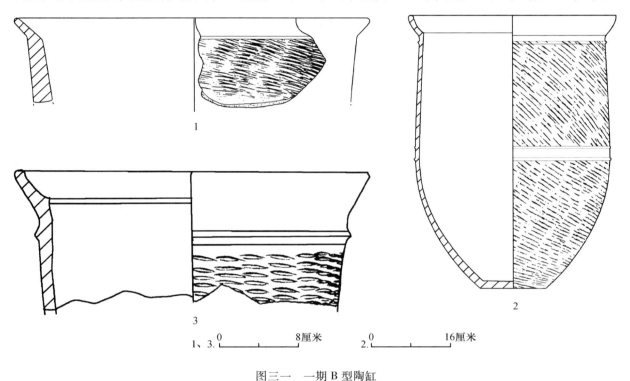

图三一 一期 B 型陶缸
1. 02BLT403③:4 2. 99BLT402⑧:7 3. 97BLT402④:38

鼎足 1 件。99BLT402⑩:3，夹粗砂灰褐陶。鼎身为平底，足侧装。即 3 个扁足呈放射状分布。足下部残失，上部为扁体，截面近似椭圆形。残高5.6厘米（图三二，1；彩版二，2）。

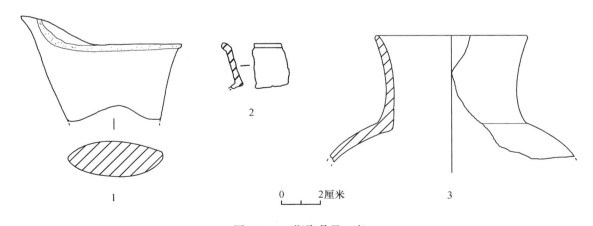

图三二 一期陶鼎足、壶
1. 鼎足（99BLT402⑩:3） 2、3. 陶壶（97BLT402④:41、99BLT402⑧:17）

壶　2件。99BLT402⑧：17，细泥红陶，火候较低。尖唇，高领，侈口，广肩。口径 8 厘米，颈高 2.6 厘米。（图三二，3）。97BLT402④：41，夹砂褐陶，侈口，圆唇，颈壁斜直（图三二，2）。

钵　12件，分三型。

A 型　折腹钵，7件。分三亚型。

Aa 型　3件。上壁竖立，中部向内弧曲。02BLT410④a：3，泥质黑陶。尖圆唇，折腹。折棱处有斜向压印的花纹，器壁较薄，手制。口径 28 厘米，残高 4.1 厘米（图三三，1）。99BLT402⑧：32，磨光黑皮陶。圆尖唇，上壁中部厚，转折处薄。轮制。口径 16 厘米，上腹高 4 厘米（图三三，2）。99BLT402⑧：86，黑皮陶，胎灰色。形制同前，残长 3 厘米。97BLT402④：32，夹细砂褐陶。尖圆唇，折棱分明（图三三，3）。

Ab 型　上壁竖立，壁直，2件。97BLT402④：19，泥质黑皮陶。尖唇，折腹。唇下饰一周锥刺纹，腹部饰五簇锥刺纹（图三三，4）。99BLT402⑧：19，磨光黑皮陶。圆唇，上壁中部厚。口径 20 厘米左右，残高 4.6 厘米（图三三，7）。

Ac 型　敛口，折腹，2件。97BLT402④：23，夹细砂黑皮陶。圆唇，敛口，折腹。上腹部饰一周凸弦纹。口径 30 厘米（图三三，5）。02BLT403③：14，泥质黑陶，火候较高。肩部施戳印坑点纹，折腹处按压浅坑纹。残高 3 厘米，残长 4.5 厘米（图三三，6）。

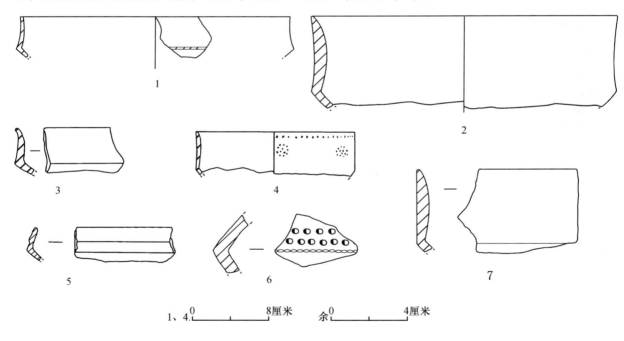

图三三　一期 A 型陶钵

1. 02BLT410④a：3　2. 99BLT402⑧：32　3. 97BLT402④：32　4. 97BLT402④：19　5. 97BLT402④：23

6. 02BLT403③：14　7. 99BLT402⑧：19

B 型　曲腹钵，5件。分二亚型。

Ba 型　侈口，2件。99BLT402⑧：15，泥质灰褐陶。圆唇，唇下有凹弦纹。口径 16.2 厘米（图三四，1）。97BLT402④：27，砂质褐陶。侈口，尖唇。下腹部有刻划的直线和折线纹。口径 17 厘米（图三四，2）。

Bb 型　敛口钵，3件。99BLT402⑧：9，泥质灰陶，火候高。轮制，圆唇。口径 30 厘米（图三四，4）。97BLT402④：13，泥质红陶，胎内有黑色夹层。轮制。敛口，圆唇，素面。口径 30 厘米

（图三四，3）。02BLT407④：6，泥质灰陶。敛口，圆唇，素面。口径 12 厘米，残高 2.6 厘米（图三四，5）。

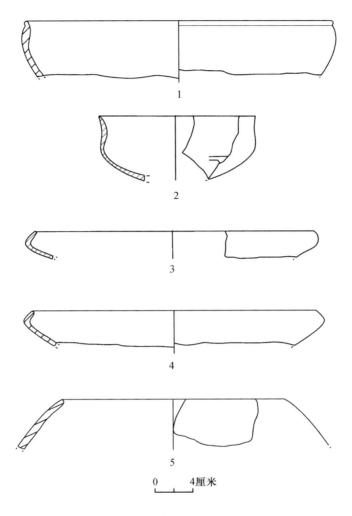

图三四　一期 B 型陶钵

1、2. Ba 型（99BLT402⑧：15、97BLT402④：27）　　3～5. Bb 型（97BLT402④：13、99BLT402⑧：9、02BLT407④：6）

盆　5 件，分二型。

A 型　平折沿（或沿略外低）盆。分二亚型。

Aa 型　宽沿，3 件。99BLT402⑧：12，泥质磨光黑皮陶。平沿略外倾，沿宽 2 厘米。沿面上用圆锥刺出三排四点梅花纹。口径 44 厘米（图三五，1）。99BLT404⑧：50，泥质磨光黑皮陶。沿平而宽。方唇。口径约 30 厘米（图三五，2）。99BLT402③：54，泥质磨光黑皮陶。口径 18 厘米，残高 6.2 厘米（图三五，3）。

B 型　外坡沿盆，2 件。99BLT402⑧：26，磨光黑皮陶。尖唇，沿面略微向上突鼓。折沿，沿向下倾斜。口沿与内壁的转折棱较锐，折棱上压印浅小的坑点纹。口径约 26 厘米（图三五，4）。99BLT402⑧：35，黑皮陶。折沿，沿向下倾斜。圆唇，沿面向上突鼓，靠近里侧略内凹，是为子母口。口径约 40 厘米，残长 4 厘米（图三五，5）。

盘　1 件，02T403③：8，泥质灰陶。圆唇，敞口，壁斜直，平底。器外壁施弦纹，在壁与底转折处有按压的浅小的坑，每 5 个坑为一组。口径约 16.8 厘米，高 2 厘米（图三六，1）。

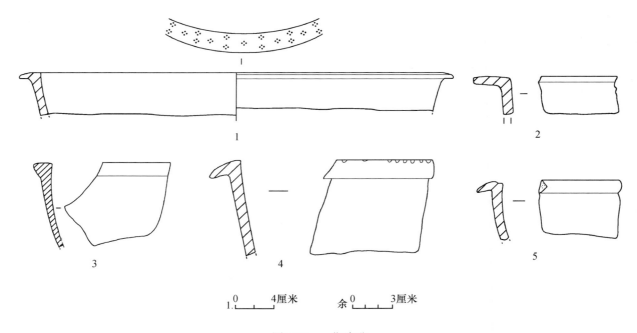

图三五　一期陶盆

1～3. A 型（99BLT402⑧：12、99BLT404⑧：50、99BLT402③：54）　　4、5. B 型（99BLT402⑧：26、99BLT402⑧：35）

豆盘　4 件，分二型。

A 型　小窄沿，2 件。99BLT404⑧：14，泥质黑皮陶。小窄沿，沿面微向上突鼓。壁上部为弧线形（图三六，2）。99BLT402⑧：31，细泥灰陶，外施灰白色陶衣。小窄沿，沿面微向上突鼓。壁上部为弧线形。口径 26 厘米（图三六，3）。

B 型　无沿，2 件。02BLT406①：2，泥质黑陶，内外磨光，火候较高。薄胎，壁厚 3 毫米。圆唇，弧壁，素面。口径 9 厘米，残高 2.2 厘米（图三六，4）。99BLT404⑧：19，泥质褐陶。方唇，弧壁，素面。口径约 20 厘米，残高 3.3 厘米（图三六，5）。

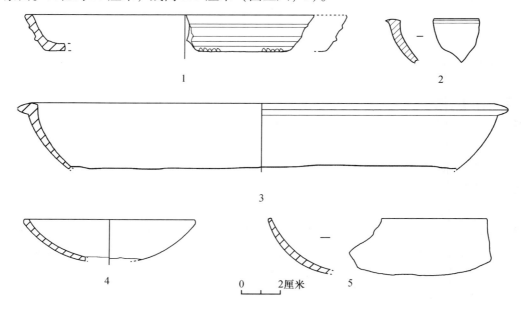

图三六　一期陶盘、豆盘

1. 盘（02T403③：8）　　2、3. A 型豆盘（99BLT404⑧：14、99BLT402⑧：31）　　4、5. B 型豆盘（02BLT406①：2、99BLT404⑧：19）

盘形器　1件。97BLT402④:12。细泥灰陶。形态与圈足盘类似，盘底中心有一直径 4.4 厘米的圆孔。圈足底径 13 厘米，圈足高 4 厘米（图三七，1）。

圈足　4件，分三型。

A 型　矮粗圈足，足向外撇，足底边平齐。97BLT402③a:32，细泥灰陶。粗圈足，足墙向下外撇。底径 13.4 厘米（图三七，2）。

B 型　矮粗圈足，足向外撇，足底边为齿状。97BLT402③a:17，细泥灰陶。足墙中部有圆形镂孔。高 2.4 厘米（图三七，3）。

C 型　粗圈足分上下二段，上段成上细下粗的圆台形，下段为覆盆形，2件。02BLT134③a:3，泥质灰陶。底径 15.2 厘米，残高 4 厘米（图三七，4）。99BLT402⑧:10，泥质灰陶，外施白陶衣。中部有圆形透孔。底径 12 厘米，残高 5 厘米（图三七，5）。

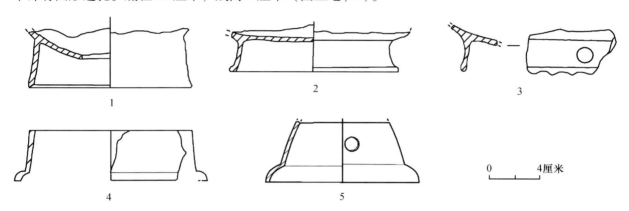

图三七　一期陶盘形器、圈足

1. 盘形器（97BLT402④:12）　2. A 型圈足（97BLT402③a:32）　3. B 型圈足（97BLT402③a:17）

4、5. C 型圈足（02BLT134③a:3、99BLT402⑧:10）

豆柄　1件。97BLT108②:14，泥质红褐陶。豆盘口部残失，盘壁竖直，平底，细柄中空。盘腹直径 6 厘米，柄直径 4 厘米（图三八，1）。

杯　1件。97BLT402④:18，细泥灰陶。表面打磨光滑，制作规整，壁厚 2 毫米。尖唇，曲折沿成盘口。口径 9 厘米，残高 4.5 厘米（图三八，2）。

器底　2件。97BLT402②:20，细泥灰陶，胎极薄，最薄处仅 0.8 毫米。口沿残失，斜壁，平底内凹。残高 1.8 厘米（图三八，3）。97BLT402③:43，泥质黄褐陶。上部残失，斜壁，底部上凹。器壁较薄，仅厚 0.2 厘米，器底厚 0.4 厘米，底径 11 厘米（图三八，4）。

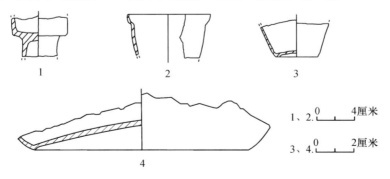

图三八　一期陶豆柄、杯及器底

1. 豆柄（97BLT108②:14）　2. 杯（97BLT402④:18）　3、4. 器底（97BLT402②:20、97BLT402③:43）

器盖　6件，皆残破。97BLT402④:33，器盖口沿。砂质灰褐陶，沿部上折。口径24厘米（图三九，5）。99BLT402⑧:16，器盖口沿。泥质灰陶。小折沿，沿面平。曲腹，上顶缺失。口径26厘米，残高4厘米（图三九，6）。97BLT402④:8，器盖捉手。磨光黑皮细泥陶，胎芯灰色。喇叭形捉手，顶部有一上翘的突起。残高4.4厘米（图三九，1）。97BLT402④:21，器盖捉手。黑皮陶。器身向上形成一个圆形柱，喇叭形捉手是后贴附在圆形柱上的。残高2厘米（图三九，2）。02BLT403③:15，器盖捉手。细泥灰陶。器盖呈喇叭状，提手呈盘状。残高3.5厘米（图三九，3）。97BLT302④:57，器盖捉手。夹细砂灰褐陶，上部分内凹，下半部分成喇叭状。残高2厘米（图三九，4）。

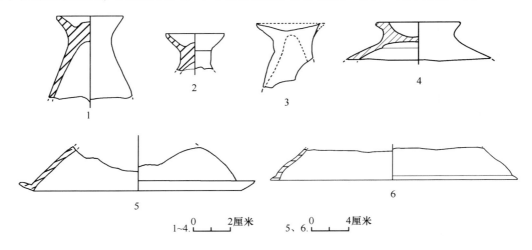

图三九　一期陶器盖

1. 97BLT402④:8　2. 97BLT402④:21　3. 02BLT403③:15　4. 97BLT302④:57　5. 97BLT402④:33　6. 99BLT402⑧:16

纺轮　2件。99BLT402⑩:2，夹细砂红褐陶，外施灰白色陶衣。扁体，周边轮廓起棱边。直径4厘米，孔径0.56厘米，厚0.6厘米（图四○，1）。99BLH2:2，夹细砂褐陶。扁体。直径3.3厘米，孔径0.4厘米，厚0.8厘米（图四○，2）。此件出于六朝时期的灰坑内，根据陶质和形状特点判断可能属于此期，暂存于此。

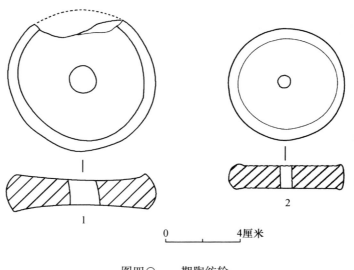

图四○　一期陶纺轮

1. 99BLT402⑩:2　2. 99BLH2:2

二、石　　器

打制石器较少，磨制石器较多。器形有石楔、石锛、石斧、石铲，石刻刀、砍砸器、石锤等。磨制石器是先打制修理毛坯，再打磨，有的器物磨制不精，还保留修理毛坯时形成的疤痕。小型石器多磨制精细。选择石器质料多样，有硬度高的青色火成岩砾石，其次是硬度稍差的沉积岩，还有较软的泥岩。除完整器外，还有残破的碎块。

石楔　3件，分二型。

A型　长身。99BLT402⑧：24，绿色沉积岩磨制而成。截面呈长方形，平面略呈梯形，山窄下宽，圆角。通体磨制，平顶略上弧，顶面有打击痕迹。体厚，最厚处在下1/3处。双面刃，刃陡钝，刃部有使用形成的疤痕。右侧有修理的旧疤，痕迹浅淡，左侧有一新疤，是使用时锤击形成的。器体表面不平整。长10.8厘米，宽5.8厘米（图四一，1；图版二，2）。

B型　宽身。2件。99BLT402⑧：30，青灰色砾石磨制而成。截面呈长方形，平面也近长方形。石器上薄下厚，双面陡刃，刃部稍偏向一边。边缘有修理和使用崩裂的小疤痕。长6.5厘米，宽4.4厘米，厚2.1厘米（图四一，2；图版三，3）。99BLT404⑧：1，青灰色砾石磨制而成。截面呈长方形，平面长方形。下部残断。残长6.1厘米，宽4厘米（图四一，3；图版四，4）

砍砸器　2件。99BLT402⑧：6，青灰色火成岩。利用扁体的卵石片制成，正面保留石皮，背面是劈裂面，平整。采用交互打击法修理出单边刃，石片疤宽大。长11厘米，宽7.2厘米，厚2厘米（图四二，1；图版二，3）。99BLT402⑧：2，青色砂岩打制而成，锄形，最厚处在下1/3处。周边经过双向加工，正面保留石皮。长10厘米，宽9厘米，厚2.2厘米（图四二，2；图版二，1）。

锤　2件，分二型。

A型　球形。97BLT402④：10。利用砾石，不规则长圆形。通体未经过加工，上、下端均有密集的敲砸痕迹。长7.5厘米（图四三，1）。

B型　柄形。99BLT404⑧：3，灰色粉砂岩，坚硬。利用自然石条，上下磨出平面，两侧和右端保留天然石皮，左端是横柄断面。下底平面有锤击的坑痕，上顶小平面周围是剥片的疤痕（图四三，2；图版三，1）。此器初为石核，后改为石锤。

斧　8件，分二型。

A型　弧面形，正、背两面外鼓。99BLT402⑧：29，磨制。平面接近梯形，横断面呈长方形，纵剖面外弧。顶略弧，两侧有修理器坯时形成旧疤，刃较钝，刃部有崩疤，顶有新疤痕。长5.8厘米，宽4.2厘米，厚1.8厘米（图四四，1）。97BLT402④：1，通体稍经打磨，制作不精，器身保留修坯的旧疤。平面呈不规则长方形，斜弧形顶略窄，两侧面打磨平直。正面和背面向外弧突，即纵剖面外弧。刃较钝，刃部有多处崩痕。长8.9厘米，宽4.7厘米，厚2.3厘米（图四四，2；图版三，2）。99BLT402⑧：1，灰色火成岩，通体磨制。平面呈长条形，平顶，直边，横截面为长方形，双面刃。长10.6厘米，上宽4.6厘米，下宽6厘米，最厚3厘米（图四五，4）。

B型　板形，斧身正面和背面平，即剖面线为直线。有的长身，有的宽身。99BLT404⑧：6，用扁平的黑色砾石磨制，器身还保留修坯的旧疤痕。上部残断，形成大片的新疤。直边，弧刃。长4.6厘米，宽5.3厘米，厚1.4厘米（图四五，1；图版二，4）。97BLT402④：2，两侧及刃部稍经磨制。平面呈长方形，顶端残，横断面呈长方形，刃较钝。残长5.7厘米，宽4.6厘米，厚2.7厘米（图四五，2）。02BLT407⑦：3，黑色沉积岩。该石器截面成梯形，各面均经过磨光处理。顶部磨制成圆弧形，两侧平直，刃部尖锐。顶端和刃口都有很大的疤痕。长7厘米，宽4厘米，厚1.6

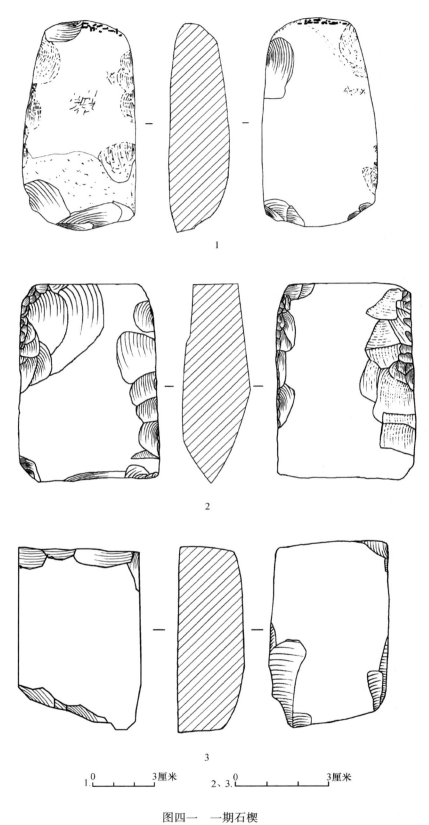

1

2

3

0　　　　　3厘米
1.
2、3.　0　　　　　3厘米

图四一　一期石楔

1. A 型（99BLT402⑧∶24）　　2、3. B 型（99BLT402⑧∶30、99BLT404⑧∶1）

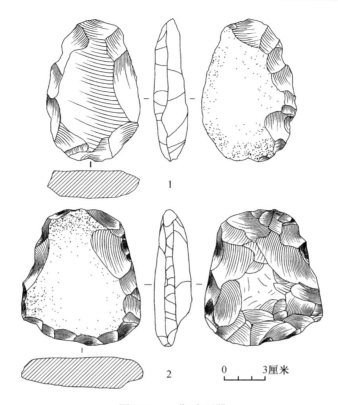

图四二 一期砍砸器
1. 99BLT402⑧:6 2. 99BLT402⑧:2

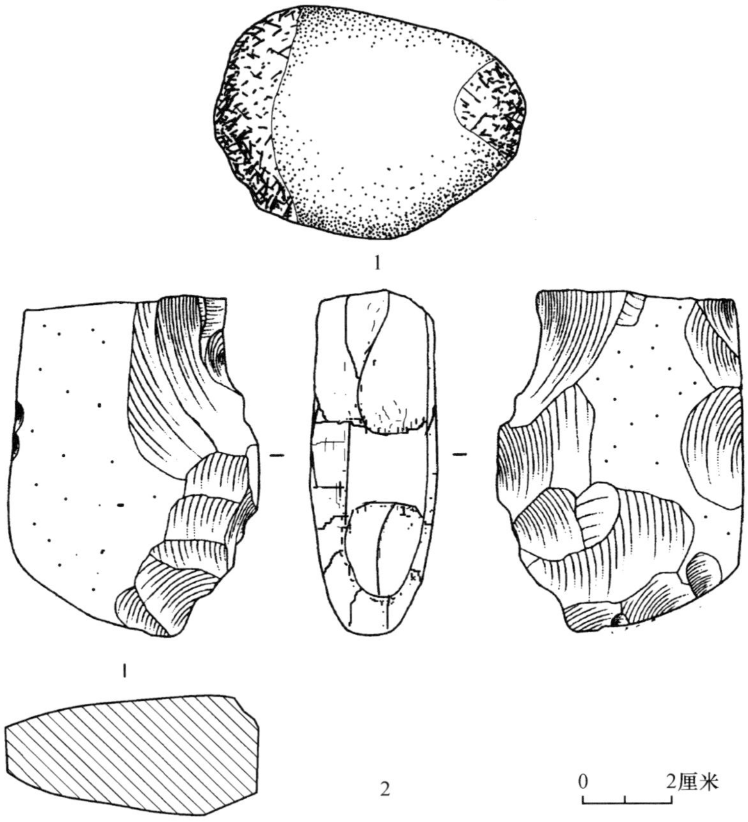

图四三 一期石锤
1. A 型（97BLT402④:10） 2. B 型（99BLT404⑧:3）

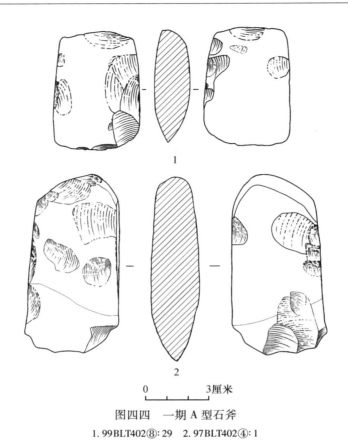

图四四　一期 A 型石斧
1. 99BLT402⑧: 29　2. 97BLT402④: 1

厘米 （图四五，3）。02BLT407⑦: 1，灰色沉积岩。长条形，顶部、正背面和左右面均磨光。左上角有疤痕。刃端右侧有一处较大的由正面向背面崩裂的石片疤，使该部分刃口缺失。宽3.8厘米，厚1.4厘米，通高7.6厘米 （图四五，5）。99BLT404⑧: 8，灰褐色，泥岩。磨制规整，横截面为长方形。仅存顶部。宽3.8厘米，厚1.5厘米 （图四五，6）。

石铲　1件。

02BLT135⑦: 1，黛色，为磨制而成，平面形状呈不规则梯形，上部左低右高，上薄下厚，最厚处在下1/3处。右上角残破，双面刃，刃部因使用而留有疤痕。正面疤痕宽大密集，背面疤痕窄小稀疏。通高5.2厘米，顶宽0.9厘米，刃宽5.3厘米，刃面宽2厘米 （图四六，1；彩版四，1）。

石锛　12件。分三型。

A型　体厚，背有坎。99BLH1: 3，磨制，平面近似梯形，截面为长方形。下部1/3处向外凸鼓。侧面磨制平整，顶部和背面经上部留有明显的打制痕迹。正面保留修理毛坯时的旧疤痕，疤痕浅淡。长6.6厘米，上宽3厘米，下宽4.4厘米 （图四六，2；图版四，1、2）。

B型　体薄，扁平。99BLT404⑧: 34，砂岩。磨制，平面近似长方形，截面为长方形。顶部倾斜，有修理疤痕。陡刃，刃背面有疤痕。高4.5厘米，宽3.5厘米，厚1.4厘米 （图四六，3）。99BLT404⑧: 2，灰褐色变质岩，颗粒细腻，质地较软。长方形，通体磨光。平顶，直边，单面直刃。长5.1厘米，宽3.7厘米，厚1.2厘米 （图四七，4）。99BLT404⑧: 35，灰绿色变质岩。长方形，通体磨光。平顶，直边，单面直刃。长5厘米，宽3.6厘米 （图四七，2）。99BLT404⑧: 32，灰绿色沉积岩。长方形，通体磨光。平顶，直边，仅存顶部。宽3.5厘米 （图四七，3）。99BLT402⑧: 38，灰绿色沉积岩。长方形，通体磨光。平顶，直边，仅存顶部。宽3.6厘米 （图四七，5）。99BLT402⑧: 42，灰褐色沉积岩。长方形，通体磨光。平顶，直边，单面直刃。长5厘米，宽3.5厘米 （图四七，6）。99BLT402⑧: 3，灰黄色沉积岩。长

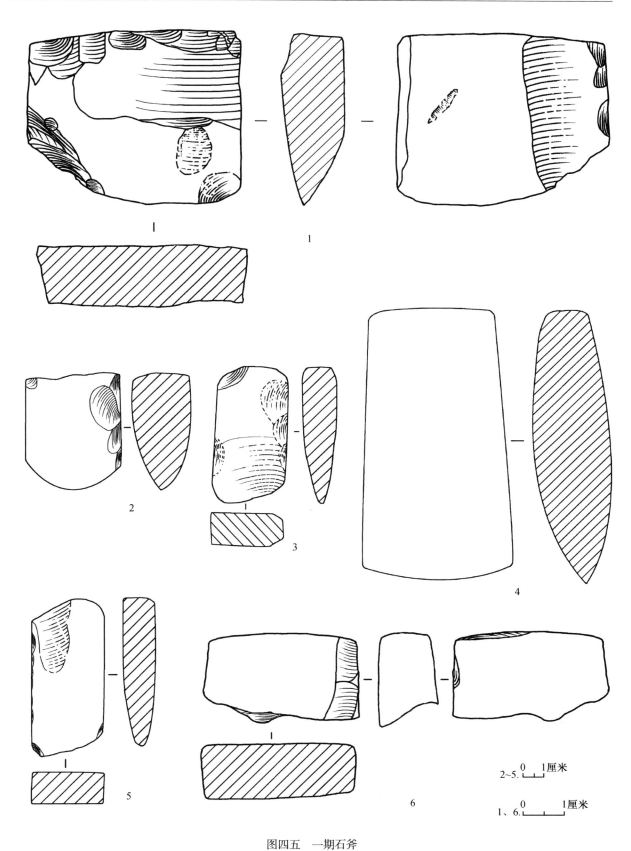

图四五 一期石斧

1~3、5、6. B 型（99BLT404⑧: 6、97BLT402④: 2、02BLT407⑦: 3、02BLT407⑦: 1、99BLT404⑧: 8） 4. A 型（99BLT402⑧: 1）

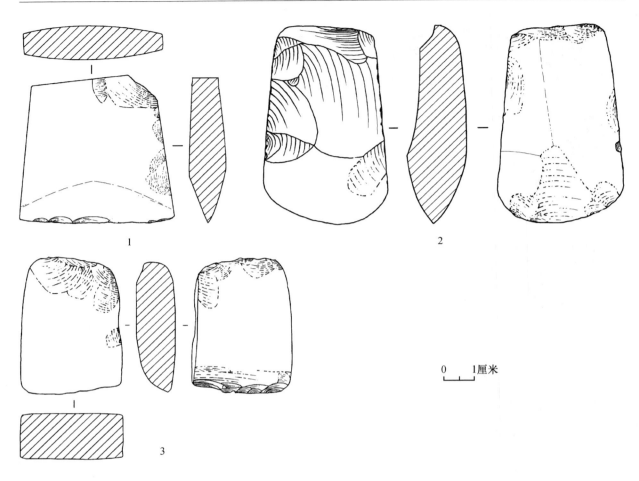

图四六　一期石铲和锛
1. 铲（02BLT135⑦：1）　2. A 型锛（99BLH1：3）　3. B 型锛（99BLT404⑧：34）

方形，通体磨光。平顶，直边，微弧刃。长 6.8 厘米，宽 4.8 厘米，厚 1.4 厘米（图四七，8）。
99BLT402⑧：37，灰黄色沉积岩。长方形，通体磨光。顶部残失，直边，微弧刃。宽 4.7 厘米（图
四七，7）。99BLT404⑧：36，灰黄色沉积岩。长方形，通体磨光。直边，微弧刃，顶部残失（图四七，
9）。99BLT404⑧：37，灰黄色沉积岩。长方形，通体磨光。平顶，直边，微弧刃。长 6.7 厘米，宽 4.7
厘米（图四七，10）。

　　C 型　长身。99BLT402⑥：2，灰黄色沉积岩，磨制。平面为梯形，顶为截断面。下部有一个大
的长条疤痕和一个小的三角形疤痕。陡刃。高 5.7 厘米，宽 2.5 厘米，厚 1.4 厘米（图四七，1）。

　　石核　2 件。99BLT402⑧：5，火成岩砾石，青灰色。属于多面体石核。上顶为主台面，较平。
上身周围有宽大的石片疤痕。先从上台面向下剥离石片，然后从侧面打击，剥取石片。下部仍保留
砾石石皮。长 13 厘米，宽 8.4 厘米，最厚达 6 厘米（图四八，1；图版四，3）。99BLT402⑧：4，火
成岩砾石，青灰色。属于多面体石核。利用扁体砾石打制而成。顶部修理平整，截面略呈弧边长方
形，上下等宽。石器中部和下部表面仍保留部分石皮，长 10.5 厘米，宽 6.4 厘米，厚 4 厘米（图
四八，2）。

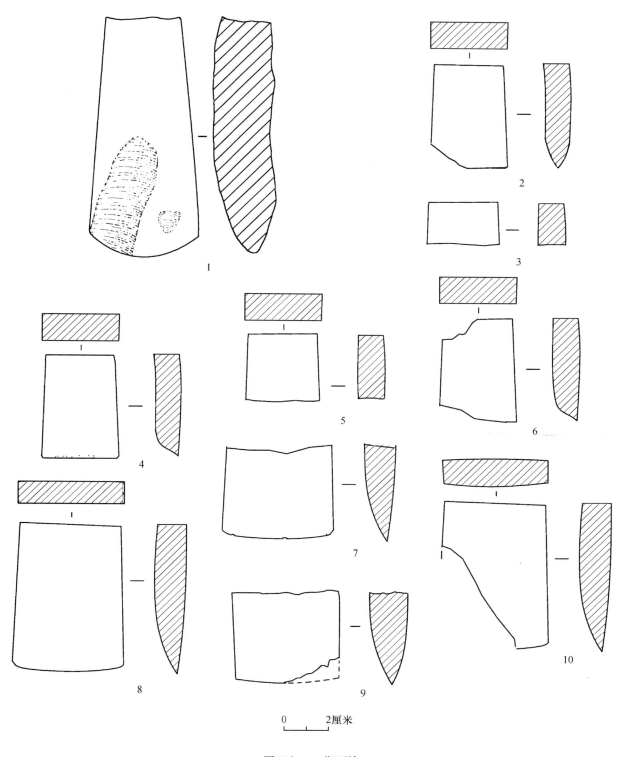

图四七 一期石锛

1. C 型（99BLT402⑥：2） 2～10. B 型（99BLT404⑧：35、99BLT404⑧：32、99BLT404⑧：2、99BLT402⑧：38、99BLT402⑧：42、
99BLT402⑧：37、99BLT402⑧：3、99BLT404⑧：36、99BLT404⑧：37）

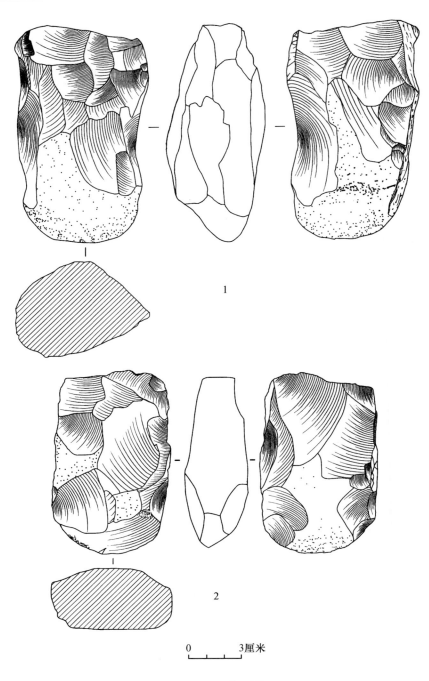

图四八　一期石核

1. 99BLT402⑧: 5　　2. 99BLT402⑧: 4

第四章　二期遗存

一、遗　　迹

二期遗迹1个，即灰沟1条。

99BLG1　位于99BLT402，平面呈不规则长条形，西北—东南向分布，延伸到探方之外。西北宽、东南窄，断面上宽下窄。上口宽0.8～2.2米，深约0.7米。沟内堆积分为上下两层（图四九）。第1层为黑土，夹杂有红烧土块；第2层为灰褐土，夹杂着红烧土块、炭灰、陶片和石器。

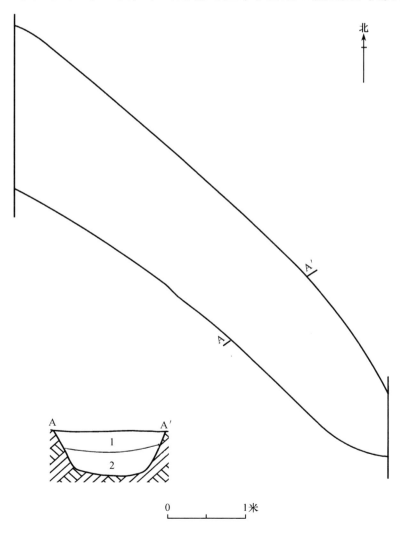

图四九　99BLG1 平、剖面图

二、遗　　物

二期遗物以陶器为主，其次是石器，有极少的骨、牙器。

1. 陶器

陶器以夹粗砂夹炭陶、泥质陶为主，夹细砂陶次之（附表二～附表五）。夹粗砂夹炭陶中以夹炭者数量大，有机物掺和料以草为主，个别有骨粉末。胎泥掺杂大量的有机物，因炭化作用而呈黑色或黑褐色，表面有小孔隙。其中有的夹炭比率高，而不夹砂，形成胎有密集的孔隙，比重很轻，属于"轻陶"。其硬度很低，表面耐磨性差，纹饰往往变得浅淡，甚至模糊。

泥质陶以灰陶和红陶为主，黑陶和褐陶较少。其中泥质灰陶中有一部分表面涂刷一层橘红陶衣，火候较低，入水浸泡刷洗时则陶衣逐渐溶解脱落（彩版三，1）。泥质红陶的火候较高，沉重，入水浸泡刷洗不溶解不脱落。但在近口部的壁厚之处有灰色夹芯（彩版三，3）。泥质陶胎较一期变厚，特薄胎陶消失。

陶器均手制，未见轮制。大器分段制作，然后黏合，有的陶片在套接的接口处脱落，脱落面光滑。还有一些烧制失败的器物，器表有明显的烧熘现象（图版八，3）。

陶器纹饰仍较丰富，夹粗砂陶和夹细砂陶上有方格纹、细绳纹、粗绳纹、弦纹、戳点纹、刻划纹、附加堆纹、锥刺纹，泥饼上多施加叶脉纹。其中以方格纹为最多，其次是绳纹，其他很少（见附表二～附表五）。泥质陶中新出现了少量的太阳纹、贝纹、S形纹、连弧纹，这些纹饰皆与凹弦纹组合使用。在口沿上施纹的作风继续流行。唇上压印的花纹凹痕一般较一期大而深，可以称之为中花边。中花边有的压痕是斜向压出的，有的则是较深的圆形窝，有的横压窄条沟，沟痕密集较乱，与一期流行的小巧规整的"纹唇"风格不同（图五○）。

器类有罐、豆、壶、缸、尖底器等。出土陶容器都是碎片，经过拼对，获得一些较大的标本。其中能看出器形器类者分型介绍如下。

罐　分六型。

A 型　盘口罐，16 件。分三式。

Ⅰ式：盘深，内壁转折分明，5 件。02BLT135⑥:20，泥质红陶。方唇，盘口，沿面内凹，素面。口径 20.4 厘米，残高 4.8 厘米（图五一，1）。02BLT135⑥:12，夹砂夹炭褐陶。盘口方唇。用片状工具在唇面上按压出小花边，纹痕为竖条状，排列密集，深浅不一。残高 3 厘米，口径 15.2 厘米（图五一，2）。02BLT411③:2，夹砂夹炭褐陶。方唇。沿背面与唇面均用片状工具垂直压印出的条沟状纹痕，唇面纹痕排列密集，沿背纹痕排列稀疏。器壁外侧有交叉线纹。口径 16 厘米，残高 4.2 厘米（图五一，3）。99BLG1①:26，夹砂褐陶。圆唇，丰肩，口沿下部内收。内壁发黑，素面。口径 14 厘米，残高 5.6 厘米（图五一，4）。99BLT402⑥:17，夹砂夹炭灰陶，夹炭多，器表多孔隙，比重轻。圆唇。口沿下一周凹弦纹，形成双唇。残高 6 厘米（图五一，5）。

Ⅱ式：盘浅，内壁转折圆缓，9 件。97BLT403④:30，夹砂褐陶。盘形口，尖唇，沿面内凹（图五二，2）。99BLT404⑥b:9，夹砂褐陶。圆唇，盘口，肩部以下饰粗绳纹。口径 16 厘米，残高 8.4 厘米（图五二，3）。99BLG1②:45，泥质灰褐陶。小盘口，圆唇，素面。器壁厚 0.4 厘米（图五二，1）。02BLT135⑥:3，夹炭夹骨末红褐陶，敞口，圆唇，口沿内侧有一周凹槽，口沿下器身饰有细绳纹，火候低。残高 11 厘米，口径 12.8 厘米（图五二，7）。02BLT135⑤:4，夹砂夹炭褐陶。

图五〇　二期陶片纹饰拓片

1. 戳点纹与刻划纹　2. 戳点纹与弦纹　3、4. 窄条沟花边口　5、8. 太阳纹和贝纹　6、11. 连弧纹　7. 叶脉纹　9. S形纹　10. 粗绳纹
12、13、16. 太阳纹　14. 间隔按压附加泥条堆纹　15. 方格纹（1、2 出土于 97BLT409④；3、4、6、10、14、15 出土于
02BLT135⑥；5 出土于 97BLT403④；8 出土于 99BLG1；11、13、16 出土于 99BL402③；7 出土于 02BLT135⑤；
9 出土于 99BL404⑦；12 出土于 99BL404⑥）

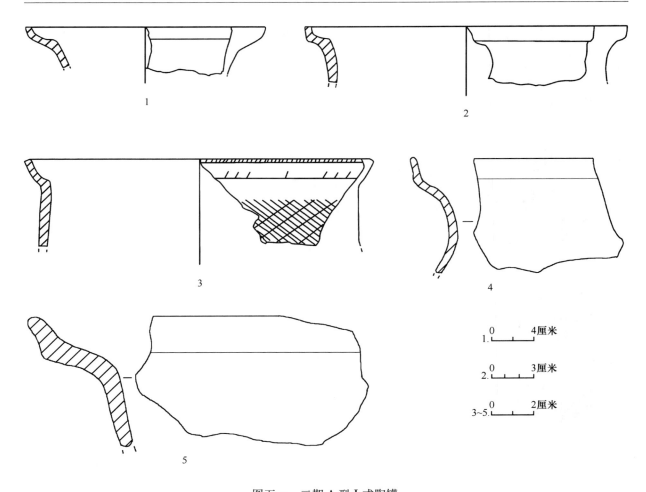

图五一　二期 A 型 I 式陶罐

1. 02BLT135⑥: 20　　2. 02BLT135⑥: 12　　3. 02BLT411③: 2　　4. 99BLG1①: 26　　5. 99BLT402⑥: 17

盘口圆唇，沿面内凹，器壁较薄。用片状工具在唇面上按压出微小花边，纹痕浅淡。残高 2.2 厘米，口径 14 厘米（图五二，5）。02BLT135⑥: 9，泥质褐陶。尖圆唇，小盘口，沿面内凹，器壁较厚，素面。口径 24 厘米，残高 4 厘米（图五二，6）。99BLT404⑥b: 10，泥质红陶，火候较低。方唇，长颈（图五二，8）。99BLT402③: 47，夹砂灰陶。圆唇。口径约 22 厘米，残高 4.6 厘米（图五二，4）。02BLT135⑥: 16，夹炭红褐陶。敞口，圆唇，四壁饰斜向绳纹。口径 27 厘米，残高 4.4 厘米（图五二，9）。

III式：盘退化为展沿，唇上仰，内壁转折圆缓，筒腹，2 件。02BLT135⑥: 4，夹炭陶。敞口，尖唇，素面。口径 28.4 厘米，残高 10 厘米（图五三，1）。97BLT403④: 39，泥质红陶。仅存口沿，圆唇。口径 19.2 厘米（图五三，2）。

B 型　无沿有领罐，9 件。分二亚型。

Ba 型　无沿立领鼓肩罐，5 件。99BLG1①: 24，夹粗砂黑陶。直领，鼓肩。肩饰方格纹。口径 9.4 厘米，残高 9 厘米（图五四，1）。99BLT402⑥: 6，泥质黑陶。斜直口，圆唇，广肩，素面。口径 26 厘米，残高 5.4 厘米（图五四，2）。99BLT404④a: 10，夹砂灰陶。直领，鼓肩。唇部按压小坑，肩部以下饰绳纹。器壁厚 0.6 厘米，口径 7.6 厘米，残高 5.8 厘米（图五四，3）。97BLT403④: 15，泥质灰陶。口内壁有明显的泥圈套接痕迹。口径 11 厘米（图五四，4）。97BLT402③b: 20，夹砂夹炭灰褐陶。圆唇，敞口，鼓肩。素面，有炭化孔隙。口径 2.8 厘米，体小，可能属于玩具（图五四，5）。

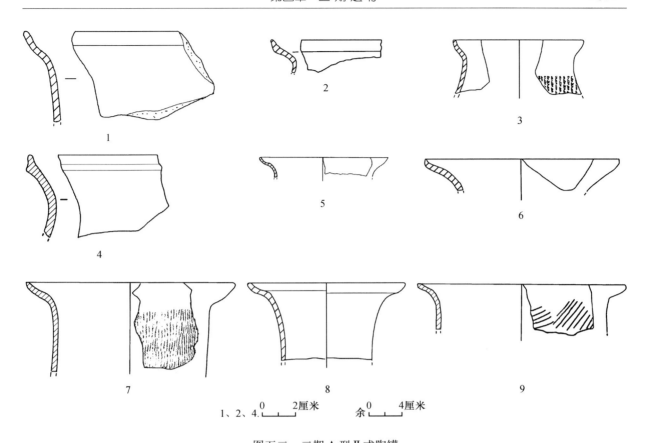

图五二　二期 A 型 II 式陶罐

1. 99BLG1②: 45　2. 97BLT403④: 30　3. 99BLT404⑥b: 9　4. 99BLT402③: 47　5. 02BLT135⑤: 4
6. 02BLT135⑥: 9　7. 02BLT135⑥: 3　8. 99BLT404⑥b: 10　9. 02BLT135⑥: 16

　　Bb 型　无沿斜领溜肩罐，4 件。99BLG1①: 17，夹砂红褐陶。直口，圆唇，领微外弧，溜肩。器壁厚薄不均。器身压印方格纹。器壁厚 0.6 厘米，口径 12 厘米，残高 10.2 厘米（图五五，1）。99BLG1①: 32，灰褐陶。圆唇，唇下有凸弦纹。肩以下饰方格纹。口径 18 厘长，残高 6.6 厘米（图五五，2）。99BLG1①: 39，夹砂灰陶。敞口，圆唇，短颈，溜肩。颈部以下压印规整的方格纹。口径 8.8 厘米，残高 11 厘米（图五五，3）。99BLT404④b: 9，夹砂褐陶。圆唇，斜领微外弧，溜肩，肩部以下饰竖向绳纹。口径 40 厘米（图五五，4）。

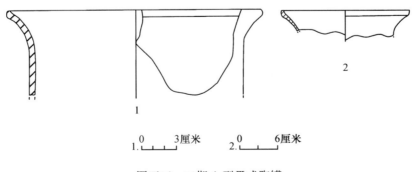

图五三　二期 A 型 III 式陶罐

1. 02BLT135⑥: 4　2. 97BLT403④: 39

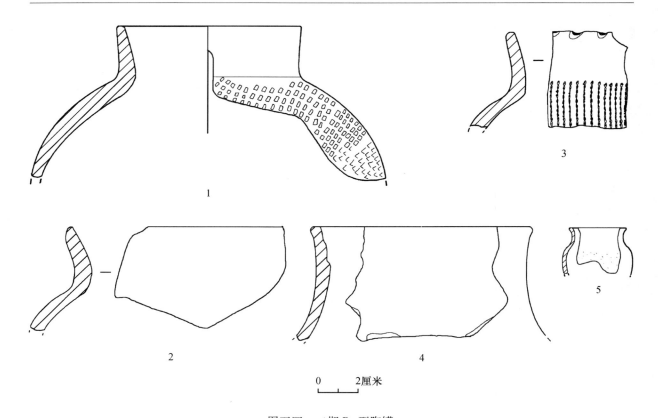

图五四　二期 Ba 型陶罐

1. 99BLGl①: 24　　2. 99BLT402⑥: 6　　3. 99BLT404④a: 10　　4. 97BLT403④: 15　　5. 97T402③b: 20

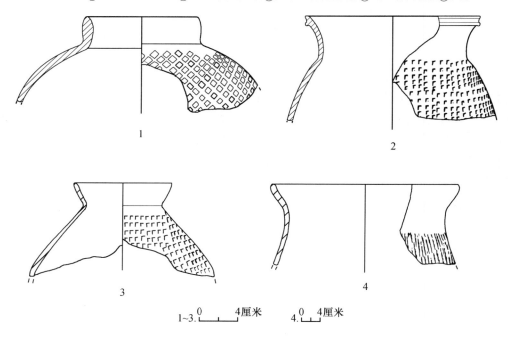

图五五　二期 Bb 型陶罐

1. 99BLG1①: 17　　2. 99BLG1①: 32　　3. 99BLG1①: 39　　4. 99BLT404④b: 9

　　C 型　卷沿束颈罐，颈壁线内弧，10 件。99BLG1①: 40，夹细砂灰陶。尖唇，平沿。颈分上下两段，下段有五周弦纹。口径 18 厘米，残高 5.8 厘米（图五六，1）。99BLG1①: 16，泥质灰陶。

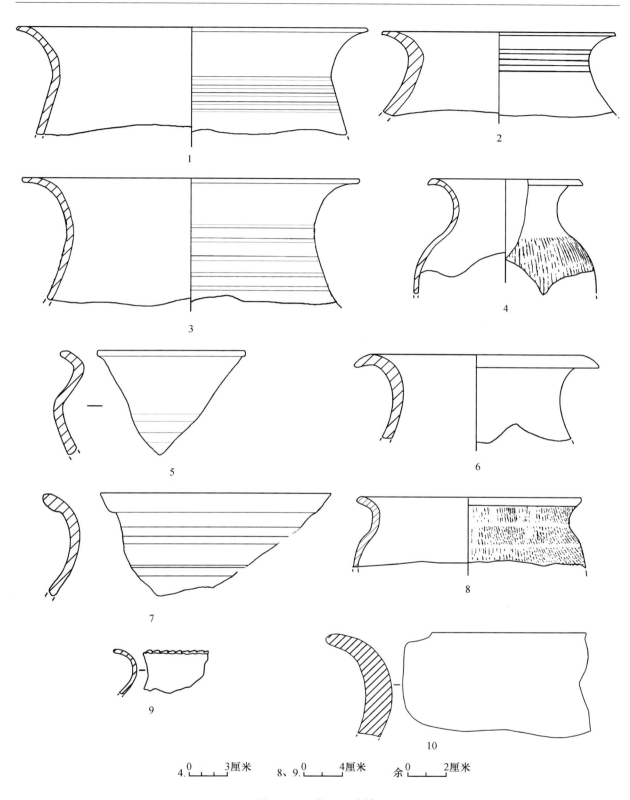

图五六 二期 C 型陶罐

1. 99BLG1①:40 2. 99BLG1①:16 3. 99BLG1①:1 4. 99BLT404④a:4 5. 99BLG1①:27 6. 02BLT410④a:2
7. 99BLG1①:22 8. 99BLT402③:9 9. 97HBT403④:3 10. 99BLT402⑥:1

尖唇，颈有弦纹五周。口径 12 厘米（图五六，2）。99BLG1①：1，泥质灰陶。尖唇，颈有弦纹五周。口径 18 厘米（图五六，3）。99BLT404④a：4，夹砂褐陶。尖唇，卷沿，鼓腹，腹部有细绳纹。器壁厚 0.3 厘米，口径 12 厘米，残高 7.5 厘米（图五六，4）。99BLT402③：9，夹砂灰陶。卷沿，圆唇，鼓腹，表面饰弦断绳纹。器壁厚 0.8 厘米，口径 24 厘米，残高 8 厘米（图五六，8）。97HBT403④：3，夹砂黑陶，薄胎。圆唇，唇面斜压出花边（图五六，9）。99BLG1①：27，泥质灰陶。圆唇，侈口，鼓肩，颈部内收。腹部饰有几圈凹弦纹。口径 20 厘米，残高 5.6 厘米（图五六，5）。02BLT410④a：2，黑皮陶，胎黄褐色，泥质。圆唇，卷沿。口径 12 厘米（图五六，6）。99BLG1①：22，泥质褐陶。圆唇，口沿外侧凸起，形成叠沿，口沿下有几圈凹弦纹。器壁厚 0.4 厘米，口径 34 厘米，残高 5.4 厘米（图五六，7）。99BLT402⑥：1，夹砂黑陶，敞口，圆唇，颈部胎体较厚重。口径 24 厘米，器壁厚 0.9 厘米，残高 4 厘米（图五六，10）。

D 型　卷沿高颈罐，颈壁线直立，5 件。99BLT404⑥a：8，夹砂黄褐陶。方唇，侈口，唇面按压条沟纹。颈部戳刺坑点纹，肩饰竖向粗绳纹。口径 17.6 厘米，残高 6.4 厘米（图五七，1）。97BLT409④：6，夹细砂灰褐陶。敞口，折沿，圆唇，素面。口径 8.8 厘米，残高 3.9 厘米，器壁厚 0.6 厘米（图五七，2）。99BLT404⑦：4，泥质灰陶。圆唇，卷沿，广肩，素面。器壁厚 0.8 厘米，口径 19.2 厘米，残高 8 厘米（图五七，3）。99BLT404⑦：14，夹细砂灰陶。圆唇，平卷沿。口径 18.6 厘米，残高 7.6 厘米（图五七，4）。99BLG1②：8，夹细砂黄褐色陶，薄胎。方唇，侈口。唇下有斜向线纹。口径 20 厘米（图五七，5）。

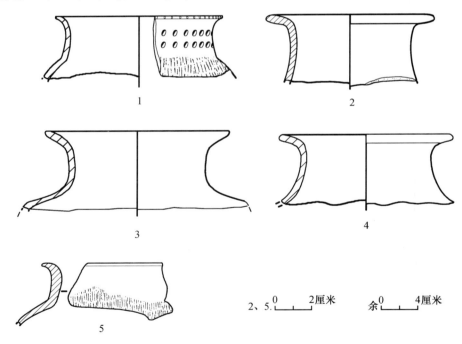

图五七　二期 D 型陶罐

1. 99BLT404⑥a：8　2. 97BLT409④：6　3. 99BLT404⑦：4　4. 99BLT404⑦：14　5. 99BLG1②：8

E 型　大口罐。分四亚型。

Ea 型　仰斜折沿，4 件。02BLT135⑥：17，夹砂褐陶，器体规整。方唇，外唇面有斜向压印纹，形成花边口。残高 5.2 厘米，口径 12 厘米（图五八，1）。97BLT403④：44，砂质褐陶。圆唇，唇部压印中花边。口径 16.5 厘米（图五八，2）。97BLT402②：2，夹砂褐陶。方唇较厚（图五八，3）。

99BLT404④b：8，夹炭褐陶。斜折沿，沿面内凹，方唇，颈部较突出，素面。器壁厚0.4厘米，残高0.8厘米（图五八，7）。

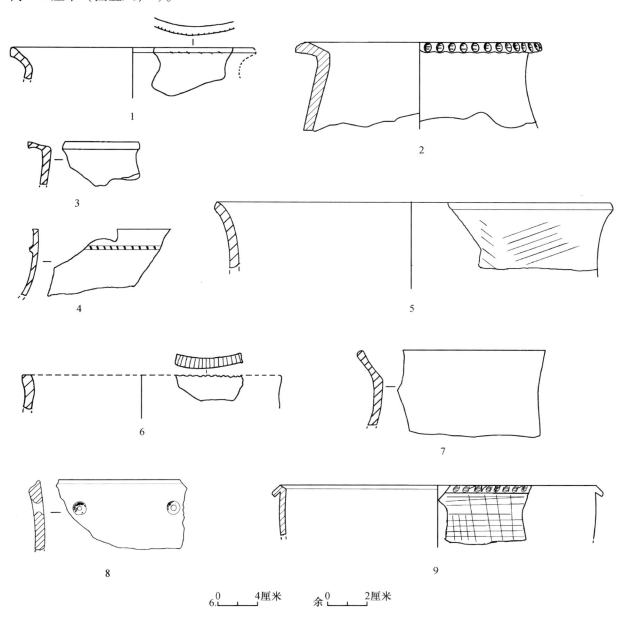

图五八 二期 Ea、Eb、Ec 型陶罐

1～3、7. Ea 型（02BLT135⑥：17、97BLT403④：44、97BLT402②：2、99BLT404④b：8）

4～6、8. Eb 型（99BLT404④b：4、99BLG1②：38、02BLT134①：4、99BLT404⑦：16） 9. Ec 型（02BLT135⑥：13）

Eb 型 立沿或侈口无沿，5件。99BLG1②：38，夹砂黄褐陶。方唇，斜折沿，颈部用篦齿状工具斜向相对刻划出六条一组的平行细弦纹。口径20厘米，残高2.8厘米（图五八，5）。02BLT134①：4，夹砂灰陶。火候较高。厚沿，腹壁薄，方唇，唇面有密集的垂直压印条纹。直口微外敞，沿比器身略厚，器身有细绳纹。口径26厘米（图五八，6）。99BLT404④b：4，夹砂红褐陶。方唇，直领，口沿下有一条附加泥条堆纹（图五八，4）。99BLT404⑦：16，泥质黑陶。子母口。有2个对钻孔（图五八，8）。

Ec 型　俯折沿，1 件。02BLT135⑥：13，夹砂褐陶。器壁较薄，火候高。敞口，折沿，方唇，沿俯折如倒"V"形，短直颈，下接筒形器腹。唇厚 2 毫米，仍在唇面斜向压印纹饰，模压工具为端头长椭圆形，并有横向的浅直沟，压印出的长椭圆形的浅坑，坑底有线型凸棱，压痕浅淡，排列规整，间距相等。颈部使用四齿工具，斜向刻划篦齿纹，上下两列为一组，在 6 厘米宽的陶片上保留 4 组。口径 16 厘米，残高 3 厘米（图五八，9）。

Ed 型　卷沿，8 件。02BLT135⑤：55，夹砂灰褐陶。圆唇，束颈。颈部有三角戳刺纹和细绳纹。口径 24 厘米（图五九，1）。02BLT135⑥：10，夹砂灰陶，火候低。厚沿，颈壁薄。唇面上压印篦齿纹，内壁在沿与颈部交界处压印篦齿纹，压纹宽浅。残高 2.2 厘米（图五九，2）。02BLT412②：2，泥质灰陶。圆唇，卷沿，沿面上有齿状工具压印的花边纹饰，器物内侧沿与颈的交接处亦有篦齿纹。残高 9 厘米，口径 40 厘米（图五九，3）。02BLT412④：1，泥质灰陶。卷沿，厚沿颈壁薄。沿面上有浅淡的坑点纹。器物颈部内侧有篦点纹和戳坑。残高 5 厘米，口径 34.4 厘米（图五九，4）。97BLT412②：27，泥质灰陶。卷沿，厚沿。唇上有压印的椭圆形浅坑，坑底不平，有横向凸线。颈外壁压印竖条沟纹，浅细沟底有横向凸线。残高 3 厘米（图五九，5）。99BLT404⑦：3，夹细砂灰陶。圆唇，颈部有锥刺三角纹。口径 18 厘米，残高 5 厘米（图五九，6）。99BLG1①：16，夹砂黄褐陶。圆唇，溜肩，肩有细绳纹。口径 32 厘米（图六〇，1）。99BLT404④b：20，夹砂黄褐陶。圆唇，唇面压印花边口。肩上有一周附加泥条堆纹。口径 40 厘米，残高 8 厘米（图六〇，2）。

F 型　敛口罐，1 件。02BLT135⑥：11，泥质红陶。尖圆唇。唇下有一周凹弦纹。素面。口径 13 厘米，残高 5 厘米（图六〇，3）。

釜　4 件。分三型。

A 型　平折沿，1 件。99BLT402⑥：4，夹粗砂灰褐陶。方唇，平折沿，圆腹。通体饰方格纹。口径 20.4 厘米，残高 19 厘米（图六一，1）。

B 型　侈口无沿，2 件。99BLT404④a：1，夹粗砂黑陶。圆唇，直领，小鼓肩。颈部厚，肩为绳纹。口径 13 厘米（图六一，2）。99BLT404④a：20，夹砂灰褐陶。尖唇，直领，小鼓肩。颈部厚，肩部饰粗绳纹。口径 10 厘米（图六一，3）。

C 型　卷沿，1 件。99BLT402⑥：11，夹细砂黑陶。圆唇，卷沿。颈部最厚。口径 24 厘米，残高 4 厘米（图六一，4）。

缸　5 件。97BLT403④：19，夹砂黄褐陶。折沿，沿面略内凹。沿下饰附加堆纹，堆纹上有交叉压印纹（图六二，5）。99BLG1①：25，夹砂褐陶。侈口，沿面稍内凹，方唇。颈部内收。口径 36 厘米，残高 7.4 厘米（图六二，1）。02BLT410④b：1，夹砂红陶。尖唇，折沿。沿面上有长条形工具横向压印的花边口，沿背面有压印的篦点纹。口径 40 厘米，残高 13.6 厘米（图六二，3）。99BLG1①：23，夹砂灰陶。侈口，方唇，唇上按压凹坑，形成齿状花边口。卷沿。腹部有较粗的绳纹。口径 40 厘米以上，残高 6 厘米（图六二，2）。99BLT404⑥b：15，夹砂夹炭褐陶。方唇，斜折沿，沿面向下凹。残高 4.4 厘米（图六二，4）。

壶　6 件。99BLT402⑥：5，夹细砂红陶。圆唇，敞口，高领，广肩，肩饰方格纹。口径 26 厘米，残高 15.6 厘米（图六三，1）。99BLT404⑥a：9，泥质红褐陶。圆唇，高领，丰肩，素面。口径 16.8 厘米，残高 8 厘米（图六三，2）。99BLT404⑥b：11，夹砂褐陶。尖唇，敞口，斜长颈，广肩，素面。器壁厚 0.4 厘米，残高 5.6 厘米（图六三，3）。97BLT401②：51，泥质黄褐陶。圆唇，敞口，斜长颈，广肩。颈部以下饰方格纹。器壁厚 0.4 厘米（图六三，4）。02BLT134②a：2，泥质灰陶。卷沿，尖圆唇，素面。口径 20 厘米，残高 5 厘米（图六三，5）。99BLT404④b：6，夹砂灰褐陶。敞口，尖唇，素面。器壁厚 0.6 厘米，口径 18 厘米，残高 7.2 厘米（图六三，6）。

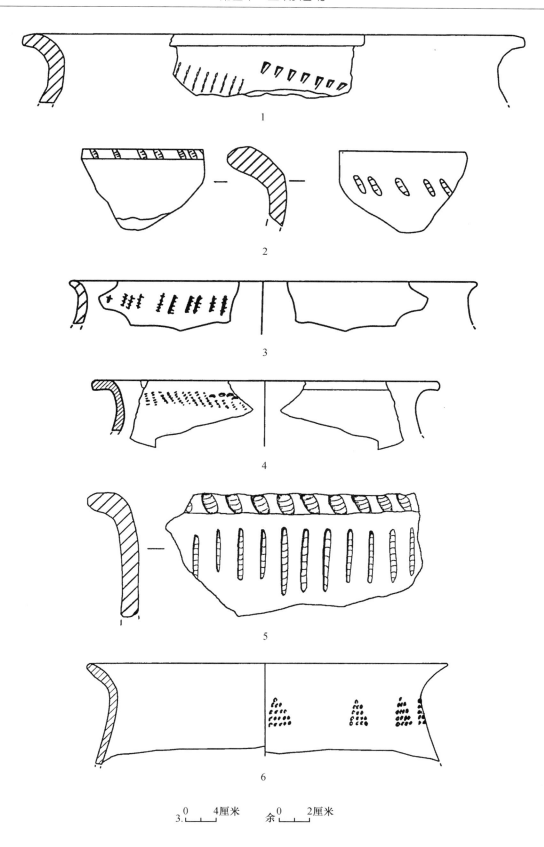

图五九 二期 Ed 型陶罐

1. 02BLT135⑤: 55　2. 02BLT135⑥: 10　3. 02BLT412②: 2　4. 02BLT412④: 1　5. 97BLT412②: 27　6. 99BLT404⑦: 3

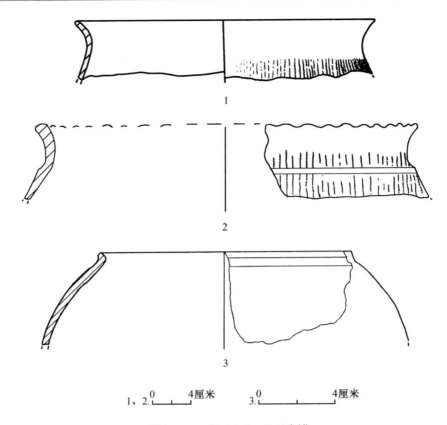

图六〇　二期 Ed 型、F 型陶罐
1、2. Ed 型（99BLG1①:16、99BLT404④b:20）　3. F 型（02BLT135⑥:11）

盆　2件。分二型。

A 型　折沿，1件。99BLG1②:66，泥质灰陶。折沿，圆唇，唇面微上鼓，有子母口。素面。器壁厚 0.8 厘米，口径 28.2 厘米（图六四，1）。

B 型　卷沿，1件。99BLTG1①:37，夹砂红褐陶。尖圆唇，敞口，斜直腹，口沿较宽大，素面。口径 28 厘米，残高 3 厘米（图六四，9）。

盘　1件。99BLG1①:30，泥质灰陶。圆唇，敞口，鼓腹，最大腹径靠上。口沿下方有若干个小钻孔。口径 26 厘米，残高 4.8 厘米（图六四，5）。

钵　3件。97BLT403④:51，泥质灰陶。敛口，尖唇，折腹。口下饰细弦纹两道。口径 22 厘米（图六四，2）。99BLG1②:29，泥质褐陶。圆唇，敛口，鼓肩。肩饰一周凹弦纹。口径 14 厘米，残高 6 厘米（图六四，3）。99BLG1①:34，泥质灰陶，颜色斑驳。敛口，深腹。口沿下部有一周细的凹弦纹，肩部有两周凹弦纹。口径 15.8 厘米（图六四，4）。

豆盘　2件。分二型。

A 型　敛口，1件。02BLT135⑥:8，泥质灰陶。尖圆唇，敛口，斜弧腹。口径 24 厘米，残高 4.8 厘米（图六四，6）。

B 型　敞口，1件。02BLT134②a:1，夹粗砂黑皮陶，胎质为红褐色。尖圆唇，敞口，斜腹，素面，火候较低。口径 18 厘米，残高 2.8 厘米（图六四，7）。

豆柄　1件。

99BLG1①:21。豆的柄部。泥质灰陶。直柄，柄部有凹弦纹，下部残失柄，直径 5 厘米（图六四，8）。

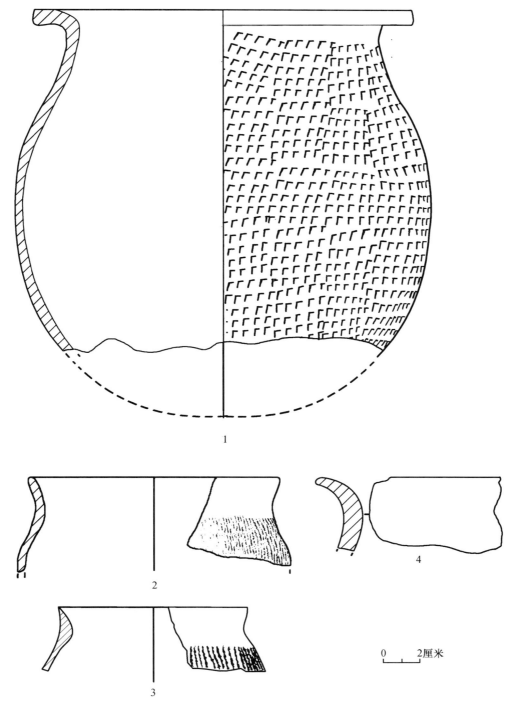

图六一 二期陶釜
1. 99BLT402⑥:4 2. 99BLT404④a:1 3. 99BLT404④a:20 4. 99BLT402⑥:11

平底杯 5件，分二型。

A型 高台式底座，3件。99BLG1①:10，泥质灰陶。小平底，高台座。底径4.4厘米，座高2厘米（图六五，3）。99BLG1①:20，泥质灰陶。小平底，高台座。底径6.4厘米，残高1.6厘米（图六五，2）。99BLG1①:62，泥质灰陶。直壁，颈部残缺，厚底，高台座，底内部有小凸起。器壁厚0.4厘米，底厚0.5厘米，底径6.3厘米，残高1.3厘米（图六五，1）。

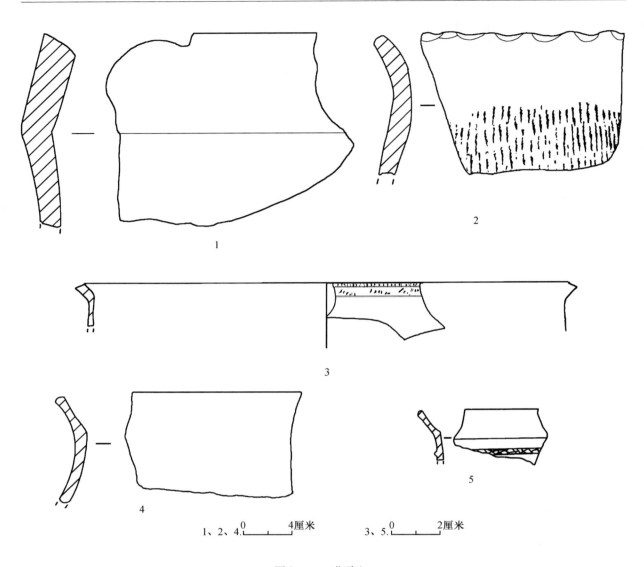

图六二　二期陶缸

1. 99BLG1①: 25　　2. 99BLG1①: 23　　3. 02BLT410④b: 1　　4. 99BLT404⑥b: 15　　5. 97BLT403④: 19

　　B 型　薄底无座，2 件。02BLT135⑤: 3，泥质黑褐陶。筒腹，平底，底部内侧有一周凹槽，器壁较薄，近底处器壁略内收。底径 12 厘米，残高 6.8 厘米（图六五，4）。02BLT135⑤: 60，泥质灰褐陶。筒腹，平地，素面。底径 12 厘米，残高 4.4 厘米（图六五，5）。

　　尖底器　5 件，分二型。

　　A 型　瘦尖底，3 件。99BLG1①: 19，泥质黑陶。内壁可见泥条盘筑的螺旋形痕迹，外壁不规整。底尖为小平面，直径 1.2 厘米。残高 8 厘米（图六六，1）。99BLG1①: 68，夹砂灰褐陶。外壁较规整，腹壁较直，底尖磨损残失。残高 5 厘米（图六六，2）。99BLG1①: 69，夹砂黑陶。外壁不规整。底尖为小平面，直径 1.2 厘米，残高 7.2 厘米（图六六，3）。

　　B 型　肥尖底，2 件。99BLG1①: 18，夹细砂黑陶。内壁有泥条盘筑痕迹，较规整。底肥阔，在底的正中有 1 个凸出的底尖。残高 3.8 厘米（图六六，4）。99BLT404③: 14，泥质灰陶。泥条盘筑痕迹清晰。在底部正中有 1 个凸出的底尖。残高 2.6 厘米（图六六，5）。

　　器底　分二型。

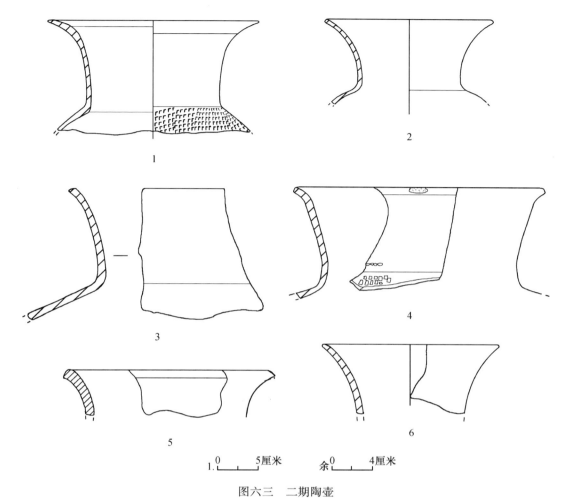

图六三 二期陶壶

1. 99BLT402⑥: 5 2. 99BLT404⑥a: 9 3. 99BLT404⑥b: 11 4. 97BLT401②: 51 5. 02BLT134②a: 2 6. 99BLT404④b: 6

A 型 圜底，1 件。99BLT404④b: 3，夹砂灰黑陶，素面。残高 4 厘米（图六七，1）。

B 型 平底，2 件。02BLT135⑤: 68，泥质黄褐陶，火候较低。器表施陶衣，但已经脱落，表面呈粉末状，素面。底径 16 厘米，残高 4 厘米（图六七，3）。此件可能是缸底。02BLT135⑥: 6，夹粗砂红陶。平底。器表面凹凸不平，器壁较厚。底径 12 厘米，残高 3 厘米（图六七，2）。

C 型 圈足底 6 件。分三亚型。

Ca 型 竖直形，1 件。02BLT135⑥: 15，夹砂红褐陶。黑胎，圈足较矮直，器底边修厚，中间渐薄。残高 2.4 厘米，足径 8 厘米（图六七，4）。

Cb 型 倒盘口形，1 件。02BLT135⑥: 5，夹砂黑褐陶。圈足壁厚足向外伸，又内收敛呈倒盘口形。在圈足与器身连接的接茬处，露出间距 1.2 厘米的榫头，用以加强与器身的连接。足高 2.4 厘米，足径 12 厘米（图六七，7）。

Cc 型 倒喇叭形，4 件。02BLT135⑥: 14，夹炭黑褐陶。圈足壁厚，圈足与器底的连接部分有榫凸。足高 2.4 厘米，足径 12 厘米（图六七，6）。99BLT404⑥a: 35，泥质黑陶。足壁向外斜直。素面。足径 7.2 厘米，高 0.9 厘米（图六七，8）。99BLT402⑥: 8，夹砂黑褐陶。鼓腹，圜底接矮圈足。下腹有泥条盘筑的痕迹。圈足底直径 9 厘米，圈足高 1 厘米（图六七，9）。99BLG1②: 44，泥质灰陶。鼓腹，圜底接矮圈足。圈足底直径 12 厘米，圈足高 1.6 厘米（图六七，5）。

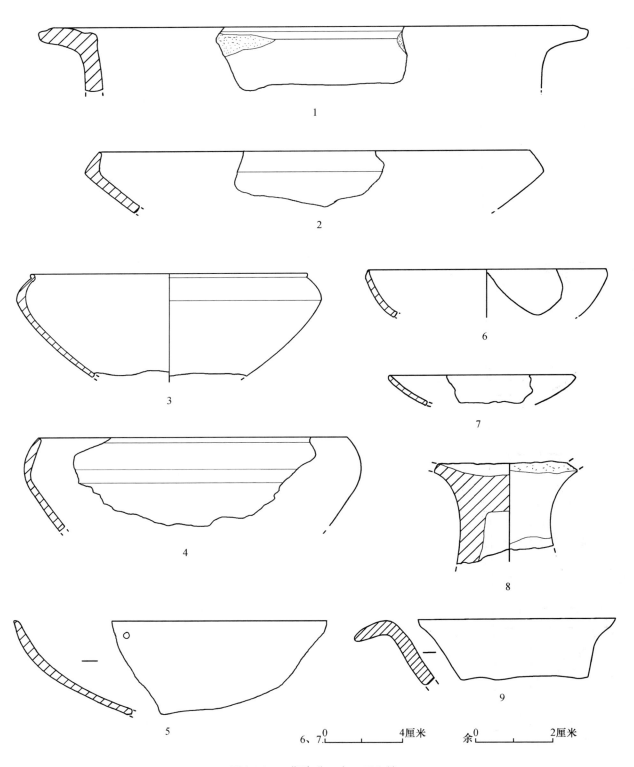

图六四　二期陶盆、盘、豆和钵

1. A 型盆（99BLG1②：66）　　2 ~ 4. 钵（97BLT403④：51、99BLG1②：29、99BLG1①：34）　　5. 盘（99BLG1①：30）

6. A 型豆盘（02BLT135⑥：8）　　7. B 型豆盘（02BLT134②a：1）　　8. 豆柄（99BLG1①：21）　　9. B 型盆（99BLG1①：37）

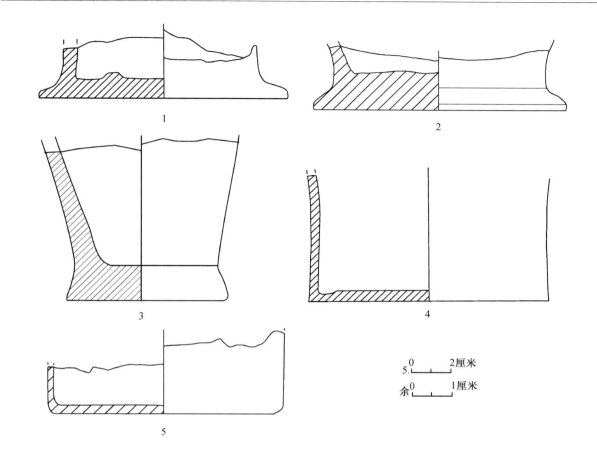

图六五 二期陶平底杯

1～3. A 型（99BLG1①：62、99BLG1①：20、99BLG1①：10） 4、5. B 型（02BLT135⑤：3、02BLT135⑤：60）

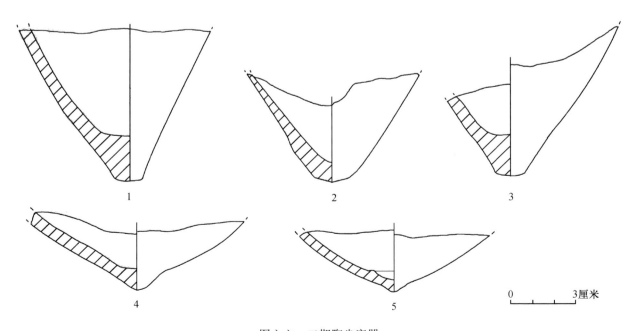

图六六 二期陶尖底器

1～3. A 型（99BLG1①：19、99BLG1①：68、99BLG1①：69） 4、5. B 型（99BLG1①：18、99BLT404③：14）

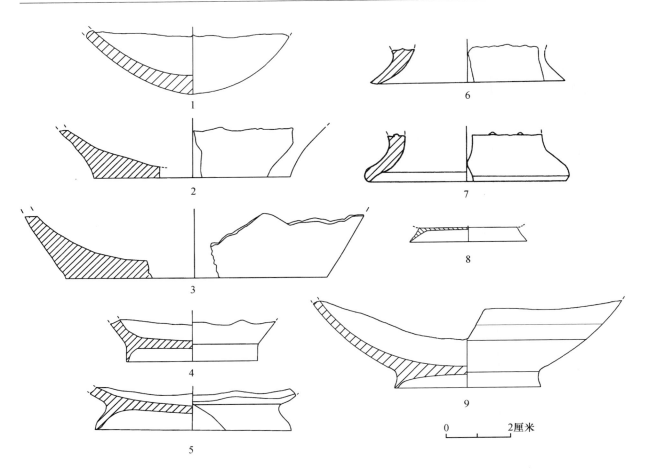

图六七　二期陶器底

1. A 型（99BLT404④b：3）　　2、3. B 型（02BLT135⑥：6、02BLT135⑤：68）　　4. Ca 型（02BLT135⑥：15）　　5、6、8、9. Cc 型
（99BLG1②：44、02BLT135⑥：14、99BLT404⑥a：35、99BLT402⑥：8）　　7. Cb 型（02BLT135⑥：5）

陶盅　2 件。02BLT135⑤：5，夹砂褐陶。斜壁，假圈足，足稍外撇。底径 6.4 厘米，残高 4.2 厘米（图六八，1）。02BLT407②：3，细泥红陶。素面，平底，斜壁，底部内凹，上半部已残损。底径 4.6 厘米，残高 6 厘米（图六八，2）。

器盖捉手　1 件。99BLG1①：28，泥质黄褐陶。圆盘顶，喇叭状盖身。残高 5 厘米（图六八，4）。

纺轮　1 件。02BLT135⑤：2，夹细砂红陶。平面圆形，中央一圆穿，周边稍微凸起。孔径 0.4 厘米，直径 3.6 厘米，厚 0.5 厘米（图六八，3；图版一五，1）。

2. 石器

打制石器很少，磨制石器多。器形有石凿、刮削器、石楔、石锛、石斧、石铲，石刻刀、石刀、石锤、石杵、磨盘等。有完整器，有毛坯，还有残破的碎块。磨制石器是先打制修理毛坯，再打磨。有的器物磨制不精，光面上有平行的摩擦沟道，说明只粗磨，没有细磨抛光。甚至有的器表还保留修理毛坯时形成的疤痕。选择石器质料与第一期相同，有硬度高的青色火成岩砾石，其次是硬度稍差的沉积岩，还有较软的泥岩。

石凿　7 件。分三型。

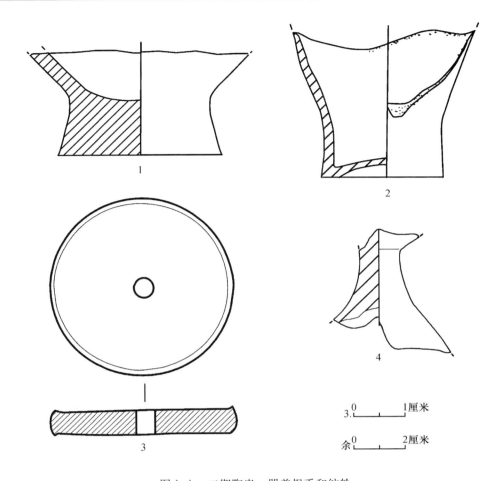

图六八 二期陶盅、器盖捉手和纺轮
1、2. 陶盅（02BLT135⑤: 5、02BLT407②: 3） 3. 纺轮（02BLT135⑤: 2） 4. 器盖捉手（99BLG1①: 28）

A 型 扁方体凿，横截面为长方形，2 件。99BLT404⑥b: 6，灰色泥岩，质地软。长条形，利用自然石条加工，在一端头磨成陡刃，双面刃。长 6.3 厘米，宽 2.1 厘米，厚 1 厘米（图六九，1; 图版一〇，4）。99BLT404⑥a: 3，黑色火成岩，质地坚硬。通体磨制，下部残掉。残长 5.9 厘米，宽 3.6 厘米，厚 2.3 厘米（图六九，7，图版六，2）。

B 型 方柱体凿，横截面为正方形，或接近正方形，4 件。02BLT412②: 1，灰色泥岩，颗粒细腻，质地软。长条形，横截面为方形，顶部残失。通体磨光。长 4.8 厘米，宽 1 厘米，厚 1 厘米（图六九，2）。99BLTG1①: 10，灰黄色泥岩，质地软。长条形，横截面为梯形，刃部有残缺。通体磨光。长 7 厘米（图六九，3）。99BLT404⑥a: 5，灰色粉砂岩，颗粒粗，质地软。长条形，横截面为方形，顶部和下部残失。通体磨光。长 3.2 厘米（图六九，4）。99BLT404⑥a: 30，石英岩。长条形，圆顶，体横截面为方形，通体打磨。仅存上部。长 6 厘米（图六九，6）。

C 型 扁圆柱体凿，侧边磨平，1 件。99BLT404⑥a: 6，灰绿岩，质地坚硬。选用自然石条加工，两侧打磨出平面，其余保留天然石皮。长 8.1 厘米（图六九，5; 图版一二，1）。

刮削器 2 件。02BLT135⑥: 1，砂岩。系用红褐色砂岩的鹅卵石直接打制而成，正面系鹅卵石的表面，左侧面保留有打制修边时留下的放射线，右侧面较为平整，可能是第一步打击时震裂的断面。顶部有打坯时的宽大疤痕。背面有半锥体，劈裂面较平整。刃部因使用而留下细小紧密的疤痕。下宽 7.5 厘米，高 5.9 厘米（图七〇，1）。02BLT135⑥: 2，砂岩。石器用灰色砂岩打磨而成，

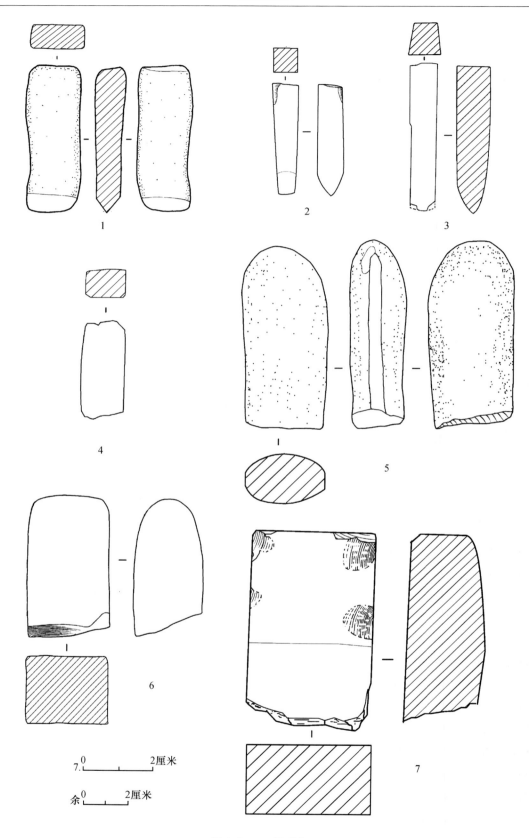

图六九　二期石凿

1、7. A 型（99BLT404⑥b: 6、99BLT404⑥a: 3）　　2～4、6. B 型（02BLT412②: 1、99BLTG1①: 10、
99BLT404⑥a: 5、99BLT404⑥a: 30）　　5. C 型（99BLT404⑥a: 6）

平面呈不规则三角形，背面光滑。正面凸凹不平，刃部因使用在背面留下细小而紧密的疤痕。通高9厘米，最大宽7厘米，厚2.2厘米（图七〇，2；图版一二，3）。

石刀 2件。分二型。

A型 啄背长方形刀，1件。02BLT135⑥：22，砂岩。用灰色砂岩打磨而成，平面呈不规则长方形。顶部留有疤痕。正面及两侧、刃部均经过磨制。残长9.2厘米，宽6.4厘米，厚1.4厘米（图七〇，4）。

B型 多孔刀，1件。99BLG1①：15，青灰色灰绿岩。磨制精细。双面平刃，刃锋利。体上厚下薄。身残，留3孔。孔为单面钻，呈上下两排分布。刃残长5厘米。刀残高5.4厘米。体厚1～1.2厘米，孔径0.5～0.8厘米（图七〇，5；图版一一，3）。

石铲 1件。02BLT135④：1，灰色砂岩。体扁薄，斜刃。通体磨制。上顶有被锤击的疤痕，两侧面略外弧。刃为单面，因使用而留下细小紧密的疤痕。长4.3厘米，最大宽3.5厘米，最大厚0.4厘米（图七〇，3）。

石斧 7件。分二型。

A型 弧面形，正、背两面外鼓，4件。99BLT404⑥a：4，灰色砂岩。磨制，长身，横截面为长方形，刃部缺失。身有疤痕。长10.8厘米，宽5.4厘米（图七一，1；图版六，1）。99BLT402⑥：3，辉绿岩。打制，周身修理，正面部分磨光，有横向磨痕。长10.2厘米，宽4.9厘米（图七一，2）。99BLT404⑦：1，灰色砂岩。磨制，长身，中部厚，往下逐渐变薄，横截面接近方形，平顶，刃部缺失。身有疤痕。长5.6厘米，宽3.4厘米（图七一，3；图版五，1）。99BLT402⑥a：3，泥岩。倒梯形。磨制，顶面有片疤，但保留有小面积的磨面（图七一，4）。

B型 板形，斧身正面和背面平，3件。99BLT404④a：6，辉绿岩。磨制，平顶，弧刃。残失一角。长6.4厘米，宽3.9厘米（图七二，1；图版九，3）。99BLT404⑥：2，泥岩。体轻，重仅31克。磨制。平顶，磨面，有打击形成的疤痕。表面有旧疤。长4.8厘米，宽3.2厘米，厚1.4厘米（图七二，5；图版一二，2）。99BLG1①：12，辉绿岩。磨制。顶残失一角。刃残缺。长6.9厘米，宽4.6厘米（图七二，6）。

石楔 1件。99BLG1①：11，火成岩。通体磨制。长条形，上部残。横截面为圆角长方形。弧刃。刃陡。残长3.6厘米，宽6.4厘米，厚2厘米（图七一，5；图版九，2）。

锛 11件。分三型。

A型 上薄下厚，2件。02BLT407⑦：2，黑色泥岩。呈梯形，磨制。顶部弧圆，两侧平直，刃部尖锐，顶端和刃口都有缺失。长6厘米，宽3厘米（图七二，3）。99BLT404⑦：2，泥岩，青灰色。长方形，先打制，修理出轮廓形状，再磨制，光面细观察可看到微细的横向擦痕。背面还保留一个没有打磨平的修坯疤痕，疤痕内有土锈，颜色陈旧。顶部和左侧面、刃部都有疤痕，颜色较新，且疤痕打破磨光面，可以确定是在磨好器物后形成的。长5.8厘米，宽4.6厘米（图七二，2；图版五，2）。

B型 正面平，背面外凸，4件。99BLG1①：3，灰黑色砂岩。通体磨制，横截面为长方形。弧顶，两侧边平直，刃略凸。正面平整，背面中部突起，形成中间厚，上下薄。顶角有疤痕。刃一角残掉。刃有细小的磨蚀痕迹。长3.4厘米，宽2.1厘米，厚0.7厘米（图七三，1）。97BLT403④：6，粉砂岩。磨制。两侧边略外弧。弧顶，弧刃。长3.8厘米，宽2.9厘米（图七三，2；图版一〇，1）。99BLT402⑦：1，沉积岩。上部残失。横断面呈长方形，单面刃。宽4.4厘米（图七三，7）。99BLG1②：2，褐色泥岩。磨制。横截面为长方形。平顶，上窄下宽。下部残失。残长6厘米，宽6厘米，厚2厘米（图七二，4；图版五，3）。

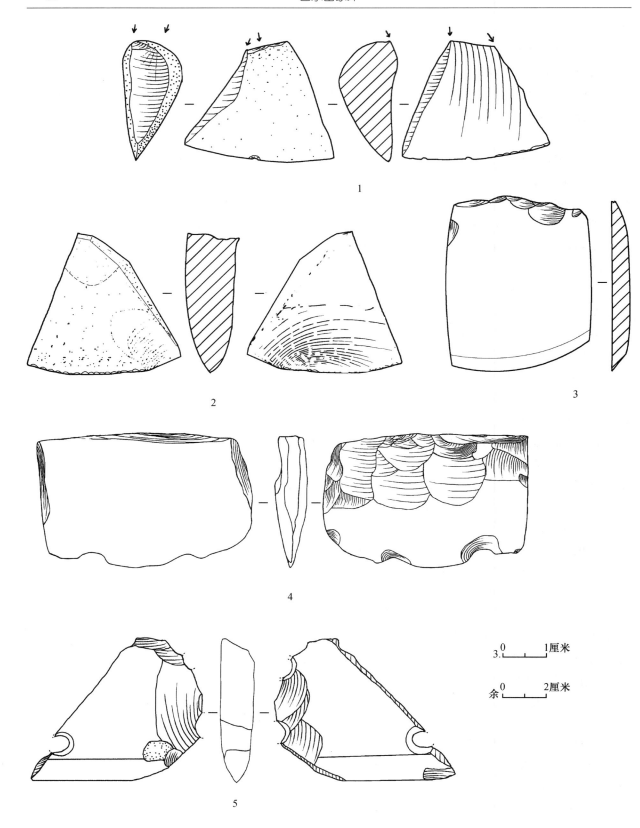

图七〇　二期石刮削器、石铲和石刀

1、2. 刮削器（02BLT135⑥:1、02BLT135⑥:2）　　3. 铲（02BLT135④:1）　　4. A 型石刀（02BLT135⑥:22）

5. B 型石刀（99BLG1①:15）

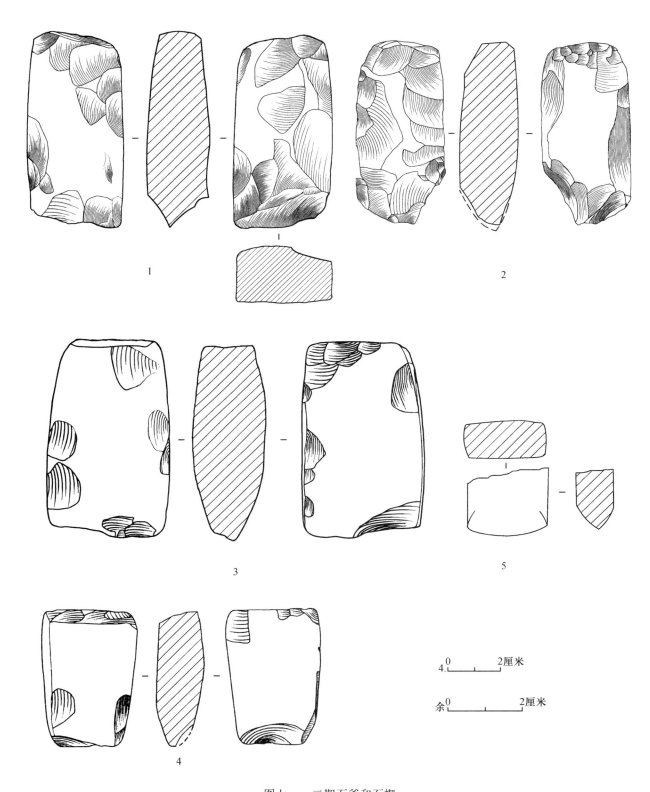

图七一　二期石斧和石楔

1~4. A型石斧（99BLT404⑥a: 4、99BLT402⑥: 3、99BLT404⑦: 1、99BLT402⑥a: 3）　　5. 石楔（99BLG1①: 11）

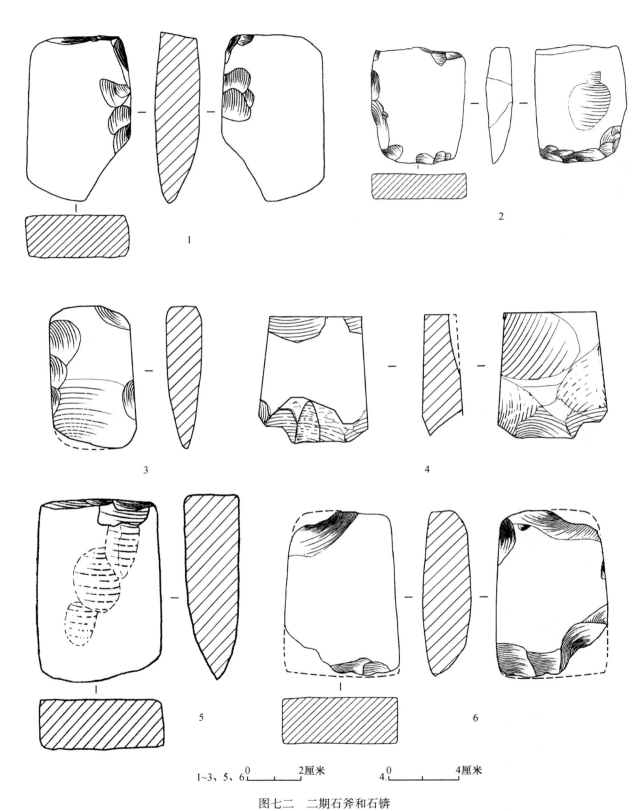

1~3、5、6 0 ____ 2厘米　　4 0 ____ 4厘米

图七二　二期石斧和石锛

1、5、6. B 型石斧（99T404④a：6、99BLT404⑥：2、99BLG1①：12）　2、3. A 型石锛（99BLT404⑦：2、02BLT407⑦：2）

4. B 型石锛（99BLG1②：2）

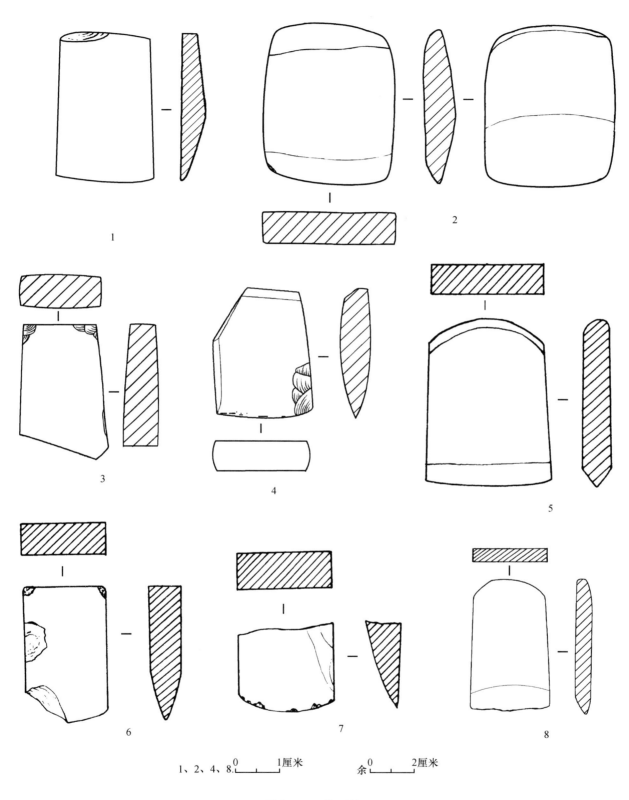

1、2、4、8. ┗━━━┛1厘米   余 ┗━━━┛2厘米

图七三 二期石锛

1、2、7. B 型 （99BLG1①：3、97BLT403④：6、99BLT402⑦：1）   3、4、6. C 型 （02BLT135⑤：1、02BLT134
②b：1、99BLT406⑥b：2）   5、8. D 型 （99BLG1②：1、99BLM4 填土：1）

C 型　正背两面平，平顶，3 件。02BLT135⑤:1，灰色砂岩。磨制。上窄下宽，平面呈不规则梯形。上薄下厚，右上角和左上角残破而留有疤痕，刃部缺失。长 6.2 厘米，上宽 3.2 厘米，下宽 3.8 厘米，最大厚 1.6 厘米（图七三，3）。02BLT134②b:1，灰色页岩。顶部正面磨出一个倾斜面，左上角残失一块，左边有一个长条形劈裂的疤痕。石斧背面刃部因使用而留下的疤痕。刃部正面也留下疤痕。长 6.2 厘米，最大宽 4.5 厘米，厚 1.5 厘米（图七三，4；图版一〇，2）。99BLT406⑥b:2，沉积岩。通体磨制，横截面为长方形。双面弧刃。顶有打击痕，刃角有残失。长 6.6 厘米，宽 4 厘米，厚 1.5 厘米（图七三，6）。

D 型　正背两面平，圆顶，2 件。99BLG1②:1，黄褐色火成岩。坚硬。宽身，圆弧顶，平刃略凸。通体磨制。双面刃，长 4.1 厘米，宽 2.8 厘米，厚 0.7 厘米（图七三，5）。99BLM4 填土:1，白色石英岩。通体磨制精致，弧顶，直边，平刃，刃有崩痕。长 3.1 厘米，宽 1.8 厘米，厚 0.4 厘米（图七三，8；图版一〇，3）。此件出于唐墓被盗的扰土中，形态与 99BLG1②:1 接近，暂归于此。

毛坯　3 件。99BLG1②:3，鞍山玢岩。打制。斧形，两侧和正面修理。正面保留石皮。长 12 厘米，宽 4~6 厘米（图七四，1；图版一一，2）。99BLG1①:1，辉绿岩。打制。从砾石上拨打下的大石片，顶部有修理的小台面，正面保留石皮，劈裂面半锥体明显。长 7.8 厘米，宽 7.4 厘米（图七四，2；图版九，1）。99BLT406⑥:2，辉绿岩。用砾石加工。顶部折断，正面保留石皮，有少量剥片疤。长 7.5 厘米，宽 6.8 厘米（图七四，3）。99BLT404⑥a:31，变质粉砂岩。顶为折断面，侧边修理成刃。下部打磨。长 5.5 厘米，宽 3.4 厘米（图七四，4；图版七，1）。

磨棒　1 件。97BLT403④:2，砂岩。长条形，两端残失，仅存中间一段。横剖面呈半圆形，工作面微外鼓。残长 3.3 厘米（图七五，1）。

磨盘　1 件。97BLT403④:14，砂岩。形状不规则，大体呈长方形。底面平，上面中部略下凹。残长 15.4 厘米，宽 13.6 厘米，厚 2.3 厘米（图七五，4）。

石杵　1 件。97BLT403⑤:2，灰色泥岩。长条形，顶端残失，仅存下段。横剖面呈椭圆形，工作端为圜形，有砸击痕。残长 12 厘米（图七五，2）。

石锤　1 件。02BLT407⑦:4，青灰色泥岩。质地细密坚硬。扁平河卵石，下端有密集的敲砸痕，其余为天然石皮。长 12.4 厘米，宽 8 厘米，厚 3 厘米（图七五，3；图版一一，1）。

3. 牙骨器

骨镞　1 件。99BLT404④b:1，三棱形，铤残。残长 4.2 厘米（图七五，5；图版一六，1）。

牙凿　1 件。99BLT404⑥b:3，将猛兽的门齿，斜削齿冠形成锋利的刃。长 5.7 厘米（图七五，6；图版一六，2）。

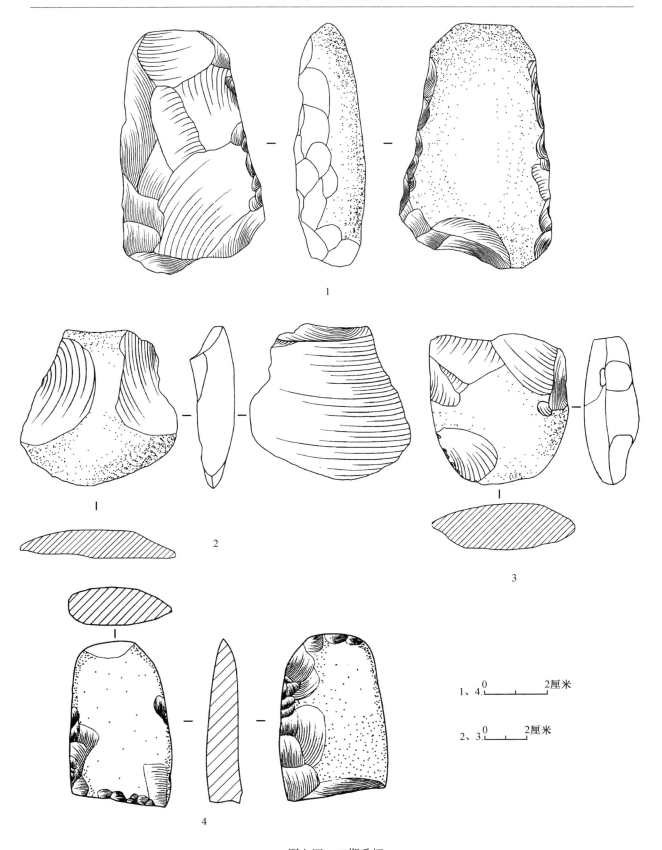

图七四 二期毛坯

1. 99BLG1②: 3　2. 99BLG1①: 1　3. 99BLT406⑥: 2　4. 99BLT404⑥a: 31

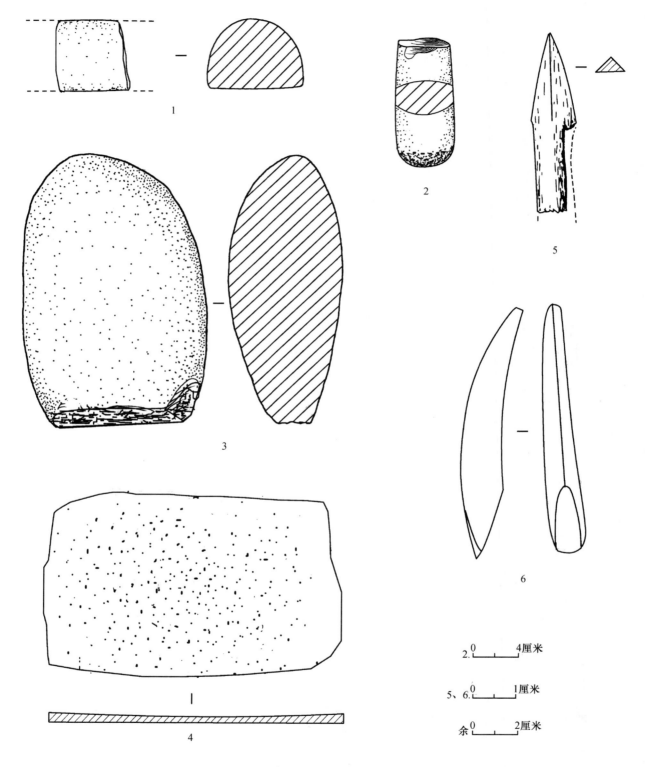

图七五　二期石器和牙骨器

1. 石磨棒（97BLT403④:2）　　2. 石杵（97BLT403⑤:2）　　3. 石锤（02BLT407⑦:4）

4. 石磨盘（97BLT403④:14）　　5. 骨镞（99BLT404④b:1）　　6. 牙凿（99BLT404⑥b:3）

第五章　三　期　遗　存

遗址发掘到此时期的遗迹和地层分布在Ⅰ区、Ⅳ区。遗迹有灰坑2个、灶1个，都分布在Ⅰ区。遗物有陶器、石器。另有1件青铜器。

一、遗　　迹

1. 灰坑

97BLH2　位于第Ⅰ区的T108内，开口于第2层下，打破第3层。平面为椭圆形，圜底。坑口直径50～101厘米，深35厘米（图七六，1）。坑内填土为黄灰色土，土质疏松，夹杂较多的红烧土块和碎石块。出土遗物为碎陶片，有鬲足、罐的腹片等。

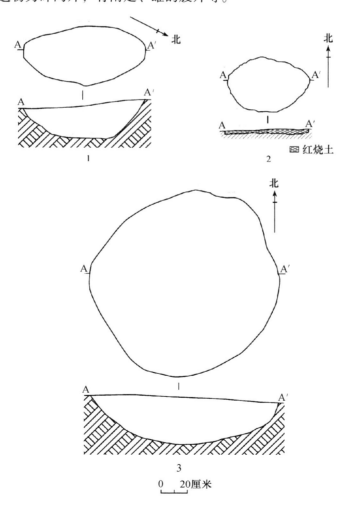

图七六　三期灰坑与灶平、剖面图
1. 97BLH2　2. 97BLZ1　3. 97BLH3

97BLH3　位于第Ⅰ区的 T107 南部，椭圆形锅底状，直径 1.9 米，深 0.35 ~ 0.5 米（图七六，3）。坑内堆积为黑灰色土，含有红烧土块和石块。出土陶片为夹砂红褐陶和灰褐陶，不见完整陶器，其中有鬲足。

2. 灶

97BLZ1　位于 T108 的东北角。开口于第 2 层下。保留不完整，仅存椭圆形灶面，直径 0.48 ~ 0.68 米（图七六，2）。灶面呈暗红色，平坦坚硬。其上有 5 厘米厚的草木灰层。

二、遗　物

1. 陶器

仍以有夹砂夹炭陶、泥质陶为主，夹细砂次之（附表一）。夹炭的掺和料仍是草和骨末，高温炭化后，形成小孔隙，但是第三期的掺杂的有机物所占比率下降，砂的含量有所提高，所以陶器硬度提高。二期常见的"轻陶"消失。陶胎普遍较夏商时期加厚，制作不精制，但火候较高，陶片较坚硬。有灰陶、黄褐陶、红褐陶、灰褐陶、黑陶。个别大的灰陶罐外表面罩一层灰色陶衣，如标本 02BLT135③:1，卷沿罐，火候高，坚硬，入水浸泡不溶解，不脱落，但是从唇部可以观察到陶衣呈片状脱落（彩版三，2）。

纹饰以绳纹为主，方格纹次之（附表一）。绳纹普遍较粗，排列或整齐或杂乱。也有细、中绳纹、弦断绳纹（图七七）。弦纹和附加堆纹次之，还有划纹、戳点纹。附加堆纹中，有的在附加泥条堆纹上压印圆坑，或压印条坑。此外还有一些数量极少、纹样特殊的纹饰，如鱼钩形纹、小孔纹、斗形纹、波浪纹等。97BLT403③:30，陶片，厚 1.1 厘米，泥质黑陶。器表压印和钻刻有鱼钩形纹饰和小孔，有些小孔已经对穿器壁（图七八，1）。97BLT408③:4，夹砂灰褐陶。表面有 3 条凹弦纹，其上有 1 条大波浪纹，其下有 1 条小波浪纹（图七八，2）。02BLT412③:4，为泥质灰陶。器表有一附加圆形泥饼，泥饼上压印有叶脉纹（图七八，4）。97BLZ1:1，夹砂红褐陶，器表两道平行的附加堆纹，在两条附加堆纹之间每隔 2.8 厘米有一倒斗形块纹相连（图七八，3）。花边口沿很少，压痕深大，形成起伏的大花边口，或于宽厚唇面上按出深大的圆窝。

三期陶器器形出现大量的鬲，此外还有釜、瓮、罐、壶、豆、盆、盘、平底杯、尖底杯等。出土陶容器都是碎片，经过拼对，复原杯 1 件，其余是一些较大的标本。其中能看出器形器类者分型介绍如下。

鬲口沿　分三型。

A 型　卷沿，5 件。99BLT402③:9，夹粗砂黄褐陶。圆唇，竖颈，鼓肩。颈部有手指捏痕。肩部以下饰竖向绳纹。口径 24 厘米，残高 8 厘米（图七九，1）。97BLT403③:32，夹砂夹炭灰褐陶。尖圆唇，颈部饰细弦纹一周。器壁厚 0.6 厘米（图七九，2）。99BLT404③:5，夹砂灰褐陶。圆唇，颈部以下饰方格纹。口径 20 厘米，残高 8 厘米（图七九，3）。99BLT402③:29，夹砂灰褐陶。圆唇，溜肩。颈部饰弦纹一周，中腹有绳纹。口径 9 厘米（图七九，4）。99BLT404③:23，夹粗砂红褐陶。尖唇。领饰竖条抹压纹，肩饰竖向绳纹。口径 20 厘米（图七九，5）。

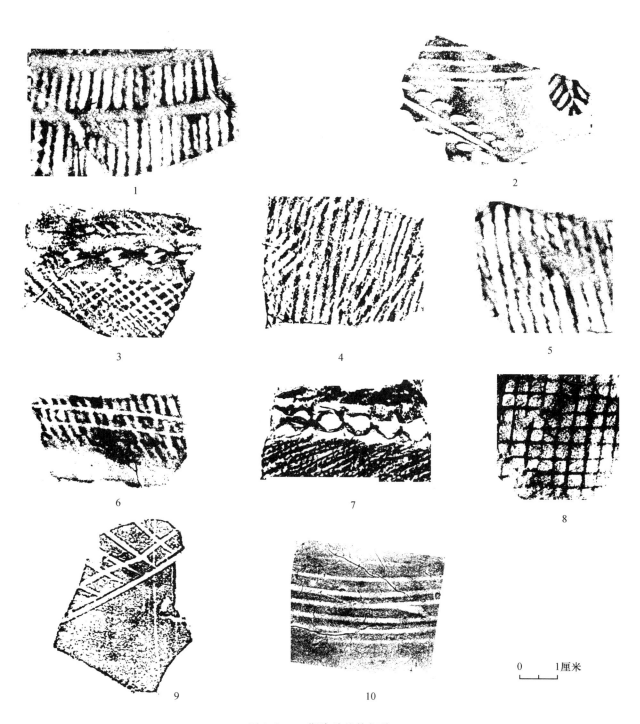

图七七 三期陶片纹饰拓片

1. 弦断粗绳纹 2. 弦纹、戳点纹和泥饼上面压印叶脉纹 3. 附加泥条堆纹上压印条坑和细绳纹 4. 中绳纹
5. 粗绳纹 6. 弦断中绳纹 7. 附加泥条堆纹上压印圆坑和细绳纹 8. 方格纹 9. 划纹 10. 弦纹
（2、3、7、9 出土于 99BLT404③，其余出土于 02BLT135③）

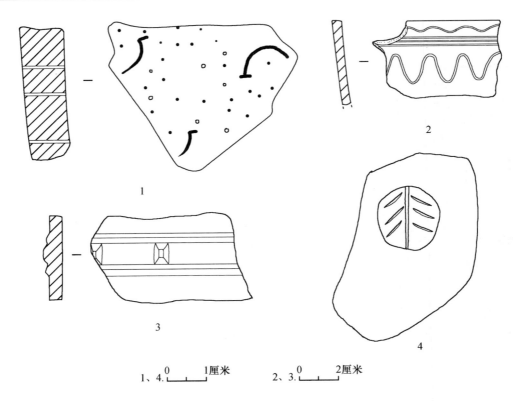

1、4. 0 ⊢ 1厘米　　　2、3. 0 ⊢ 2厘米

图七八　三期陶片特殊纹饰

1. 97BLT403③: 30　2. 97BLT408③: 4　3. 97BLZ1: 1　4. 02BLT412③: 4

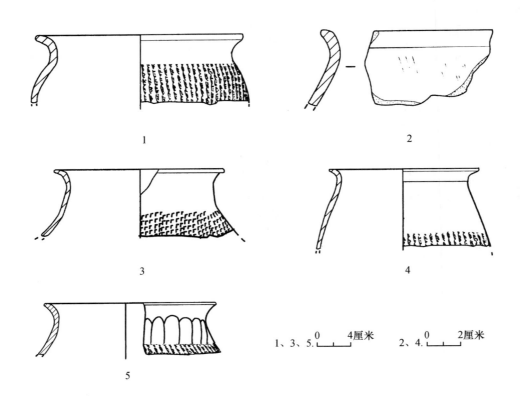

1、3、5. 0 ⊢ 4厘米　　　2、4. 0 ⊢ 2厘米

图七九　三期 A 型陶鬲

1. 99BLT402③: 9　2. 97BLT403③: 32　3. 99BLT404③: 5　4. 99BLT402③: 29　5. 99BLT404③: 23

B 型　折沿，3 件。02BLT135③：4，夹炭黑褐陶。圆唇，平折沿，直领，颈部有一周凹弦纹，沿以下饰细绳纹。口径 24 厘米，残高 5 厘米（图八〇，1）。99BLT402③：12，夹粗砂褐陶。方唇，沿外折，颈下饰弦断绳纹。残高 6 厘米（图八〇，2）。99BLT402③：40，夹砂黑陶。圆唇，斜折沿，沿面平，沿背凸鼓。口径 16 厘米（图八〇，3）。

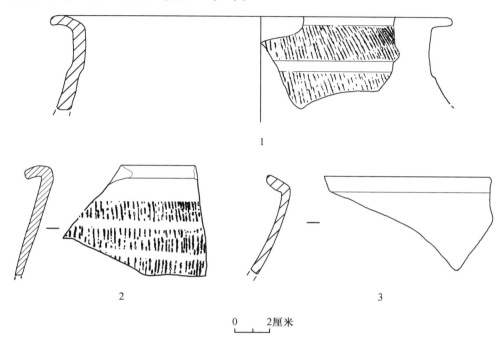

0　　2厘米

图八〇　三期 B 型陶鬲
1. 02BLT135③：4　2. 99BLT402③：12　3. 99BLT402③：40

C 型　立领或斜领，4 件。99BLT402③：18，夹砂黑陶。尖圆唇，敞口。沿以下饰竖向粗绳纹。口径 14 厘米（图八一，1）。99BLT404③：10，夹砂灰陶。圆唇，敞口。沿以下饰竖向细绳纹。残高 8.8 厘米（图八一，2）。02BLT135③：6，夹砂褐陶。胎粗糙。圆唇，侈口，短颈。颈部以下饰竖向粗绳纹。口径 40 厘米（图八一，3）。99BLT404③：20，夹砂灰黑陶。方唇，斜领。方唇，唇沿上压印齿状花边。领部有戳坑，颈下饰绳纹。残高 6.4 厘米（图八一，4）。

鬲腹片　1 件。99BLT402③：8，属小型鬲肩部的残片。夹砂黄褐陶。薄胎，肩上有两条刻划的凹弦纹，弦纹上贴附有圆形的小泥饼，弦纹以下饰方格纹（图八一，5）。

鬲足　分二型。

A 型　15 件。柱形足根，实足根较细高。足根直径为 2～4 厘米。大部分实足部分的外表被刮磨光滑，并有竖向刮磨痕，即俗称"刀削足"。有的柱形足是先制出柱形胎心，然后外贴泥片，故出土时，有分层脱落现象，脱落面光滑（99BLT404③：31）。99BLT404③：17，夹砂红褐陶。细高刀削足，横截面呈椭圆形。足面平。残高 9 厘米，足底面径 1.3 厘米（图八二，1）。97BLT403③：33，夹细砂红褐陶。足根细高，横断面呈圆角方形。裆部之下饰粗绳纹。残高 6.7 厘米，足底面径 1.5厘米（图八二，2）。02BLT403③：38，夹砂夹炭黄褐陶。柱状实足根较粗壮，截面呈椭圆形，足底面被磨平。鬲足的内腔较浅。裆部饰绳纹。残高 8 厘米，足底面径 2.8 厘米（图八二，3）。97BLT409④：24，夹细砂黄褐陶。刀削足，有 12 个刮削的条痕线。横断面呈多边形。裆部饰细绳纹。残高 6 厘米，足底径 1.8 厘米（图八二，4）。02BLT135③：11，夹细砂红褐陶，火候较高。裆处壁较薄，实足根。表面拍印方格纹，部分方格纹被抹平，足根有刮修的痕迹。残高 8.8 厘米，壁

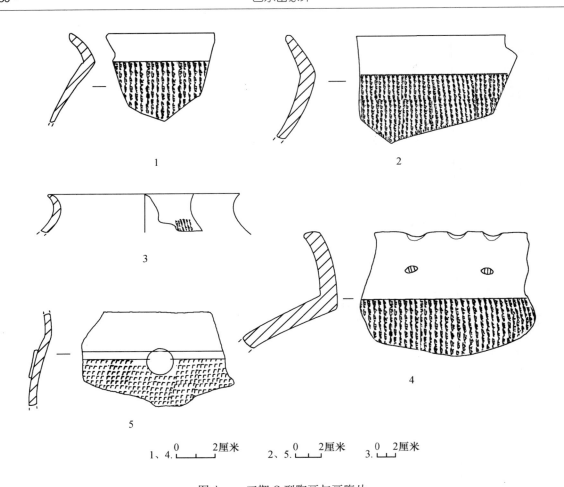

图八一　三期 C 型陶鬲与鬲腹片

1～4. C 型鬲（99BLT402③:18、99BLT404③:10、02BLT135③:6、99BLT404③:20）　　5. 鬲腹片（99BLT402③:8）

厚0.6厘米（图八二，5；图版一五，3）。02BLT135③:5，夹砂夹炭红陶。柱状微弯，上粗下细，足身经过刮修。残高5厘米（图八二，6）。02BLT135③:10，夹砂灰褐陶。仅存实足根。足底面有绳纹。残高6.6厘米（图八二，7）。99BLT402③:42，夹砂红褐陶。柱状实足根较细高。横断面呈菱形，裆部饰细绳纹。刀削足，有12个刮削的条痕线。残高7厘米，足底面径1.6厘米（图八二，8）。99BLT402③:46，夹砂红褐陶。刀削足，横截面呈圆角菱形。足面不平。残高6.8厘米，足底面径1.5厘米（图八二，9）。99BLT402③:21，夹砂褐陶。细高刀削足。横截面呈不规则多边形。残高6.8厘米，足底面径1.6厘米（图八二，10）。99BLT402③:43，夹砂夹炭褐陶。遍体有小空隙。刀削足，横断面呈椭圆形。鬲足的内腔较浅。残高8厘米，足底面径2.4厘米（图八二，11）。99BLT404③:16，夹砂红褐陶。粗壮柱足，横截面呈圆形，足面平。残高10厘米，足底面径3.6厘米（图八二，12）。97BLT403③:35，夹砂红褐陶。横断面呈圆形，裆部之下饰粗绳纹。残高7.5厘米，足底径2.2厘米（图八二，14）。97BLT108②:3，夹砂黄褐陶。圆柱形实足根，残高7厘米（图八二，15）。99BLT402③:38，夹砂夹炭红褐陶，遍体有小空隙。仅存一实足根，外皮脱落，脱落面光滑。残长4厘米（图八二，16；彩版三，4）。

　　B 型　圆锥形足，1件。99BLT404③:9，夹砂红褐陶，底尖残损（图八二，13）。

　　釜　7件。97BLT403③:6，夹砂灰褐陶。圆唇，深窝状大花边口，广肩，饰方格纹。口径26厘米（图八三，1）。97BLT403③:44，夹砂夹炭红褐陶。器表粗糙不光滑，有炭化形成的孔隙。敞

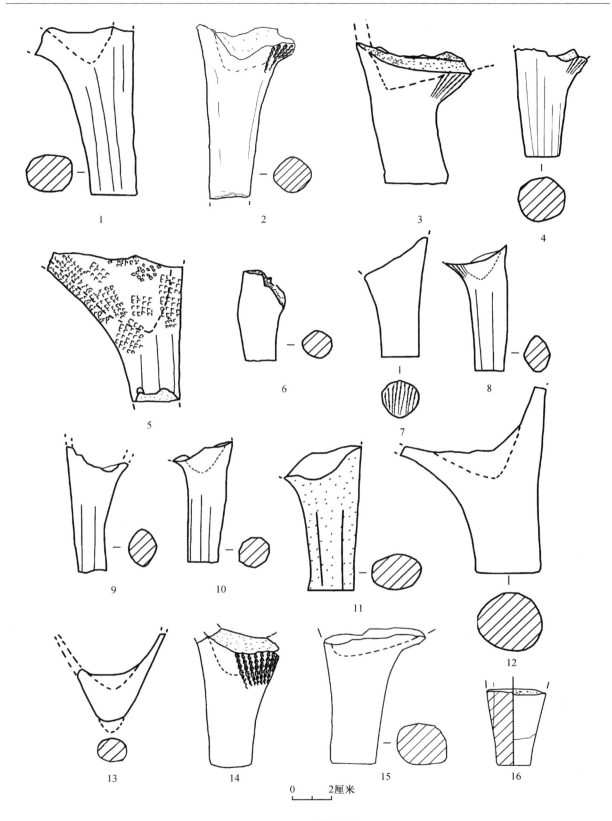

图八二 三期陶鬲足

1~12、14~16. A 型（99BLT404③: 17、97BLT403③: 33、02BLT403③: 38、97BLT409④: 24、02BLT135③: 11、02BLT135③: 5、
02BLT135③: 10、99BLT402③: 42、99BLT402③: 46、99BLT402③: 21、99BLT402③: 43、99BLT404③: 16、
97BLT403③: 35、97BLT108②: 3、99BLT402③: 38） 13. B 型（99BLT404③: 9）

口，肩饰绳纹。口径32厘米（图八三，2）。99BLT404③:25，夹砂褐陶。尖圆唇，卷沿，沿面平。短束颈，颈略厚。口径20厘米（图八三，3）。02BLT135③:8，夹粗砂黑陶。火候高，坚硬，表面可看到炭化的孔隙。敞口，尖唇，卷沿，颈厚壁薄，剖面如手指形。颈下饰方格纹。残高6厘米，口径34厘米（图八三，4）。97BLT403③:42，夹粗砂夹炭黑褐陶，火候高，坚硬，表面可看到炭化的孔隙。圆唇上按压圆窝状花边，矮领。肩部饰粗绳纹。残长4.5厘米（图八三，5）。99BLT402③:22，夹粗砂夹炭黑陶。尖唇，卷沿，颈厚壁薄，剖面如手指形。颈下饰方格纹。残高7厘米（图八三，6）。97BLT108②:12，夹粗砂黄褐陶。尖圆唇，卷沿，沿面平。短束颈，颈的胎壁厚。饰方格纹。口径18.4厘米（图八三，7）。

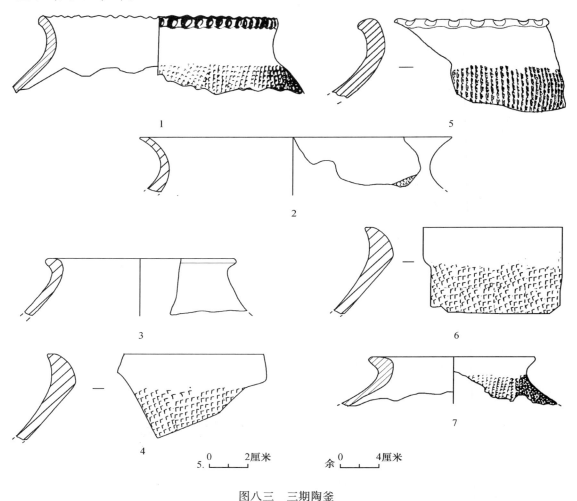

图八三　三期陶釜

1. 97BLT403③:6　2. 97BLT403③:44　3. 99BLT404③:25　4. 02BLT135③:8　5. 97BLT403③:42
6. 99BLT402③:22　7. 97BLT108②:12

　　瓮　3件。97BLT108②:7，夹砂夹炭黑褐陶。火候高，坚硬，器表粗糙不平。锯齿形花边口，领薄壁厚。口径40厘米（图八四，1）。99BLT402③:25，夹砂黑陶。侈口，方唇，斜领。锯齿形花边口，颈部以下饰细绳纹。口径28厘米，器壁厚0.8厘米，残高5厘米（图八四，2）。99BLT404③:8，夹砂夹炭黑褐陶。火候高，坚硬，器表粗糙不平。方唇，斜领，锯齿形花边口。领薄壁厚。口径40厘米以上（图八四，3）。

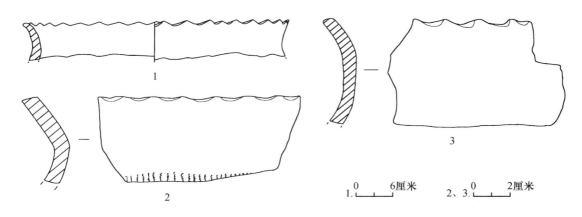

图八四 三期陶瓮

1. 97BLT108②：7 2. 99BLT402③：25 3. 99BLT404③：8

罐 分三型。

A 型 直领卷沿，6 件。99BLT404③：19，夹砂灰黑陶。尖唇，斜沿，直领，鼓腹。颈部以下饰方格纹。器壁厚 1 厘米，口径 24 厘米（图八五，1）。02BLT135③：13，泥制灰陶。尖唇，卷沿，沿面平，直领，广肩。肩部有两周横向排列的戳刺纹，每排为一大一小两个戳窝排列。残高 14.8 厘米，口径 28 厘米（图八五，2；彩版三，2）。99BLT402③：27，夹砂灰陶。圆唇，卷沿，沿面外鼓，竖领，鼓肩，下腹残。颈以下饰绳纹，标本的中部绳纹浅淡。口径 22 厘米，残高 6 厘米（图八五，3）。99BLT404③：21，夹砂褐陶。方唇，丰肩。肩部以下饰竖向细绳纹。残高 5.6 厘米（图八五，4）。02BLT135③：2，夹砂红褐陶。胎芯灰色。圆唇，卷沿，沿面外鼓，竖领，鼓肩。口径 19 厘米，残高 5 厘米（图八五，5）。97BLT404③：48，夹砂红褐陶。唇面凹陷形成双唇。卷沿，沿面外鼓，竖领，鼓肩。领与肩交接处有凹弦纹。口径 20 厘米，残高 5 厘米，胎厚 0.3 厘米（图八五，6）。

B 型 束颈卷沿，9 件。99BLT402③：28，泥质黄褐陶，表面磨光。尖唇，平沿，束颈，广肩。颈部有凹弦纹，其下有太阳纹。口径 13 厘米，残高 4 厘米（图八六，1）。99BLT402③：6，泥质灰陶，表面磨光。尖唇，沿面微凸。颈下部饰凹弦纹五条。口径 14.6 厘米，残高 5.4 厘米（图八六，2）。99BLT404③：18，泥质灰陶。尖唇，卷平沿，鼓肩，颈部饰有五条弦纹，其余部分为素面。口径 16 厘米，残高 6 厘米（图八六，3）。02BLT135③：7，夹砂灰陶。尖唇，敞口，束颈。残高 6 厘米，口径 24 厘米（图八六，4）。99BLT404③：12，泥质灰陶，表面磨光。圆唇，斜沿，沿背凸鼓，束颈。颈部下饰弦纹若干条。口径 16 厘米，残高 5.2 厘米（图八六，5）。99BLT402③：60，泥质灰陶，火候高。平折沿，圆唇，口沿下五条细弦纹，其下有太阳纹。口径 12 厘米，残高 4.2 厘米（图八六，6）。02BLT403③：11，泥质灰陶。圆唇，卷平沿，素面。口径 24 厘米，残高 6 厘米（图八六，7）。97BLT402③：50，泥质红褐陶。圆唇，束颈。颈部饰五条凸弦纹，胎质较细腻。从断面可以观察到口与颈的接茬，接口为斜面，口沿插接入器颈内。器壁厚 0.6 厘米，口径 20 厘米（图八六，8）。02BLT135③：9，夹砂灰陶，表面磨光。圆唇，卷沿，沿面上部水平，束颈，广肩，肩部有六条凹弦纹，残高 8 厘米，口径 18 厘米（图八六，9）。

C 型 斜领无沿，4 件。02BLT408③：6，泥质灰陶。圆唇，高领，素面。口径 11.6 厘米，残高 6.4 厘米（图八七，1）。97BLT402①：3，泥质红褐陶。方唇，斜领。唇上按压成窝形花边口。领和器身都饰细绳纹（图八七，2）。97BLT112①：2，夹细砂陶。方唇，斜矮领，溜肩。肩饰菱形戳印纹。该标本长 5.5 厘米，保留 2 组不完整的菱形戳印纹图案，间距 1.7 厘米，其中较完整的图案有

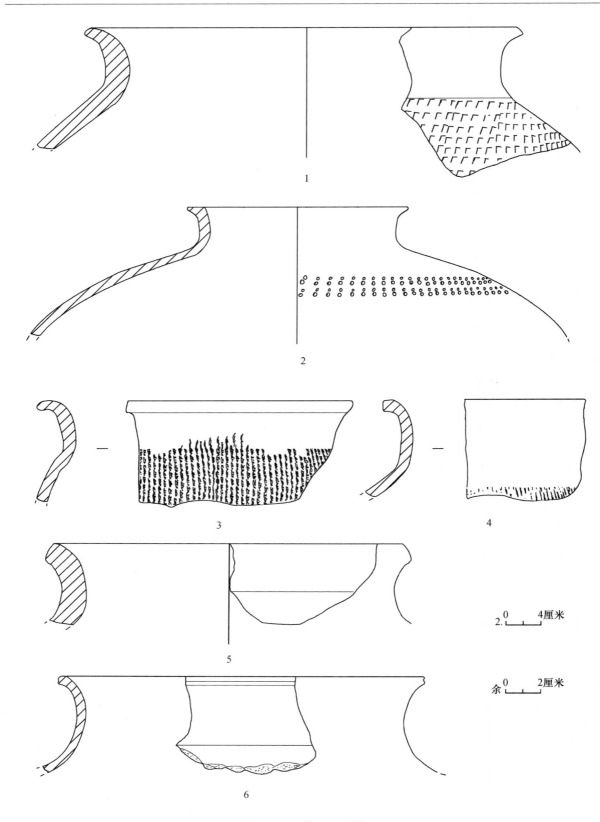

图八五　三期 A 型陶罐

1. 99BLT404③: 19　2. 02BLT135③: 13　3. 99BLT402③: 27　4. 99BLT404③: 21　5. 02BLT135③: 2　6. 97BLT404③: 48

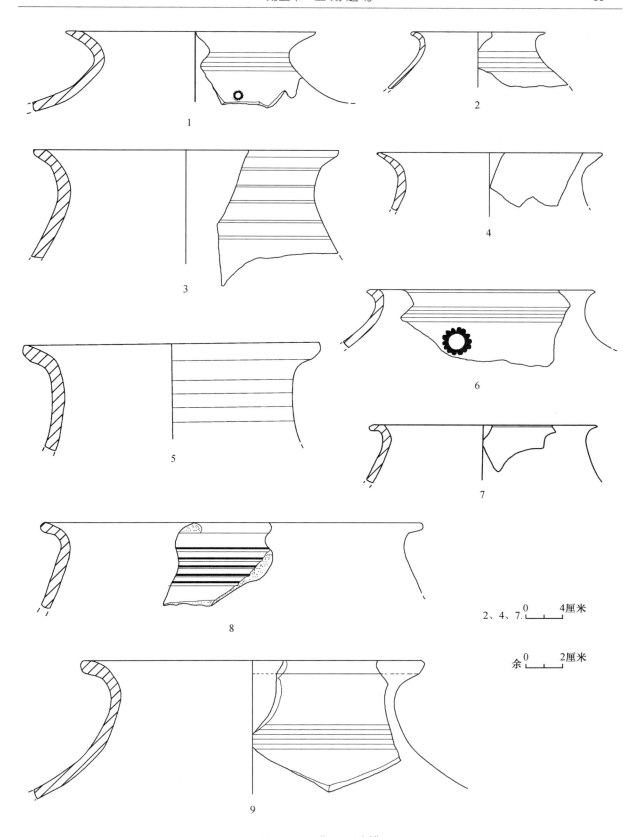

图八六 三期 B 型陶罐

1. 99BLT402③: 28　2. 99BLT402③: 6　3. 99BLT404③: 18　4. 02BLT135③: 7　5. 99BLT404③: 12

6. 99BLT402③: 60　7. 02BLT403③: 11　8. 97BLT402③: 50　9. 02BLT135③: 9

42个菱形戳坑（图八七，3）。99BLT402③：15，泥质灰陶，火候高。残高6.4厘米，口径26厘米（图八七，4）。

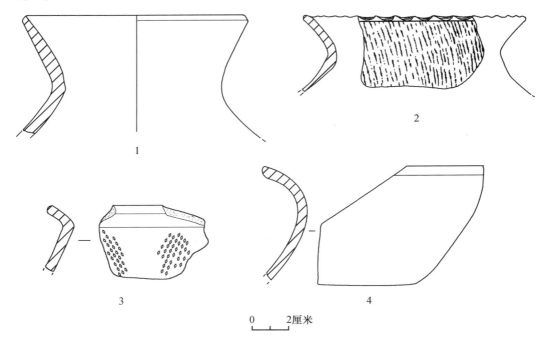

图八七　三期C型陶罐
1. 02BLT408③：6　2. 97BLT402①：3　3. 97BLT112①：2　4. 99BLT402③：15

壶　分二型。

A型　斜领，窄沿，7件。99BLT404③：11，泥质灰陶。尖唇，敞口，口沿内侧有一凹槽，束颈，素面。口径16厘米，残高6厘米（图八八，1）。97BLT401②：25，泥质黄褐陶。侈口，圆唇，高领斜直，肩有方格纹。口径12.6厘米（图八八，2）。99BLT402③：32，泥质灰陶。唇下起檐棱，凹形成双唇，领微内弧。口径20厘米，残高4.8厘米（图八八，3）。97BLT403③：15，泥质红褐陶。方唇，斜沿，斜领。领外饰弦纹一条。残高4厘米（图八八，4）。02BLT403③：6，泥质灰褐陶，灰陶衣。方唇，卷沿。残高3厘米，残长9厘米（图八八，5）。97BLT107②：8，泥质灰褐陶。侈口，方唇。口径20厘米（图八八，6）。97BLT403③：45，泥质灰陶。折沿，方唇。颈外部饰弦纹两周，颈内壁轮廓不规整。口径15.6厘米，残高6.5厘米（图八八，7）。

B型　直领或斜领，无沿，6件。

97BLT403③：36，夹细砂灰陶。圆唇，斜领。领外饰弦纹1条。残高4厘米（图八九，1）。97BLT401②：15，泥质灰陶。侈口，圆唇。唇下饰凸弦纹一周。口径18厘米（图八九，2）。99BLT402③：14，夹细砂灰陶，火候高。直口，尖圆唇，唇下有凸弦纹一周。口径30厘米（图八九，3）。97BLT107②：9，泥质黑陶。侈口，圆唇。肩有方格纹。口径10厘米，壁厚0.3厘米（图八九，4）。99BLT402③：16，泥质红陶。敞口，尖圆唇，口沿略内凹，素面。器壁厚0.6厘米，口径28厘米，残高7.5厘米（图八九，5）。97BLT403④：46，泥质灰陶。侈口，方唇，束颈。胎内部有明显的泥片套接痕迹，从上到下共分三层。口径11.6厘米，器壁厚0.3~0.4厘米（图八九，6）。

盆　分二型。

A型　鼓腹盆，4件。分二亚型。

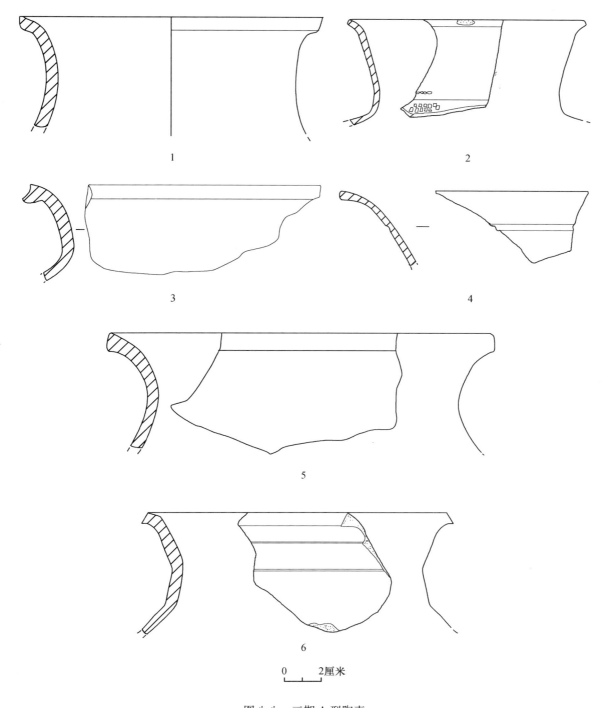

图八八　三期 A 型陶壶

1. 99BLT404③:11　　2. 97BLT401②:25　　3. 99BLT402③:32　　4. 97BLT403③:15

5. 02BLT403③:6　　6. 97BLT107②:8　　7. 97BLT403③:45

　　Aa 型　卷沿鼓肩，2 件。97BLT403③:22，泥质灰陶。敞口，圆唇，唇外凸，似叠唇。短颈，鼓肩。残高 9 厘米（图九〇，1）。99BLT402③:34，泥质灰陶。敞口，圆唇，唇部较肥大。束颈，鼓肩，肩下饰一条凹弦纹。器壁厚 0.6 厘米，残高 5.5 厘米（图九〇，2）。

　　Ab 型　折沿，鼓腹，2 件。97BLT403③:24，泥质灰陶。圆厚唇，外坡沿，断面如鹤首。鼓

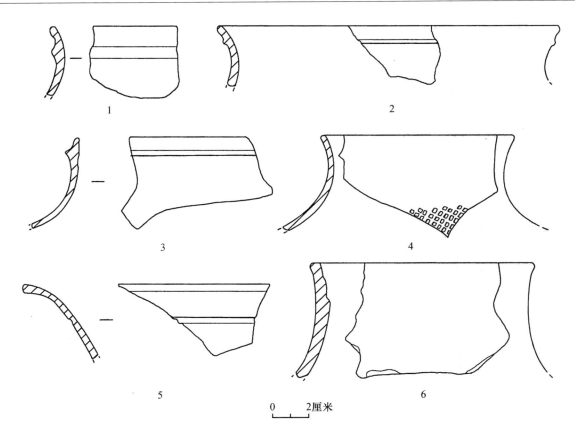

图八九　三期 B 型陶壶

1. 97BLT403③:36　2. 97BLT401②:15　3. 99BLT402③:14　4. 97BLT107②:9　5. 99BLT402③:16　6. 97BLT403④:46

腹。素面。残高 4.5 厘米（图九〇，3）。97BLT403③:47，泥质灰陶，火候高。圆唇，折沿，鼓腹。素面。口径 30 厘米，残高 8 厘米（图九〇，4）。

　　B 型　直腹盆，3 件。99BLT402③:44，泥质灰陶，火候高。直口，折沿，圆唇。口沿下饰一条凸弦纹。器壁厚 0.4 厘米，残高 3 厘米（图九〇，5）。97BLT403③:37，泥质灰陶，火候高。直口，折沿，圆唇。口沿下饰二条凸弦纹。外壁光滑，内壁可见盘筑泥条痕迹。器壁厚 0.4 厘米，残高 3.5 厘米（图九〇，6）。99BLT402③:33，夹细砂灰陶，火候高。直口，折沿，圆唇。平沿，子母口。口径 22 厘米，残高 3 厘米（图九〇，7）。

　　豆盘　5 件。

　　99BLT404③:7，泥质黄褐陶。圆厚唇，向内凸，弧壁，平底，短柄，柄座残失。盘口径 19.5 厘米，盘深 6 厘米，残柄直径 2.5 厘米（图九一，1；图版一五，4）。97BLT107③:3，泥质灰陶。平沿，尖唇，粗圈足。口径 28 厘米（图九一，2）。97BLT108③:41，泥质灰陶。窄沿，沿面突鼓，尖唇。口径 30 厘米（图九一，3）。97BLT402③:33，泥质灰陶。敞口，唇外侧凸起似为外叠唇，唇下有两周细凹弦纹。口径 28 厘米，器壁厚 0.2 厘米（图九一，4）。97BLT410③:3，夹炭黑陶。窄平沿，圆唇。口径 32 厘米，残高 6 厘米（图九一，5）。

　　盘　2 件。97BLT402②:2，泥质灰黑陶。子母口，方唇，斜壁，平底，下接三扁足。高 3 厘米，口径 22 厘米（图九二，1）。02BLT403③:9，泥质红陶。圆唇，斜壁，底下凹。高 2.4 厘米，口径 28 厘米，残长 6.4 厘米（图九二，2）。

　　尖底杯　6 件。分二型。

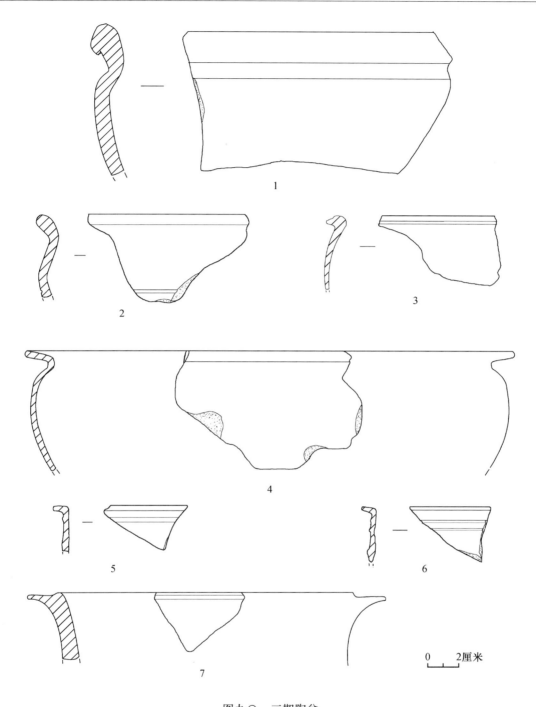

图九〇 三期陶盆

1、2. Aa 型（97TBLT403③:22、99BLT402③:34） 3、4. Ab 型（97BLT403③:24、97BLT403③:47）

5～7. B 型（99BLT402③:44、97BLT403③:37、99BLT402③:33）

A 型 肥底，5 件。99BLT404③:15，泥质黑皮陶。轮制，没有底尖，底部接近圜形（图九三，1）。02BLT135③:12，夹砂黑陶。薄胎，泥条盘筑痕迹清晰。残高 4 厘米（图九三，2）。97BLT402②:3，泥质灰褐陶。器表有慢轮修整的线痕。高 2.6 厘米（图九三，3）。99BLT402③:49，夹砂褐陶。较规整，底尖较圆缓。残高 2.6 厘米（图九三，4）。

B 型 瘦底，1 件。02BLT409③:1，泥质灰陶。手制，壁面不平。内底尖圆，外底有个小平面。

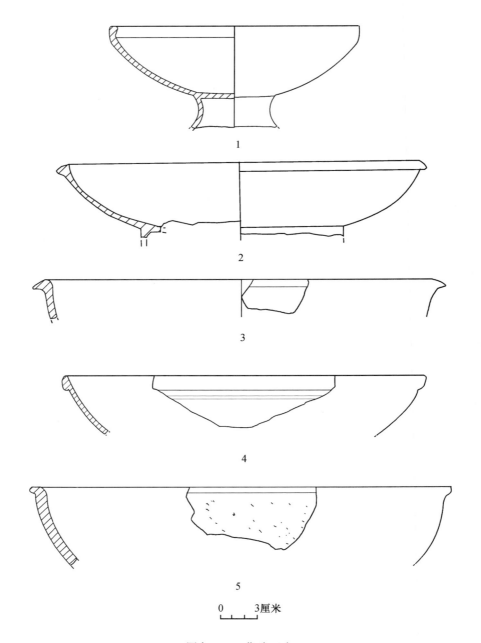

图九一　三期陶豆盘

1. 99BLT404③:7　2. 97BLT107③:3　3. 97BLT108③:41　4. 97BLT402③:33　5. 97BLT410③:3

残高 4.1 厘米，底径 1.8 厘米（图九三，5）。

平底杯　6 件。分二型。

A 型　厚底鼓腹杯，4 件。99BLT402③:19，泥质灰陶。薄壁，厚底，底座小，颈部残失。底径 2.5 厘米，残高 9 厘米（图九四，1）。99BLT402③:26，泥质灰陶。器底有三圈轮制的线，底座大。底径 4.2 厘米，残高 4.4 厘米（图九四，2）。99BLT404③:24，泥质褐陶。底座大，外底平。底径 4 厘米，残高 3.2 厘米（图九四，3）。99BLT402③:13，泥质灰陶。底座中等。器壁厚 0.3 厘米，器底厚 1.3 厘米，底径 3.5 厘米，残高 2.8 厘米（图九四，4）。

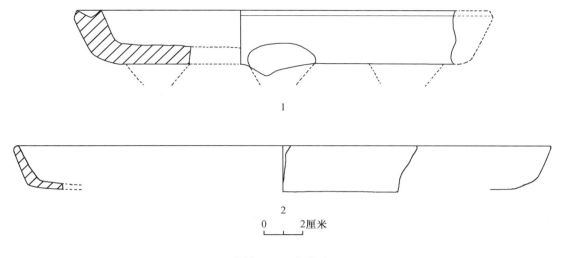

图九二 三期陶盘
1. 97BLT402②：2 2. 02BLT403③：9

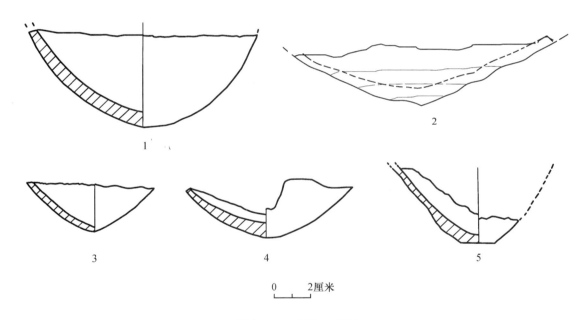

图九三 三期陶尖底杯
1～4. A 型（99BLT404③：15、02BLT135③：12、97BLT402②：3、99BLT402③：49） 5. B 型（02BLT409③：1）

B 型 筒形杯，2 件。99BLT135③：13，泥质灰褐陶。平底，素面，制作规整。薄底。器壁厚0.4 厘米，器底厚 0.3 厘米，底径 12 厘米（图九五，1）97BLT107②：2，夹细砂褐陶。侈口，直壁，平地，素面。口径 5.4 厘米，底径 3.6 厘米（图九五，2）。

圈足 3 件。分二型。

A 型 高圈足，1 件。99BLT402③：11，泥质褐陶。高圈足，上细下粗，底边外展。圈足壁上有镂孔，孔直径 1 厘米。底径 36 厘米，残高 7 厘米（图九五，3）。

B 型 矮圈足，2 件。02BLT408②：3，夹砂褐陶。器体厚重，圈足矮小，足底内凹呈喇叭形，足墙下薄上厚。底径 7.6 厘米，残高 3 厘米（图九五，4）。97BLT403②：3，夹粗砂灰黑陶。圈足呈喇叭形。直径 9 厘米，高 2.6 厘米（图九五，5）。

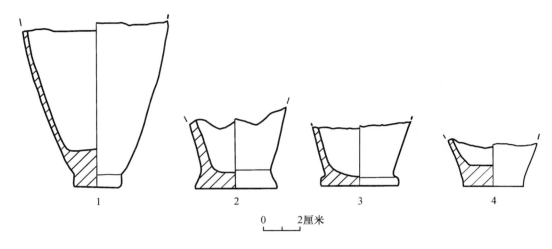

0　　2厘米

图九四　三期 A 型陶平底杯
1. 99BLT402③: 19　2. 99BLT402③: 26　3. 99BLT404③: 24　4. 99BLT402③: 13

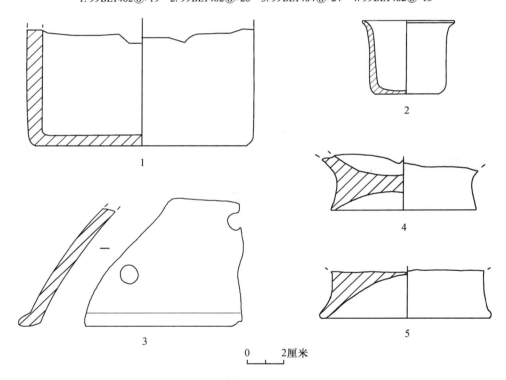

0　　2厘米

图九五　三期 B 型陶平底杯与圈足
1、2. B 型平底杯（99BLT135③: 13、97BLT107②: 2）　3. A 型圈足（99BLT402③: 11）　4、5. B 型圈足（02BLT408②: 3、97BLT403②: 3）

　　器底　6件。97BLT101③: 2，夹砂红陶。近底处器壁内收，形成假圈足，底内凹，断口处较粗糙。器壁厚0.3厘米，底厚0.6厘米，底径6.5厘米（图九六，1）。99BLT401③: 4，泥质灰陶。器底可以看见明显的轮切弧线，外底中心有一小凸起，可能是从轮盘切割时留下的痕迹。底径5厘米，残高2.1厘米（图九六，2）。99BLT402③: 37，泥质黑陶。假圈足，器内底下凹，外底平坦。底径6厘米，残高2厘米（图九六，3）。99BLT404③: 13，夹砂褐陶。鼓腹，平底，假圈足。器壁厚0.4厘米，器底厚0.3厘米，底径6厘米，残高5厘米（图九六，4）。99BLT402③: 48，泥质黑陶。平底。腹壁为绳纹。底径8厘米，残高2厘米（图九六，5）。99BLT402③: 32，泥质黄褐陶。

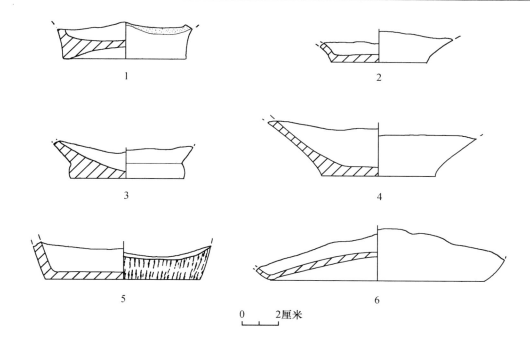

图九六 三期陶器底

1. 97BLT101③:2　2. 99BLT401③:4　3. 99BLT402③:37　4. 99BLT404③:13　5. 99BLT402③:48　6. 99BLT402③:32

凹底。腹壁为素面。底径11厘米，残高3厘米（图九六，6）。

算子　1件。97BLT401②:6，泥质灰陶。平板状，有圆形穿孔。四面残失，残径3.7~4厘米，有2个完整穿孔，1个部分穿孔。穿孔为烧制之前所穿，上表面平整，下表面孔内边缘耸立，是为穿孔时管状工具挂带边泥所致。孔直径1厘米，厚0.6~0.8厘米（图九七，1）。

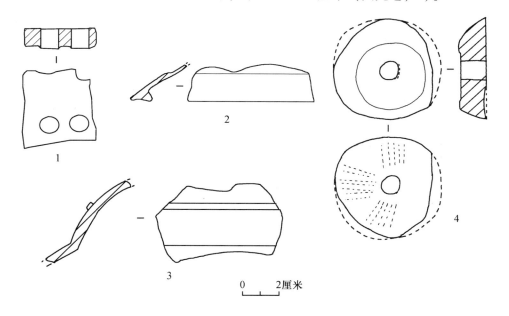

图九七 三期陶算子、器盖、纺轮

1. 算子（97BLT401②:6）　2、3. 器盖（99BLT402③:20，02BLT402③:4）　4. 纺轮（02BLT408③:5）

器盖 2件。99BLT402③：20，泥质灰陶。沿宽厚，沿面内凹形成子母口。壁薄，斜直。口径11厘米（图九七，2）。02BLT402③：4，泥质黑陶，火候较高。内外颜色纯正，器薄，制作规整。上部厚0.3厘米，下部厚0.5厘米。盖体上部有一圈附加堆纹。残高4厘米（图九七，3）。

纺轮 1件。02BLT408③：5，夹砂褐陶。器表磨光，背面有锥刺纹，中心一圆孔。底径5.5厘米，上径3.6厘米，孔径1厘米（图九七，4；图版一五，2）。

2. 石器

数量较少，种类有石斧、锛、凿、毛坯、网坠、球、装饰品。

斧 8件，分二型。

A型　两侧面磨出平面，横截面为长方形，或接近长方形，6件。02BLT402③：2，大理岩，白色泛青黄，质地细腻温润，有光泽。长条形，正面和背面磨制光滑，刃有使用的痕迹，另一面较平整，斜顶，平刃。长6.2厘米，宽3.4厘米（图九八，1；彩版四，2）。02BLT408③：1，大理岩，白色泛青黄，质地细腻温润，有光泽。磨制，长条形，上薄下厚。残损严重，顶和刃皆残失。长12厘米，宽5.2厘米（图九八，3；彩版四，3）。99BLT404②：2，灰色泥岩。磨制，长方形，上下薄，中部厚，中部横截面为长方形，弧刃。顶和刃部有崩片疤痕，刃部有小的磨蚀缺口。长5.9厘米，宽3.6厘米（图九八，2；图版一三，1）。97BLT415③：2，灰绿色沉积岩。弧顶。两侧面略外弧，正面较平，背面外鼓，横断面近似长方形。磨制，正面和背面都保留一些小的打磨平面，这些小的打磨面之间的交界线仍隐约可见。刃部较钝，有使用崩痕。长10.6厘米，宽5.6厘米，厚2.4厘米（图九八，4；图版八，1）。99BLT402③：5，页岩。横截面呈长方形。上宽下窄，一面为自然面，其余面均磨制而成。顶部和刃部有使用的崩痕。长5.5厘米，宽3.4厘米，厚1.7厘米（图九九，7）。97BLH5：1，灰绿色沉积岩弧顶。两侧面略外弧，正面较平，背面外鼓，横断面近似长方形。磨制，正面和背面都保留一些小的打磨平面，这些小的打磨面之间的交界线仍隐约可见。刃部较钝，残失一角。长12.6厘米、宽5.4厘米，厚2.4厘米（图九八，6；图版八，2）。

B型　横截面为椭圆形，2件。97BLT401③：1，辉绿岩。利用自然卵石打制而成，近似梯形，弧形顶。横断面呈椭圆形，刃部已残。残长14.2厘米，厚3厘米（图九九，6）。99BLT402③：3，灰褐色沉积岩。身残失，只存刃部。残长5.6厘米，宽7厘米，厚1.2厘米（图九八，5；图版一三，4）。

锛 5件。02BLT408③：2，灰色页岩。磨制，长方形，横截面为长方形，正背面平坦，弧刃。顶和器身有大的崩片疤痕，刃部有小磨蚀缺口。长7.8厘米，宽4.4厘米（图九九，1）。02BLT133①：1，灰黑色页岩。磨制，不规整，上窄下宽，斜顶，直边，弧刃。左薄右厚。体有疤痕，刃有残破痕迹。长7.6厘米，宽6厘米（图九九，2）。02BLT135③：1，灰黑色页岩。平面呈不规则长方形，上薄下厚。右侧面上部及背面左上部有残破痕迹。单面刃，刃部光滑。长5.8厘米，宽3.6厘米，刃宽0.2～0.6厘米（图九九，3）。99BLT402③：10，灰色泥岩。磨制。残损严重，刃部和顶部都缺失。残长5厘米，宽3厘米，厚0.5厘米（图九九，4）。97BLT417③：1，灰色泥岩。磨制。横截面为长方形。残损严重，刃部和顶部都缺失。残长5.5厘米，宽4厘米，厚1厘米（图九九，5；图版一三，3）。

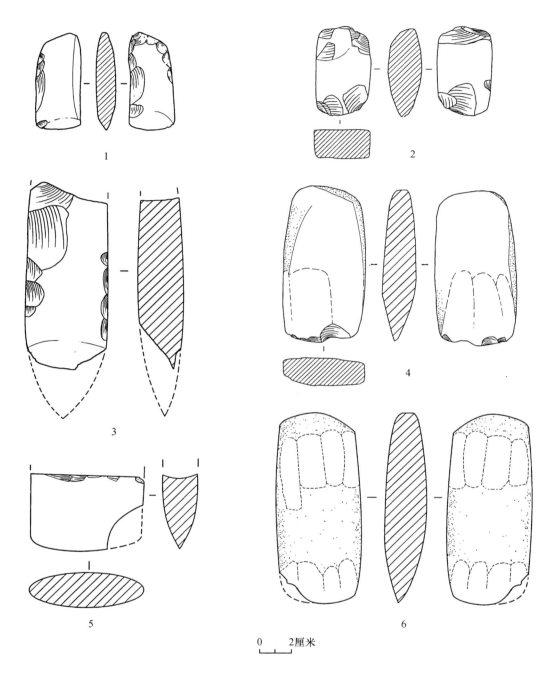

图九八 三期石斧

1~4、6. A 型（02BLT402③: 2、99BLT404②: 2、02BLT408③: 1、97BLT415③: 2、97BLH5: 1） 5. B 型（99BLT402③: 3）

凿 4 件，分三型。

A 型 横截面为长方形，2 件。97BLT409③: 1，褐色泥岩。磨制。窄长条形，弧形顶，两侧磨面略外弧，横断面呈长方形，刃部较锋利，有使用崩痕。长 6.5 厘米，宽 2.5 厘米，厚 1.2 厘米（图一〇〇，1；图版一四，1）。99BLT404③: 5，黑色砾石磨制而成。截面呈长方形，平面呈不规则多边形。顶端断裂，刃部及两侧为磨制，单面刃，刃部有使用的痕迹。长 5.4 厘米，宽 2.6 厘米，厚 0.9 厘米（图一〇〇，2；图版一四，2）。

图九九　三期石锛与石斧

1～5. 锛（02BLT408③：2、02BLT133①：1、02BLT135③：1、99BLT402③：10、97BLT417③：1）

6. B 型石斧（97BLT401③：1）　　7. A 型石斧（99BLT402③：5）

　　B 型　横截面为方形，1 件。02BLT412②：1，褐色泥岩。磨制。方柱形，顶略倾斜，顶侧有一个打击崩片疤。横断面呈正方形，双面刃，刃略弧。长 9.6 厘米，上宽 2.3 厘米（图一〇〇，3）。

　　C 型　正面平，背面凸，横截面不规则形，1 件。99BLT402③：1，灰色泥岩。磨制，长条形，磨制光滑，中间有凸棱，并有使用的痕迹，另一面较平整，弧顶，平刃。长 6 厘米，宽 3.1 厘米（图一〇〇，4；图版一四，4）。

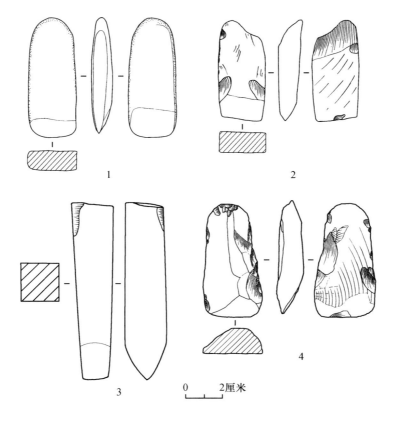

图一〇〇 三期石凿

1、2. A 型（97BLT409③:1、99BLT404③:5） 3. B 型（02BLT412②:1） 4. C 型（99BLT402③:1）

毛坯 5 件。99BLT402③:2，绿色辉绿岩。利用自然砾石加工而成，周身都有剥片的痕迹，仅中央部位保留石皮。长 10.4 厘米，宽 6.5 厘米（图一〇一，1）。02BLT411③:1，红色砂岩。利用从砾石剥打下来的第一个大片，截断成长方形，周边修理加工，正面保留砾石的石皮，背面是光滑的劈裂面。长 13.6 厘米，宽 8 厘米（图一〇一，2）。02BLT412②:3，灰色页岩，打制。利用从天然砾石角部剥打下的第一个大片，把其上下加工修理，正面保留天然石皮，页层节理明显，背面是光滑的劈裂面。长 13.6 厘米，宽 8 厘米（图一〇一，3）。02BLT403③:1，灰色辉绿岩，打制。利用天然砾石，截断成上窄下宽的长条形，上、下和一侧边修理加工，正面保留砾石的石皮，背面是光滑的劈裂面。长 8.6 厘米，宽 4.6 厘米（图一〇一，4）。02BLT403③:5，石器残块，扁体，正背面磨光。边缘有修理的疤痕。残长 2 厘米（图一〇一，5）。

铲 1 件。99BLT402②:1，红色砂岩，磨制。体扁薄。圆顶，直边，刃部残断。残长 3.2 厘米，宽 3.3 厘米（图一〇二，1）。

装饰品 1 件。99BLT402③:4，白色泥岩。弧顶，弧底，两侧直边，中心穿一孔。长 3.9 厘米，残宽 2.7 厘米，厚 0.2 厘米，孔直径 1.3 厘米（图一〇二，2）。

球 1 件。97BLT107②:4，砂岩，颗粒较粗，表面粗糙。直径 4.1～4.9 厘米（图一〇二，3）。

网坠 1 件。97BLT107②:1，灰色砂岩。横断面呈半圆形，顶端下面有一周浅凹槽。长 10.6 厘米，宽 5.6～7.6 厘米，厚 4.4 厘米（图一〇二，4）。

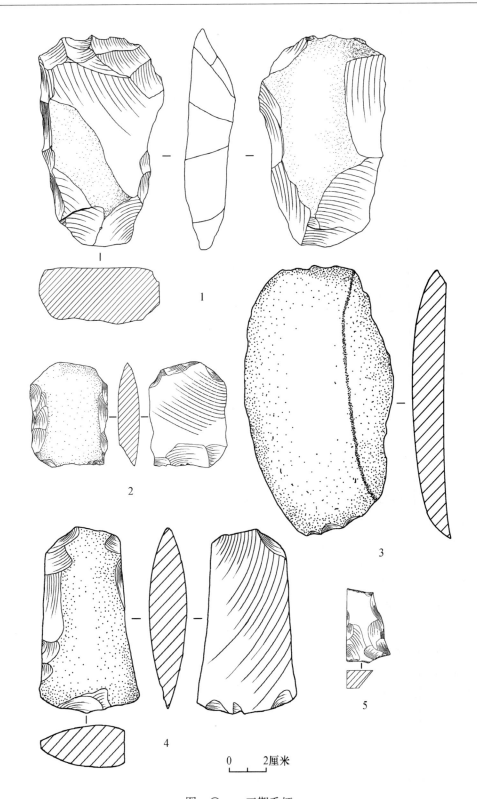

图一〇一　三期毛坯

1. 99BLT402③: 2　2. 02BLT411③: 1　3. 02BLT412②: 3　4. 02BLT403③: 1　5. 02BLT403③: 5

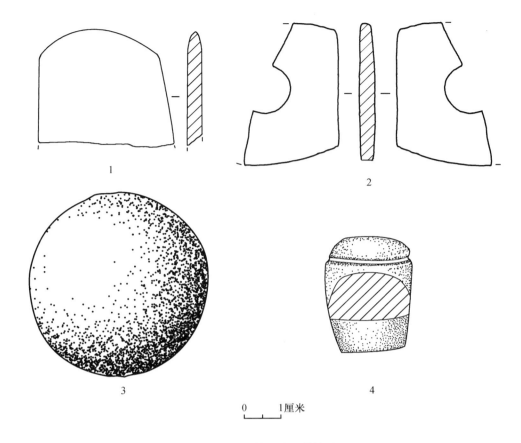

图一〇二 三期石铲、球、装饰品、网坠

1. 石铲（99BLT402②:1） 2. 装饰品（99BLT402③:4） 3. 球（97BLT107②:4） 4. 网坠（97BLT107②:1）

3. 青铜器

青铜盅 1件。99BLT404③:3，斜直腹，平底，假圈足，腰饰二周凹弦纹。壁薄，底完整，口和身有缺失。口径2.5厘米，高2.3厘米，底径1.3厘米（图一〇三）。

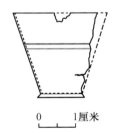

图一〇三 三期青铜盅
（99BLT404③:3）

第六章 四 期 遗 存

四期遗存很少，原生地层仅分布在1999年发掘的第Ⅲ区，在第Ⅰ、Ⅲ区发现有灰坑、灶、沟、祭祀坑遗迹。遗物有陶器、石器、青铜器。

一、遗 迹

1. 灰坑

97BLH1　位于第Ⅰ区的T112内，开口于第1层下，打破第2层。平面为圆形，圜底。坑口直径1.8~2.08米，深0.45厘米（图一〇四）。坑内填土为黑褐色土，土质疏松，夹杂碎石块。出土遗物有碎陶片，有鬲足、弦断绳纹陶片等。

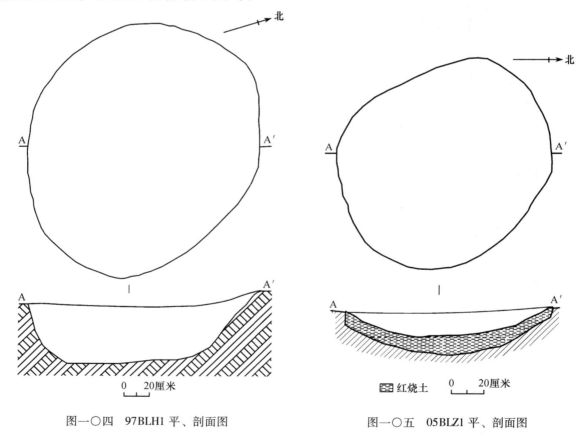

图一〇四　97BLH1平、剖面图　　　　　图一〇五　05BLZ1平、剖面图

2. 灶

05BLZ1　位于T305东部，叠压在祭祀坑H1之上。其灶面为接近圆形，直径1.26米，中部下凹呈锅底形，深约15厘米（图一〇五），红烧面层经过强烈烧烤。红烧面层之上的填土厚达10厘

米，堆积内有陶片，其中有夹砂、夹炭和泥质陶，陶色主要有灰色陶、黑色陶、红色陶和黄褐陶等。陶器纹饰有细绳纹、粗绳纹、方格纹、弦断绳纹、凸弦纹等。器形有罐、豆、鬲等。

3. 沟

97BLG1　位于 97BLT302 的东南部，开口于第 3 层下，西端被 97BLH5 打断，东部的上部被 97BLH7 打破。长 4.35 米，宽 2.3 米，深 0.7 米（图一○六）。沟内填土黄褐色，夹杂大量红烧土块。出土陶片可辨器形以鬲足和罐口，此外还出 1 件铜镞。

4. 祭祀坑

05BLH1　灰坑平面呈正方形，东壁北偏东 10°。边长约 1.5 米，向下略微内收，深 3.6～3.8 米，坑内堆积由上至下分为 6 层（图一○七）。

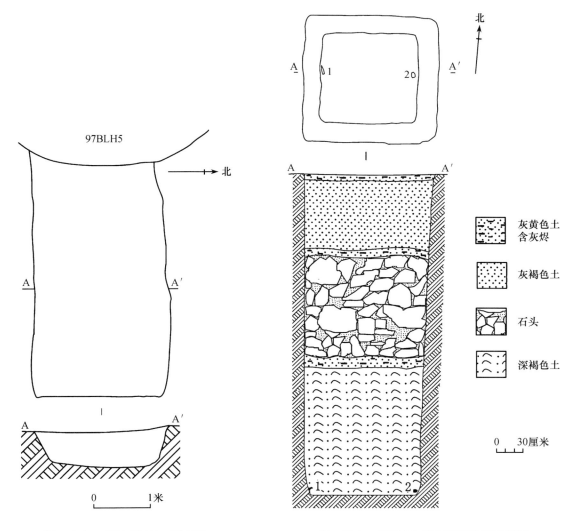

图一○六　97BLG1 平、剖面图　　　　　　图一○七　05BLH1 平面图和堆积剖面图
1. 青铜器　2. 石锛

第 1 层：灰烬层，厚约 10 厘米。灰黄色黏土，含大量黑色灰烬，有少量的红烧土块，土质较坚硬，有碎骨和陶片。

第 2 层：土层，厚 70～80 厘米。灰褐色黏土，包含绿色料姜石、紫色砂石碎末，夹杂少量红烧土颗粒，有陶片和石器。

第3层：灰烬层，厚10厘米。灰黄色黏土，含大量黑色灰烬，有少量的红烧土块，有1件圆形的河卵石，有陶片。

第4层：石头层，厚80～120厘米。石头为灰色、黄色、红色的砂岩，颗粒粗大，质地较软。层底的石块小，层上部石块大（彩版五，1）。

第5层：灰烬层，厚10厘米。灰黄色黏土，红烧土和大量灰烬层，其中有很多黑色木炭块。此层还出土一个扁平的河卵石。

第6层：土层，厚150～160厘米。深褐色黏土，夹杂少量红烧土颗粒，很少的紫色砂石碎末，有陶片。在此层的底部左右壁下（即坑底），几乎是对称放置小石锛和青铜锄（彩版五，2、3）。

二、遗　　物

1. 陶器

陶器以夹砂陶为主，泥质陶次之，有少量的夹炭陶。胎体较厚，颜色以红褐、黄褐为多，灰、褐、黑较少。纹饰较简单，以粗绳纹占大多数，有很少的方格纹、弦纹和戳刺纹。花边口已很少见到。器形有鼎、鬲、罐、瓮、豆、钵、盆、器盖、纺轮。

鼎　4件。分三型。

A型　薄唇，短直颈，颈壁厚，1件。99BLT302④：19，夹粗砂褐陶。尖圆唇，短直颈。肩饰斜向粗绳纹。口径约24厘米，残高8厘米（图一○八，1）。

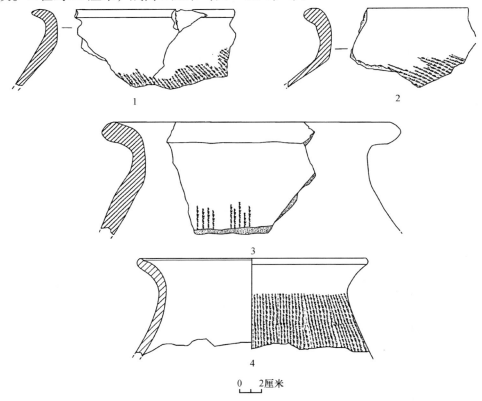

图一○八　四期陶鼎

1. A型（99BLT302④：19）　2、3. B型（99BLT302④：4、97BLT302G1：8）　4. C型（97BLG1：4）

B型 厚唇，矮颈，颈壁薄，2件。99BLT302④：4，夹砂夹炭红褐陶，火候高。圆厚唇，卷沿，矮颈，鼓肩。肩饰斜向粗绳纹。口径约20厘米（图一〇八，2）。97BLT302G1：8，夹粗砂褐陶，火候较高。圆唇，卷沿，短颈。肩饰粗绳纹，器壁厚0.7厘米，口径13厘米（图一〇八，3）。

C型 唇上挑，形成子母口，1件。97BLG1：4，夹砂夹炭黄褐陶。短颈，卷沿。方唇，颈部以下饰竖向绳纹。口径22厘米（图一〇八，4）。

鬲 3件。分二型。

A型 圆唇，卷沿，2件。97BLG1：3，夹砂黑褐陶。方圆唇，卷沿。颈部以下饰横向粗绳纹。口径18.4厘米（图一〇九，1）。99BLT302④：10，夹砂红褐陶。圆唇，卷沿。颈部以下饰弦断绳纹。口径24厘米（图一〇九，2）。

B型 花边口，唇上挑，1件。99BLT302④：8，夹细砂灰陶。宽卷沿，方唇上仰。唇上压印椭圆坑点纹，斜向排列，领下饰绳纹（图一〇九，3）。此类不排除是釜罐的可能。

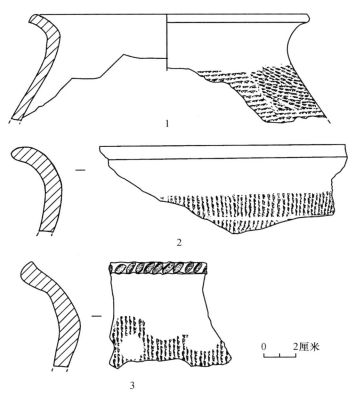

图一〇九 四期陶鬲
1、2. A型（97BLG1：3 99BLT302④：10） 3. B型（99BLT302④：8）

鼎足 8件。分二型。

A型 扁足，3件。97BLG1：2，夹砂夹炭黄褐陶。扁形足，横断面呈半圆形。足饰粗绳纹。残高10厘米（图一一〇，1）。99BLT302④：12，夹粗砂红褐陶。扁形足，截面呈椭圆形，器表饰粗绳纹。残高10厘米（图一一〇，2）。05BLZ1：9，夹粗砂夹炭红褐陶。胎芯为黑色。扁形足，外表有刀削痕迹。残高5.7厘米（图一一〇，3）。

B型 圆柱形足，5件。97BLT302①：2，夹砂红褐陶。柱形足，截面呈圆角四边形。器表饰粗绳纹。残高11厘米（图一一〇，4）。99BLT302④：16，夹砂红褐陶。上下等粗，截面呈椭圆形（图一一〇，5）。99BLT302④：14，夹粗砂夹炭红褐陶。器表多孔隙。上下等粗，截面呈椭圆形

（图一一〇，6）。99BLT302④:15，夹砂灰褐陶。横断面呈圆形。素面。残高13厘米（图一一〇，7）。99BLT302④:13，夹粗砂夹炭红褐陶。器表多孔隙。圆柱形，上下等粗，截面呈椭圆形。残高7.8厘米（图一一〇，8）。

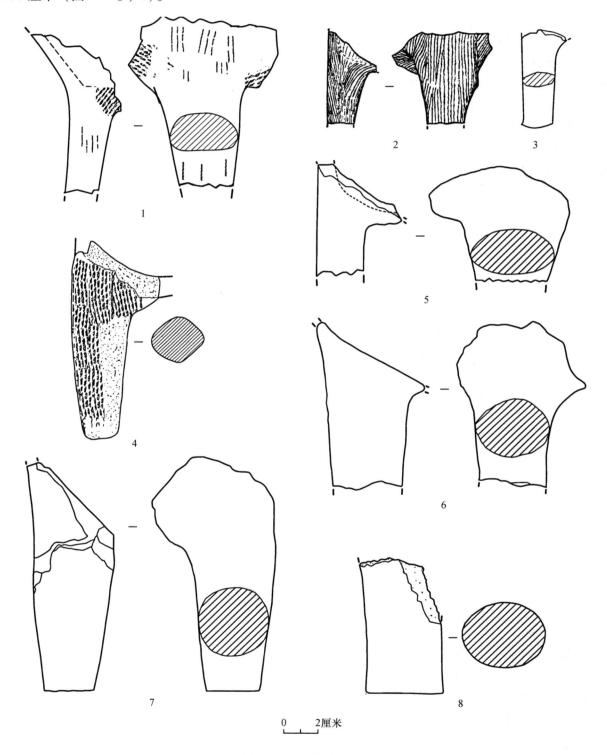

0　　2厘米

图一一〇　四期陶鼎足

1~3. A 型（97BLG1:2、99BLT302④:12、05BLZ1:9）　4~8. B 型（97BLT302①:2、99BLT302④:16、99BLT302④:14、99BLT302④:15、99BLT302④:13）

罐口沿 5件。分四型。

A型 高领，1件。99BLT302④:5，夹粗砂黄褐陶。卷平沿，圆唇，高直领。肩饰绳纹。残高4厘米（图一一一，1）。

B型 矮领，2件。99BLT302④:9，泥质褐陶。圆唇，卷沿，沿和颈部厚，肩薄。肩饰方格纹，残高2.4厘米（图一一一，2）。05BLH1:7，夹砂灰陶。圆唇，卷沿，沿薄颈部厚。残高6.5厘米（图一一一，3）。

C型 花边口，1件。05BLH1:8，夹砂黄褐陶。方圆唇，卷沿，沿颈部薄，肩壁厚。唇部压印大的窝坑，形成大花边。肩身饰粗绳纹。残高8.5厘米（图一一一，4）。

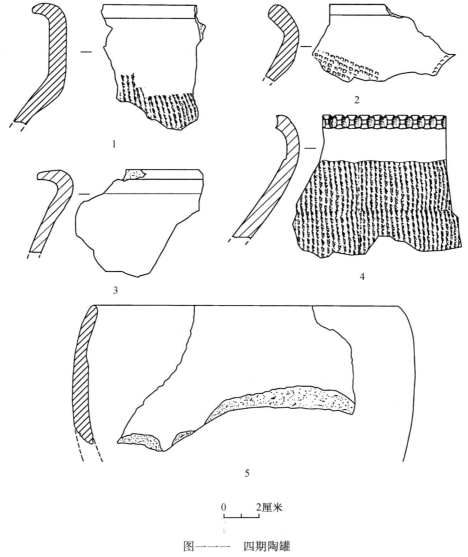

0 ___ 2厘米

图一一一 四期陶罐

1. A型（99BLT302④:5） 2、3. B型（99BLT302④:9、05BLH1:7） 4. C型（05BLH1:8） 5. D型（97BLG1:9）

D型 敛口，1件。97BLG1:9，夹粗砂红陶。敛口，圆唇，鼓腹，素面。口沿部位较薄。器壁厚0.6~1厘米，口径18厘米（图一一一，5）。

罐底 1件。05BLZ1:2，夹砂灰陶，火候较高。器表遍布绳纹，有一部分绳纹延续到器底面。残高3厘米（图一一二，5）。

壶　1件。97TBLG1：5，夹砂灰陶。方厚唇，直口，素面。口径13.8厘米（图一一二，1）。

钵　1件。99BLT302④：18，泥质红陶。敛口，圆唇，素面（图一一二，2）。

盆　2件。05BLH1：10，泥质灰陶，火候较高，器表光滑无纹饰。圆唇，斜折沿，直口，素面。残高3.7厘米（图一一二，3）。05BLZ1：11，夹砂灰陶，断茬可观察到中心是黑灰色。表面覆盖一层灰色陶衣，陶衣部分脱落。方唇，平折沿，略下倾。直口，素面。残高3.7厘米（图一一二，4）。

杯　1件。05BLH1：15，泥质灰陶。有两条细的凹弦纹。平底，底部不规整，内壁面可见转抹痕迹。直径4.5厘米（图一一二，6）。

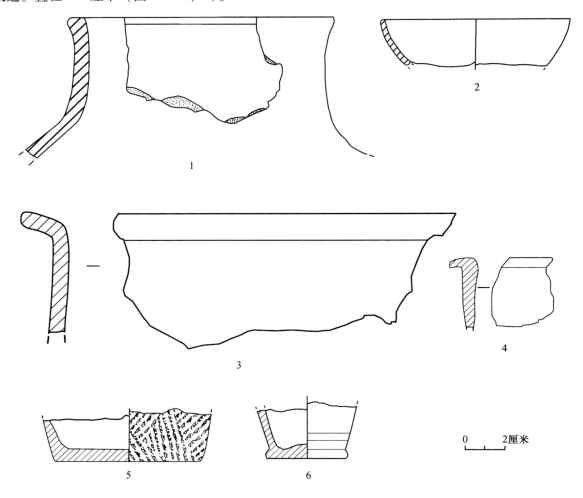

图一一二　四期陶器

1. 壶（97TBLG1：5）　　2. 钵（99BLT302④：18）　　3、4. 盆（05BLH1：10、05BLZ1：11）　　5. 罐底（05BLZ1：2）
6. 杯（05BLH1：15）

豆　5件。分二型。

A型　内凸唇，3件。99BLT302④：2，泥质灰陶。敛口，圆唇，唇内侧凸起。细柄，柄残。口径17.6厘米，高5厘米，柄直径3.4厘米（图一一三，1；彩版六，2）。99BLT302④：3，泥质黑皮陶。圆唇，浅腹盘。唇内侧有一周凸起。细柄，残断。口径18厘米，高3.8厘米，柄直径4.4厘米（图一一三，2；彩版六，3）。05BLH1：19，泥质黑皮陶，黑皮中间为红褐色胎质，胎质细腻。敞口圆唇，表面光滑，素面，盘底弧度较大。器壁厚0.4～0.5厘米，底部厚约1.1厘米，口径11.6厘米（图一一三，5；图版一七，2）。

B 型 薄唇，2 件。05BLH1∶17，黑皮陶，黑皮中间为黄色泥胎质。侈口，圆唇，表面光滑，盘内有若干条竖行暗纹。器壁厚 0.5~0.6 厘米（图一一三，3；图版一七，1）。05BLH1∶18，黑皮陶，黑皮中间为夹砂黄褐胎质，断口较粗糙。外底部有一圆饼形内凹纹饰，盘内底为放射状暗纹。器壁厚约 0.6 厘米，底部厚 0.4~0.5 厘米（图一一三，4）。

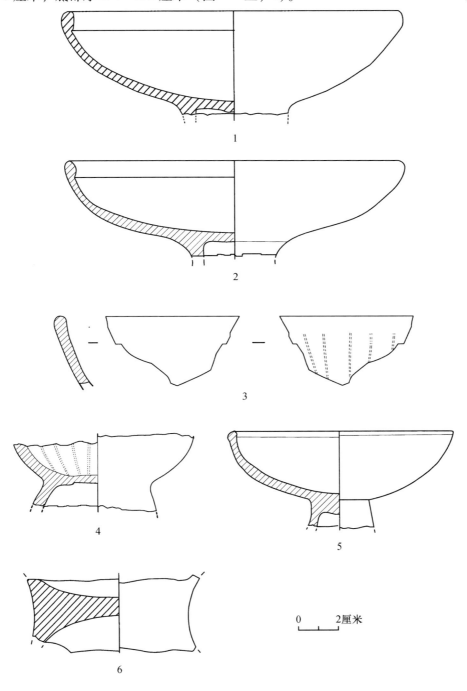

图一一三 四期陶豆与豆柄

1、2、5. A 型豆（99BLT302④∶2、99BLT302④∶3、05BLH1∶19） 3、4. B 型豆（05BLH1∶17、05BLH1∶18）

6. 豆柄（99BLT302④∶11）

豆柄　3件。99BLT302④:11，夹砂黑陶。豆盘的底部为圜底，下部呈喇叭状，素面（图一一三，6）99BLT305③:1，泥质红褐陶。喇叭口足，足面分台阶状往下分布。轮制痕迹明显（图一一四，6）。97BLT301④:2，泥质灰陶。细柄，喇叭口座。底径9.2厘米（图一一四，7）。

瓮　3件。分二型。

A型　鼓肩，2件。97TBLH2:5，泥质灰陶。圆唇，广肩。口沿下方为一圈内凹槽，素面。口径28厘米（图一一四，1）。99BLT302④:7，夹砂灰陶。小口，厚唇，广肩。素面，肩部有刮抹痕迹（图一一四，3）。

B型　直口无肩，1件。97TBLT415②:1，夹砂黑陶。直口，圆唇，唇内凸。外侧口沿下饰凹弦纹。口径69厘米（图一一四，2）。

器盖　2件。99BLT302④:17，泥质黑陶。圈足式捉手。捉手直径4厘米（图一一四，4）。99BLT302④:18，泥质黑陶，圈足式捉手。捉手直径4.4厘米（图一一四，5）。

纺轮　2件。99BLT304④:1，夹砂黄褐陶。手制，造型不规整。底面直径3.6厘米，顶面直径1.6厘米，高2.5厘米，孔径0.7厘米（图一一四，8）。99BLT302④:1，夹炭褐陶。手制，造型不规整。最大外径3.1厘米，高2厘米，孔径0.6厘米（图一一四，9；彩版六，5）。

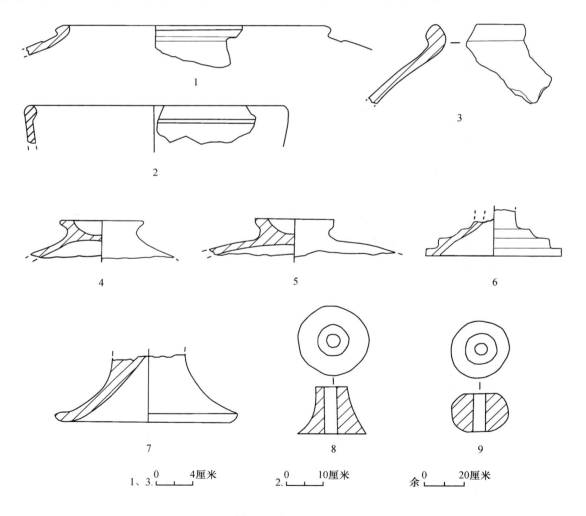

图一一四　四期陶器

1、3. A型瓮（97TBLH2:5、99BLT302④:7）　　2. B型瓮（97TBLT415②:1）　　4、5. 器盖（99BLT302④:17、99BLT302④:18）

6、7. 豆柄（99BLT305③:1、97BLT301④:2）　　8、9. 纺轮（99BLT304④:1、99BLT302④:1）

2. 石器

共5件。

石锛 1件。05BLH1:4，绿色灰绿岩。磨光。长条形横截面呈长方形，上部有疤痕，刃口有使用时形成的小崩痕。双面刃，刃仍锋利。长5.3厘米，宽2.7厘米，厚0.9厘米（图一一五，1；彩版六，4）。

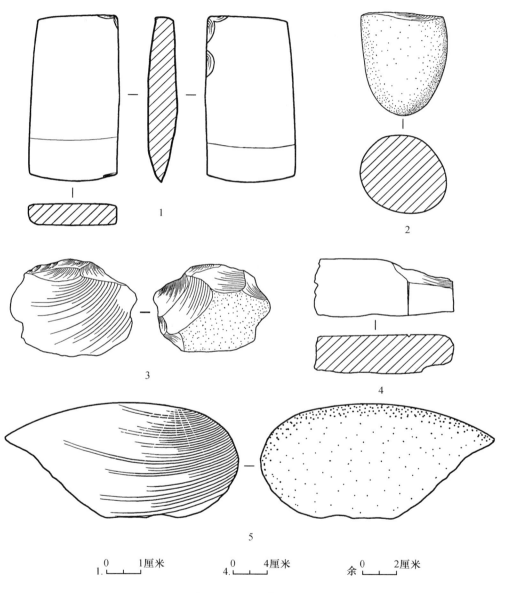

图一一五 四期石器

1. 石锛（05BLH1:4） 2. 石杵（05BLH1:2） 3、5. 石片（05BLH1:3、05BLH1:5） 4. 砺石（05BLH1:6）

石杵 1件。05BLH1:2，灰色砂岩。磨光。残断。残长6.4厘米，直径5.6厘米（图一一五，2；图版一八，3）。

砺石 1件。05BLH1:6，灰色砂岩。磨光。扁体，上面平坦，有一横向磨沟。残断。残长20厘米（图一一五，4；图版一七，3）。

　　石片　2件。05BLH1：3，灰色砂岩。正面部分保留石皮，边缘有片疤（图一一五，3；图版一八，1）。05BLH1：5，灰色砂岩。从河卵石的角部打下的石片，正面保留石皮。宽14厘米，高7.2厘米（图一一五，5；图版一八，2）。

3. 青铜器

数量较少，仅发现铜镞和锄。

　　镞　1件。97BLG1：1，残，整体呈三角形，中间起脊，两翼锋利，圆锥状挺。残长5.7厘米，挺长2.2厘米（图一一六，1；图版一六，5）。

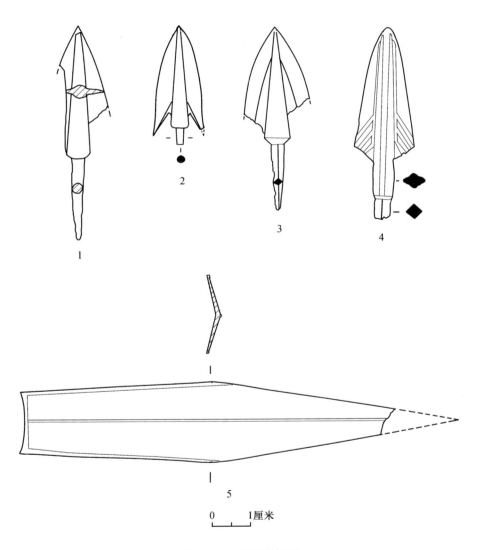

0　　　1厘米

图一一六　四期青铜器

1～4. 镞（97BLG1：1、99BL采：1、99BL采：2、97BL采：1）　　5. 锄（05BLH1：1）

　　另有 3 枚是从遗址地表采集，时代不明，暂附于此。99BL 采:1，双翼，翼为燕尾式，圆柱脊，细圆挺。长 4.1 厘米，宽 1.7 厘米（图一一六，2；图版一六，3）。99BL 采:2，锐尖，双翼，翼尾残断，圆柱脊，脊两侧有血槽，棱形挺。长 6.2 厘米，残宽 2 厘米（图一一六，3；图版一六，4）。97BL 采:1，矛形，钝尖，双翼，折收，无尾。柱脊，有血槽，翼后部有斜线纹。长 5.2 厘米（图一一六，4；图版一六，6）。

　　锄 1 件。05BLH1:1，锄体正面凹，背面凸，截面为 V 字形。背面中部起纵脊，靠近刃边有两条微凸的棱线。模制，表面散布铜锈。刃口锋利，尖头残失。残长约 10 厘米，宽 2 厘米，厚 0.3 厘米（图一一六，5；彩版六，1）。

第七章 五 期 遗 存

第五期只发现 3 座竖穴土坑墓，没有发现本期的地层堆积。3 座墓葬分布在雷家坪中部的平台上，属于第Ⅰ区和第Ⅲ区，墓葬彼此相邻（图一一七）。

图一一七　战国墓分布图

1. 99BLM2

位于Ⅰ区西南的断崖边，其东南角被明代砖室墓打破，西南角是居民修建房屋形成的断坎。开口于耕土下，墓圹为生土，边壁清楚。填土为黄褐色，杂有红土块、浅灰色土块。平面为长方形，长 2.64 米，宽 1.4 米，深 2 米，北偏西 20°。

骨骼保存很差，仅剩白色腐渣，能辨清是单人葬，头向北。脚下放有青铜壶 1 件、长条形铁器 1 件，在左肩处发现铁器 1 件，在脚下还有红色漆器痕迹和小件青铜器锈渣（图一一八）。剔剥漆器痕迹时，根据漆痕分析，器物原为薄木胎，因墓顶填土跌塌而使漆器变形破裂，器形不明。据青铜锈渣的分析，可能是薄体镂孔的铃铛。

铜壶　1 件。99BLM2：1，壶盖为圆顶，顶上有 4 个足，足呈简化的鸟头形，各有一透孔，足的轮廓边和孔边都有单线阴刻纹饰。方唇，直口，竖颈，圆腹，圈足。肩部有 2 个兽面，兽角外翻，平额，直鼻，双目，口衔小环纽，纽穿挂圆环。壶体为双范合铸，铸造不精，体上薄，下略厚，锈蚀较重。有的部位已出现破损。口径 8.2 厘米，腹径 17.2 厘米，通高 24.2 厘米，圈足高 3.4 厘米（图一一九，1；彩版八，4）。

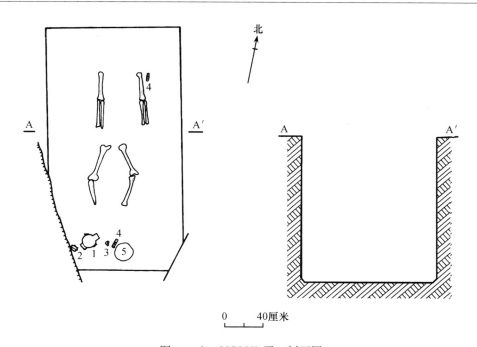

图一一八 99BLM2 平、剖面图

1. 青铜壶 2. 铜壶盖 3. 铜锈渣 4. 铁器 5. 漆器痕迹

铁器 2件。扁长条形。周身锈蚀严重，不辨器形。99BLM2:2，长 13.4 厘米，宽 2 厘米（图一一九，2）。99BLM2:3，长 14 厘米，宽 2.6 厘米（图一一九，3）。

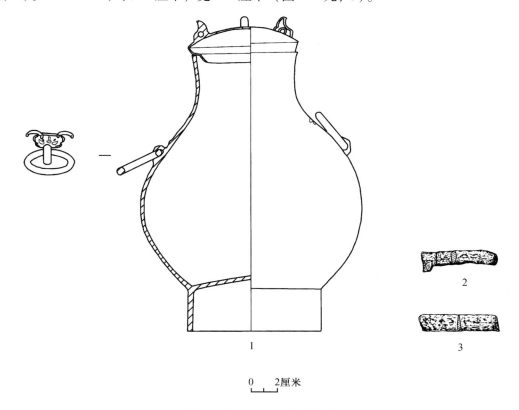

图一一九 99BLM2 出土器物

1. 青铜壶（99BLM2:1） 2、3. 铁器（99BLM2:2、99BLM2:3）

2. 02BLM4

位于 02BLT134 中南部，由于墓的上部土被早年挖房基时取走，仅残留墓底部，南边也被破坏掉。墓坑现开口于 1 层下，打破生土，墓坑内填土为黑色花土。墓坑南部已经残失，残留部分形状为梯形。墓坑残深 20～60 厘米，长 280 厘米，残宽 50～120 厘米，方向为南偏西 70°。

墓坑内有骨架 1 具，保存状况较差，头向西，与墓坑方向一致。为仰身直肢葬，男性，35 岁左右。棺具已经朽烂，状况不明显。

随葬品有陶盉、青铜鍪、青铜剑、青铜矛各 1 件（彩版七，1；图版一九）。青铜剑发现时位于棺的中央，骨架的腰部左侧，剑锋朝下，推测下葬时佩带在墓主人身上。青铜矛位于棺内头骨左侧，矛头的木柄腐朽痕迹隐约可见，陶罐和青铜鍪并列放在足端棺外（图一二〇）。

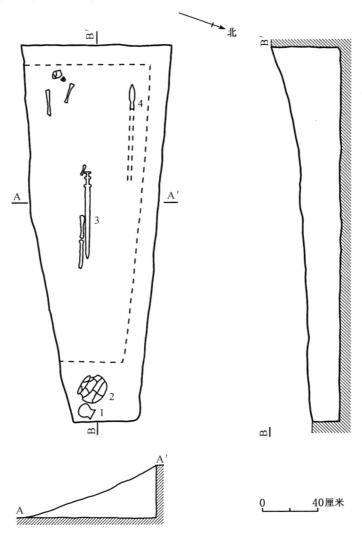

图一二〇　02BLM4 平、剖面图
1. 青铜鍪　2. 陶盉　3. 青铜剑　4. 青铜矛

青铜鍪　1 件。02BLM4:2，方唇，卷沿，束颈，垂腹，圜底近平。单圆耳，耳体呈绞索形。器耳与器体连接处有一长条形铜垫片，片上有一仿绳状铜条，缠绕器耳，侧视如用绳索把器耳系于器体。器体为双范合铸，两侧有明显铸缝。鍪身与底部布满烟炱。口径 9 厘米，通高 10.08 厘米，最大腹径 12 厘米（图一二一，1；彩版七，2）。

青铜矛 1件。02BLM4:4，矛头尖锋略残，向后转折为刃，刃后部折收。边刃与脊棱之间有血槽。圆銎。銎柄上有单耳，耳上有横沟纹，耳左侧有铸造形成的砂眼。长18.1厘米（图一二一，2；彩版八，2）。

青铜剑 1件。02BLM4:3，剑首为喇叭形，内空。剑柄前部截面扁圆形，后部截面为圆形。剑柄中部有2个环突。剑身截面为菱形，两面中部有脊棱。刃在前部略内收。剑锋略残，断茬齐整，锈层厚重。通长53厘米（图一二一，3；彩版八，1）。

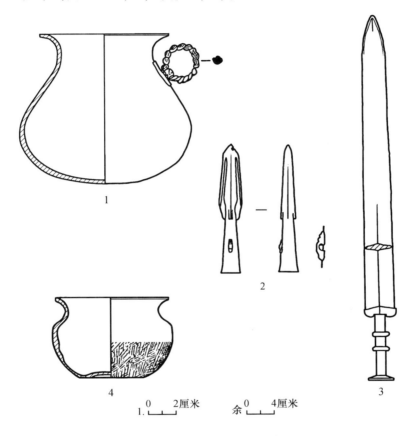

图一二一 02BLM4 出土器物

1. 青铜鍪（02BLM4:2） 2. 青铜矛（02BLM4:4） 3. 青铜剑（02BLM4:3） 4. 陶盂（02BLM4:1）

陶盂 1件。02BLM4:1，泥质灰陶，上半身胎较厚，下半身胎较薄。圆唇，小盘口，圆折肩，扁圆腹，凹底，口径小于腹最大径。下腹和底部遍饰粗绳纹，纹路较乱。口径15.6厘米，通高11.6厘米，最大腹径17厘米（图一二一，4；彩版八，3）。

3. 06BLM9

开口在现代房基下，位于06BLT101、06BLT102、06BLT103、06BLT109、06BLT110、06BLT111六个探方之中。

06BLM9为一椁一棺长方形土坑竖穴墓，斜坡墓道，方向285°，墓口平面形状近圆形，全长12.6米，最宽8.88米，距地面深度为1.25～1.45米。墓底为长方形，长7米，宽5.56米，墓底距地面深6.01～6.25米。墓道为长方形，在墓坑的西壁中部，上口长2.68～2.8米，宽2.4～2.54米，底坡长3.28米，宽2.4米，残深0～1.5米。填土为五花土，包含有西周、东周陶片，磨制石器，红砂岩大小石块，鹅卵石，木炭等。

葬具为一椁一棺，均腐烂为痕迹。

椁室上部长 4.66 米，宽 3.54～3.6 米；底部长 5.02 米，宽 3.96 米；残存深度 1.14 米。椁底板横垫木 2 根，分布于椁室椁底东西两端，横垫木间距 3.4 米，长 4.14 米，宽 0.2 米，厚 0.1 米。椁底板长 5.34 米，厚 0.3 米，呈纵向平列于横垫木之上。椁室分为棺室、东室、西室和北室（图一二二、图一二三；彩版九）。

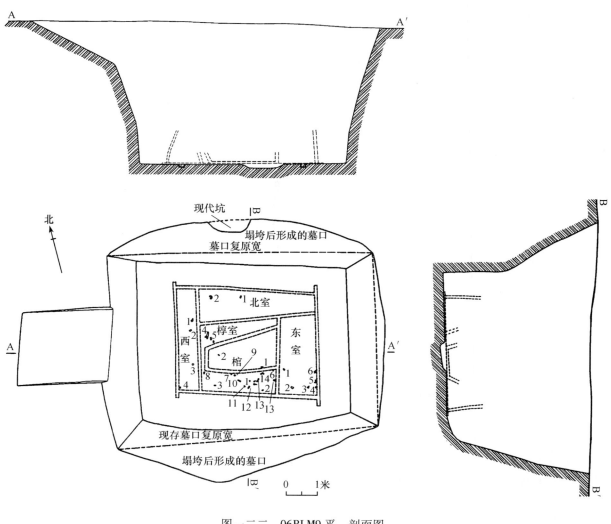

图一二二　06BLM9 平、剖面图

西室：1. 铜附件　2. 铜盖弓帽　3. 铜镜　4. 玉璧　东室：1. 铜发饰　2. 人牙　3. 铜辖　4～6. 铜壁插　北室：1. 铜盖弓帽
2. 玉环　椁室：1～3、6～9、11、13、14. 铜壁插　4. 鹿角　5. 玉环　10、12. 铜盖弓帽　棺内：1. 铜壁插　2. 玉环

棺室上长 2.4 米，宽 2.16～2.54 米；下长 2.26 米，宽 1.26 米；深 1.14 米。棺位于棺室中部，棺上长 2.3 米，宽 0.76～1.46 米；下长 2.16 米，宽 1.06 米；残深 0.37 米。内有腰坑。

东室上长 2.56～2.74 米，宽 1.24 米；下长 2.56～2.74 米，宽 1.26 米；深 1.14 米。

西室上长 3.36 米，宽 0.64 米；下长 3.6 米，宽 1.02 米；深 1.14 米。

北室上长 3.8 米，宽 0.58～1.14 米；下长 3.72 米，宽 1.06 米；深 1.14 米。

西室与棺室、北室之间设有横隔梁，残厚 0.1 米，残高 0.37 米，南北长 3.4 米。北室与西室、棺室之间设有横隔梁，残厚 0.1 米，残高 0.37 米，南北长 3.78 米。东室与西室、棺室之间设有横隔梁，残厚 0.1 米，残高 0.37 米，南北长 2.54 米。

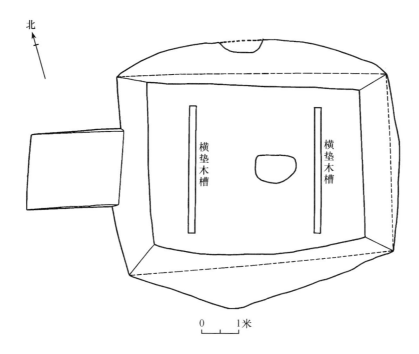

北

0 1米

图一二三 06BLM9 墓底平面图

东室、西室、北室、椁室和棺内有被盗后残留的少量器物，有骨器、青铜器、玉器。

墓底出土了少量的青铜器、玉器，另有 1 件鹿角残片（M9 棺室:4）。

玉环 1 件。06BLM9 北室:2 与 M9 棺室:5 拼合为一件。大部分为墨绿色夹白絮斑，部分呈青白色夹墨色条斑，两面雕刻谷纹。直径 11.6 厘米，内径 6.4 厘米，厚 0.5 ~ 0.6 厘米（图一二四，1；彩版一一，3）。

玉璧 1 件。06BLM9 西室:4，白粉色，素面，中间穿孔。直径 3.3 厘米，孔径 0.3 厘米，厚 0.2 厘米（图一二四，2；彩版一一，2）。

铜附件 1 件。06BLM9 西室:1，整体呈 L 形，器顶面部为虎头造型，下接方凹口，方立柱，直角弯成横栓，横栓根部为方杆，前部为圆杆，向前渐细。长 7.5 厘米，通高 6.5 厘米（图一二四，3；彩版一一，1）。

盖弓帽 3 件。06BLM9 西室:2，呈上小下大圆柱体，一侧附钩，中空。钩部旁有对称辖钉圆孔。长 6.2 厘米，直径 0.6 ~ 1.2 厘米，厚 0.1 厘米（图一二四，4；彩版一〇，1）。06BLM9 棺室:14,呈上小下大圆柱体，中空。中部和下部有辖钉圆孔。长 9.2 厘米，直径 1.1 ~ 1.6 厘米，厚 0.2 厘米（图一二四，5；彩版一〇，2）。06BLM9 棺室:10，呈上小下大圆柱体，中空。中部和下部有辖钉圆孔。长 9.3 厘米，直径 1.1 ~ 1.5 厘米，厚 0.2 厘米（图一二四，6；彩版一〇，3）。

铜辖 1 件。06BLM9 东室:3，长方形，头部为兽形。长 6.6 厘米，宽 1.8 厘米，厚 0.24 厘米（图一二四，7；彩版一〇，4）。

铜壁插 14 件。均残破，形态不明。

铜镜 1 件。仅残余一小边。

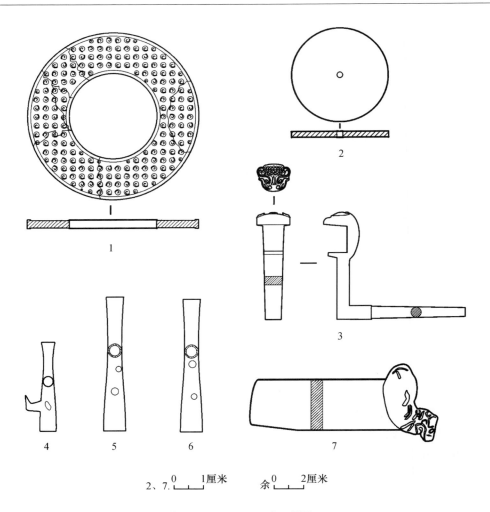

2、7. |0———1厘米|　　　余 |0———2厘米|

图一二四　06BLM9 出土器物

1. 玉环（06BLM9 北室：2 与 M9 棺室：5）　 2. 玉璧（06BLM9 西室：4）　 3. 铜附件（06BLM9 西室：1）　 4～6. 盖弓帽

（06BLM9 西室：2、06BLM9 棺室：14、06BLM9 棺室：10）　 7. 铜辖（06BLM9 东室：3）

第八章　东汉与六朝遗存

东汉与六朝遗存分布广泛，在第Ⅲ、Ⅳ区有六朝时期的地层和灰坑，在第Ⅱ、Ⅴ、Ⅵ区有东汉六朝时期墓葬。

一、墓　　葬

属于本期墓葬15座，分为石砖混筑墓、砖室墓。墓皆被严重盗扰，保存都不好，因被盗掘破坏，形制不完整，甚至仅残留墓底的后部。只有5座墓残留少量的遗物，且都已经发生位置移动，下葬时器物的布局和摆放状态已经无法知晓。另有1座土坑墓，被严重盗扰，残留墓底，时代不明，出有六朝时期瓷片，暂归于此。

1. 石砖混筑墓

1座，编号97BLM2。该墓位于Ⅴ区，所在山坡北高南低，墓位于山坡较凸高的位置，南对江南的山梁，左右环视能望见东西长江口，视野开阔。

该墓由墓道、甬道、墓室三个部分组成（图一二五）。墓圹长10.5米，宽3.85米，墓向200°。墓圹挖在山体基岩上，与砖石构筑的墓室墙之间有宽窄不等的空隙，其间填塞黏土。墓道为斜坡状，长1.45米，宽1.35米。墓门底部铺石砌砖，筑法为里侧先铺一条长石，外侧铺4块石板，形成门基，其上再砌3层砖。墓门内侧发现长条形大石块9块，最长者达1.1米。这些石块散乱无规则，可能是封门石。墓门外侧还发现较多的灰色筒瓦、板瓦残块，推测系墓门上的建筑构件。

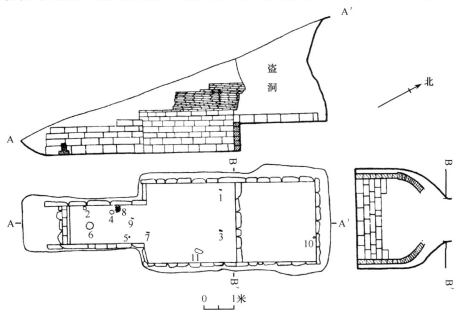

图一二五　97BLM2平、剖面图

1、3、7、9. 棺钉　2、4. 青瓷盏　5. 蚌指环　6. 残陶器　8、10. 钱币　11. 有刃石

甬道长 2.75 米，宽 1.35 米。两侧墙下部为石条砌筑，上部砖砌筑。现保留长条形石块 4 层，其上垒砌的灰砖全部坍塌于甬道内。

墓室长 5.85 米，宽 2.8 米。两侧墙下部为石条砌筑，上部砖砌筑。墙下部砌长条形石块 7 层，其上灰砖砌券顶，墓顶已坍塌。

墓室后部为高台式基岩棺床，高达 1.5 米，长 2.8 米，宽 2.75 米。棺床前壁包砌石条，之上的墓壁仅砌 1 层石条，靠近北部有一口径 3 米的垂直盗洞，盗洞底部即高台之上残存较多灰砖。墓道与墓室底部为基岩，仅在缝隙处填塞碎石块和黏土，较平整。依据券顶的弧度推算，墓底距券顶的高度约 2.75 米。墓壁的石条内侧加工得光滑平整，外侧则不加工，参差不齐。灰砖均为榫卯结缝，内侧均有纹饰，纹样由四组图案构成，其中三组为菱形回字纹，一组为菱形回纹内填柿蒂纹（图一二六，6）。砖的两面布满纵向凹槽，以增大摩擦力。人骨已朽不存，葬式不明。

从扰乱的墓土中发现有青瓷盏、青瓷器耳、瓷钵底、蚌指环、石器、棺钉、钱币、红漆皮和碎陶片。

青瓷盏　2 件。97BLM2：2，圆唇，折腹，平底。黄褐色胎。内满釉，外上腹部施釉，釉层全部脱落。内底有凹弦纹，心部下凹。口径 8 厘米，底径 3.4 厘米，高 3 厘米（图一二六，2）。97BLM2：4，圆唇，弧腹，假圈足，足墙内收。灰白胎，夹砂。青釉，内满釉，外上腹部施釉。内底有凹弦纹一周。口径 7 厘米，底径 3.2 厘米，高 2.6 厘米（图一二六，1）。

青瓷器耳　1 件。97BLM2：7，罐或壶上的横桥耳，边缘方折，灰白胎，青釉光洁。长 3 厘米。

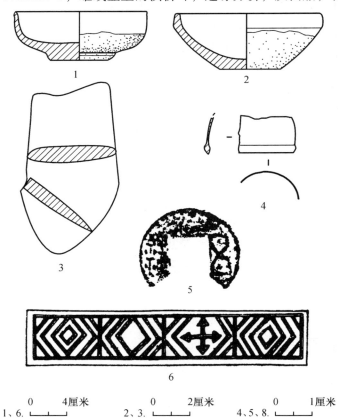

图一二六　97BLM2 器物和墓砖花纹

1. 青瓷盏（97BLM2：4）　　2. 青瓷盏（97BLM2：2）　　3. 有刃石器（97BLM2：11）　　4. 蚌指环（97BLM2：5）

5. 铜钱（97BLM2：8）　　6. 墓砖侧面花纹图

瓷钵底　1件。97BLM2：6，灰白胎，无釉。器身残失，仅存器底。平底。直径10厘米。

有刃石器　1件。97BLM2：11，呈不规则长方形，形体宽扁，近刃部磨制，斜面刃较锋利。长19.2厘米，宽10.4厘米，厚1.6厘米（图一二六，3）。

蚌指环　1件。97BLM2：5，用蚌壳磨制而成，已残。通体光滑，圆筒形，一端大而厚，另一端薄而小。直径1.8厘米，残长1.1厘米（图一二六，4）。

铜钱　20枚，锈蚀严重，能辨认的钱纹皆为五铢。其中剪轮钱17枚，大小不一。97BLM2：8的钱文清晰，五字交笔弯曲，朱头方折。直径2.6厘米（图一二六，5）。

铁钱　1枚。97BLM2：1，已残成数块，钱文不明。

铁棺钉　4件，柱形，锈蚀严重。97BLM2：3，长8厘米。

陶器　碎片。灰陶，素面，为罐的腹片，不能复原。

2. 砖室墓

砖室墓共计14座，现分述于下。

（1）02BLM2

由墓道、墓门、甬道、墓室组成（图一二七；彩版一二，1）。方向为185°。

墓道平面形状为长方形，长80厘米，宽140厘米。两侧是双排砖砌筑的砖墙。上部已经被破坏掉，仅存下部。墙残高50厘米，共6层砖，下数第一、二、三层是顺砖砌筑，第四层是碎砖横向铺砌，第五、六层又是顺砖砌筑。里排砖与外排砖的接缝相错，每排4块整砖，一端用小半砖找齐，有花纹的侧面朝里侧。墓道底未铺砖，底部平整（图版二〇，2）。

墓门处发现了门槛、墓门顶覆盖的瓦。门槛构筑是先在地面挖一个浅槽，在浅槽中使用砖砌筑，从南向北共有两排砖，第一排砖为九块大半砖并列平铺，砖长24厘米，宽15厘米，厚8厘米。第二排砖高于第一排砖13厘米。每块砖打掉榫头，使得边缘齐整。每块砖长30厘米，宽15厘米，在砖的底下还垫砖头。在清理墓门门槛上的填土时，在距离门槛高40厘米时有倒塌的筒瓦和板瓦堆积（图版二〇，1；图版二一，1）。灰瓦，凸面有粗绳纹，凹面有布纹。板瓦块多数绳纹面朝下，筒瓦的绳纹面朝上，这与板瓦和筒瓦的结合方式吻合，说明这些瓦从墓门顶部解体崩落后，没有经过后期扰动。筒瓦和板瓦堆积的上部已经被耕土层破坏掉。瓦残坏，无一完整者。瓦砾仅分布在门槛的上部，所以，应该是墓门瓦顶的倒塌堆积。拼对瓦块，确定有3块筒瓦，4块板瓦。现场复原瓦的组合结果是：4块板瓦并列，突面朝下，筒瓦扣在板瓦的接缝上。瓦组合连接后的长度恰好在墓门两墙之内（图版二一，2）。

甬道在墓门之后，墙用单砖顺砌，底铺砖。长193厘米，宽160厘米，残高100厘米，顶部已经残掉。从距离砖铺地面70厘米处开始用楔形砖起券。底部铺砖较复杂。从南向北共铺9排砖。头两排砖是横向的顺砖砌筑，榫头向西。第二排砖是4块整砖砌成。第一排砖中间是3块砖，将一块砖截为两段，分置于本排的两端，以与第二排砖构成错缝。第3排砖竖向并砖砌筑，使用11块砖，砖的榫头打掉，榫端朝南。第4排砖横向顺砖砌筑，榫端朝向西。第5排砖竖向并砖砌筑，砌法同于第3排砖。第6排砖横向顺砖砌筑，砌法同于第4排。第7排砖同于第3、5排砖。末尾的两排砖是横向顺砖砌筑，但是榫头朝向东。最末尾的一排砖不是水平放置，北端向下倾斜，较特殊。该位置正处于墓室的门槛处，有可能是为了增加与墓室地面的差距。在甬道东北角的铺底砖的砖面上，沿着墙有三块排列整齐的砖，砖与墙壁有4厘米的缝隙，缝隙内用窄的砖头填补，功用不明。

墓室长8米，宽2.84米。东壁和西壁的墙用顺砖砌筑，墙长8.4米，南端超过南墙，向南又伸出12厘米。距离墙基高1.04米处开始起券，券顶的最上部分已经被破坏掉。砖的里侧面有花纹

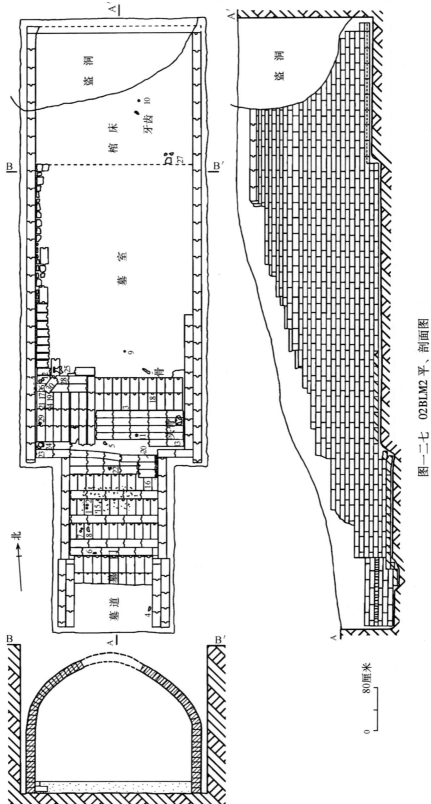

图一二七　02BLM2 平、剖面图

1、2. 银环　3、18. 铜钗　4. 铜饰件　5. 铜盏口沿　6. 铜刀　7、9~17. 铜线　8. 银手镯　13. 棺钉　17. 钱　19. 珠子和石饰贝饰　20. 白珠
21. 铜钱　22. 铁器　23、25. 盘口壶　24. 瓷钵　26. 青瓷罐　27. 瓷碗　28. 小钱　29. 黑珠　30. 文字砖

（第 12 层除外），但是各层花纹不统一，有的砖的花纹面朝向外侧，可见，垒砌时检查的并不严格。从下向上数的第 12 层砖的花纹面朝外，里侧没有花纹。这层砖是墓室的墙与券顶的分界标志（图版二二，1）。

北墙也是单砖顺砌，仅在西北角留下大半块砖，其余砖已经被盗墓者破坏掉。

墓室的南半部发现铺得规整的砖地，两侧的铺砖向后延伸，西边缘的砖一直延伸到棺床为止。可以确定中部也有铺砖，只是被早期的盗墓者把铺底的砖挖掉，边缘的砖仍残留。墓室的铺地砖不求对称，也没有统一的铺法。东壁下沿着墙顺砖铺砌一排。其余分两部分。东部面积较大，先横向顺砖铺砌 5 排，其中第一排缺失 3 块砖；再竖向顺铺 2 排。西部先横向顺砌一排砖，再竖向顺砌 3 排砖。

墓室的后半部是生土棺床。棺床是在挖墓坑时预留出生土台基，台基南北宽 2.5 米，东西长 2.84 米，高 0.25 米。盗墓者已经把棺床挖掘出很多小坑沟，使棺床变得很不规整。墓室东壁墙和西壁墙的下三层到达棺床台基为止。在棺床的西南角，墓室西壁下，发现了残留在原位的半块横砖，它叠压在铺底砖的上面，应该是生土棺床前面的包砖面最底层的砖。由于包砖面已经被盗墓者破坏掉，仅留此半块砖在原位（图版二二，2）。

墓砖皆为灰色，长 31 厘米，宽 15 厘米，厚 8~9.8 厘米。券顶的砖是楔形砖，外厚 8 厘米，内厚 6 厘米。里侧面有花纹，花纹有 4 种：

第一种是三格柿蒂套菱形纹，砖面长方形框内等分 3 格，以细竖线为格界。两侧格内花纹是：中心一个小柿蒂纹，外套二重菱形纹，菱形纹之外填三重斜线。中间格内花纹是：中心一个大柿蒂纹，外套一重菱形纹，菱形纹之外填三重斜线（图一二八，1）。

第二种是六格盘肠纹加菱形纹。砖面长方形框内分为 2 大 4 小 6 个格，中部的 4 小格各有 1 个竖盘肠纹，两端的大格内是四重菱形纹，外填三重斜线（图一二八，2）。

第三种是五格车轮、盘肠、曲线冠点纹。砖面的长方形框内分为 3 大 2 小 5 个格，中间的格大，格内有 1 个车轮形图案。车轮纹有大小两个圆圈，中间连以 8 根直线。车轮两侧的格小，格内有竖盘肠纹一个。最外侧的格最大，格内有横向正倒的曲线冠点纹（又如变形脚印）。内线弯曲对折闭合如蝌蚪形，外线弯曲对折为闭合，宽阔头部连接 3 个圆点冠饰（图一二八，3）。

第四种是四格菱形纹，砖面有阳文长方形框，框内等分 4 格，以细竖线为格界。每个格内有四重相套的菱形纹，菱形纹之外填三重斜线（图一二九，1）。

以上是砖的一个长侧面带有几何花纹。另外在墓室的后端倒塌的砖中还发现一种砖的长侧面和短侧面都有花纹。长侧面的花纹同第三种。短侧面分 2 个方格，一个格内有横的盘肠纹，一个格内有多重菱形纹（图一二八，4）。这种砖的数量很少，可能是用于砖墙顶头，有花纹的短面朝外。

铭文砖　灰色，长 31 厘米，宽 15 厘米，厚 5 厘米。一个长侧面有菱形花纹，纹样布局基本同于 02BLM2 墓砖第四种花纹，属于四组菱形纹。但是格内菱形的层数有的是 2 层，有的是 3 层，角部的填斜线也是有的 3 层，有的 2 层，左右不对称，与其他砖的第一种花纹有区别。砖的正面表面高低不平，并滚压粗绳纹。正面上竖写"永元九年十月十八日"二行九字。字痕浅圆，字是在入窑烧砖之前写的。该砖比 02BLM2 墙砖薄（图一二九，2）。

在甬道和墓室的前部发现棺钉，未发现木质葬具，棺木已经朽烂不存。

墓室内的骨架被严重盗扰，在墓室的东南角发现一个头骨，已碎裂，有铁棺钉。南部西壁下还有两段肢骨、棺钉等，已经不是原位。其葬式和性别不详。在墓室的棺床上发现了带牙齿的颌骨一段。

在甬道的后侧接近墓室处发现了骨灰和火烧过的陶片。

由于墓葬多次被盗，被盗严重，遗物较少。遗物主要出在甬道底和墓室的前部墓底（即有砖铺

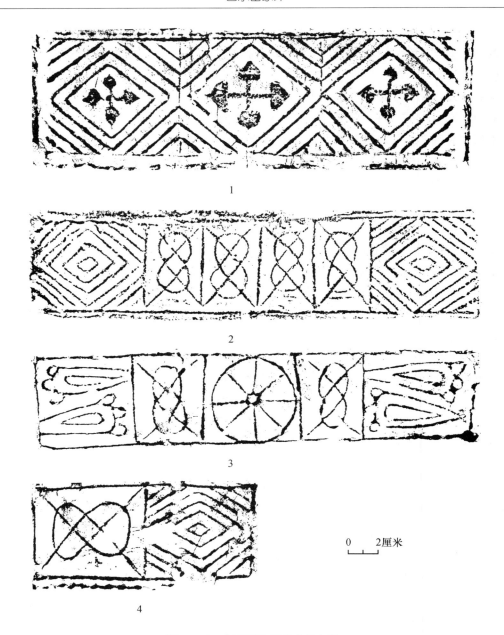

图一二八　02BLM2 墓砖花纹拓片

1. 三格柿蒂套菱形纹　2. 六格盘肠纹加菱形纹　3. 五格车轮、盘肠、曲线冠点纹　4. 四格菱形纹

底的部分）。在墓室填土中出土极少的小瓷片、陶片。在墓道的南部东墙边的填土中发现 1 件鎏金铜质的包片。

其余随葬品按位置分有三组：

第一组在墓室的后部棺床部分。1 件剪轮铜钱，字迹模糊不清。有青瓷点彩碗片数片，发现时瓷片散布，或仰或覆。这些瓷片在室内拼对成一件器物（02BLM2：27）。

第二组分布在墓室前部，集中在铺砖的部分（图版二三，3）。在西南角，紧贴在墙角处有 1 件青瓷盘口壶（02BLM2：23），正放，保留着下葬的状态。1 件已经破碎的青瓷钵（02BLM2：24），口朝西覆压在盘口壶的器腹上。西壁下距离墓室南墙 110 厘米处发现一块铭文砖（图一二九，2）。砖的位置不正，呈西南东北方向，卯槽头朝向西南，榫头朝向东北。砖下有 15 厘米厚泥土与铺砖地

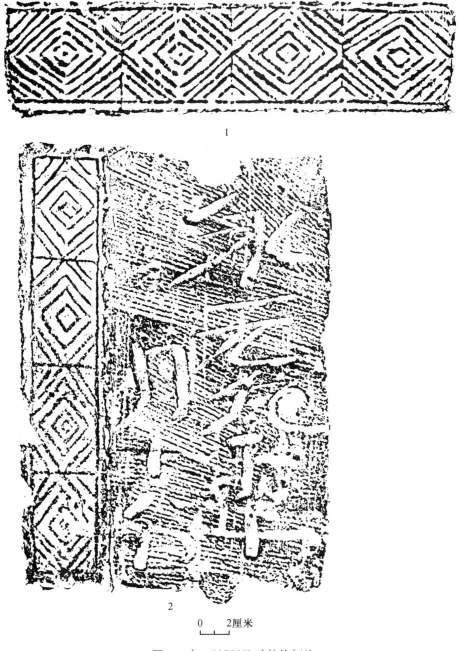

1

2

0　　2厘米

图一二九　02BLM2 砖纹饰拓片

1. 四格菱形纹　2. 铭文砖的正面及侧面纹饰

面相隔。在铭文砖的西侧，墙壁下有 1 件青瓷罐（02BLM2：26），罐倾倒，口朝下。罐口周围泥土中发现 1 枚五铢钱和项链上的坠饰、大大小小的珠子。这些珠子发现时并不是有规律的排列，分布零乱，混于泥土中，说明这里被扰乱过。在找不到珠子分布规律时，为了不漏掉珠子，把罐口周围的土全部取回室内，用水洗法提取。在珠子集中分布区向南 50 厘米处发现 1 颗较大的黑珠子（02BLM2：29）。在小罐东北 20 厘米处有 1 件青瓷盘口壶，底残失。在小罐（02BLM2：26）南 40 厘米处（距离珠子集中区 30 厘米处）有 2 串铜钱，每串 3 枚，可辨识钱文的 4 枚皆是五铢钱。剪轮钱有 3 枚，只有 1 枚是五铢，余字迹磨平。在中部发现铜钗 2 件，钗头皆向东。墓室门东 54 厘米处有 1 枚货泉铜钱。在东部发现大泉五十铜钱 1 枚等。

　　第三组分布在甬道内。在西北部出土了 2 件银指环、1 件银手镯和 15 枚铜钱，其中五铢 5 枚，剪轮五铢 4 枚，其余为剪轮钱，钱文被磨平。在靠近墓门处发现 1 件铜刀的残片。在有骨灰的中部出土 2 枚五铢和 1 枚剪轮钱，钱文不清。在东部只发现一些剪轮钱，钱文不清。在东北角，在后铺的三块砖与墙壁的夹缝内，发现 1 颗白色的珠子。

　　青瓷四系盘口壶　2 件。02BLM2：23，灰胎。盘口，束颈，鼓肩，腹下斜收，平底。体较矮。底径略小于口径。青釉较亮，器体外部施釉至腹下，盘口内侧亦施釉。釉层较厚，釉面部分脱落。肩部有一周凹弦纹。有四个横桥耳。口径 10.4 厘米，底径 9.6 厘米，腹径 16 厘米，通高 16 厘米（图一三〇，1；图版二三，1）。02BLM2：25，黄褐胎。尖唇，盘口，盘口外壁起一凸棱。盘外角转折尖锐。束颈较细，鼓肩，肩上有对称的四个横桥耳。肩有两周凹弦纹。肩以下斜收，器体下部残。青黄色釉，施釉至肩部以下，盘口内侧亦施釉。釉厚薄不均匀，显露白斑点，釉部分脱落。口径 9.8 厘米，残高 16.5 厘米（图一三〇，2；彩版一二，2）。

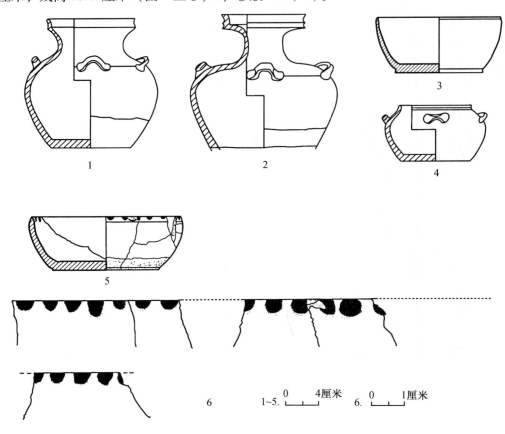

图一三〇　02BLM2 出土瓷器

1、2. 青瓷四系盘口壶（02BLM2：23、02BLM2：25）　3. 青瓷钵（02BLM2：24）　4. 青瓷四系罐（02BLM2：26）　5. 青瓷点彩碗（02BLM2：27）　6. 青瓷点彩碗口点彩展开图（02BLM2：27）

　　青瓷四系罐　1 件。02BLM2：26，黄褐胎。直口，圆唇，鼓腹，口部外侧有一周凹弦纹；腹部最大径偏上，腹下斜收，底径稍小于口径，肩部有四个横桥耳，耳孔弧状。青黄色釉，器体外施釉至腹下，口沿内侧也施釉。釉大部分已脱落，口沿处磨损较重。口径 8.8 厘米，底径 8.4 厘米，腹径 12 厘米，通高 7 厘米（图一三〇，4；彩版一四，1）。

　　青瓷钵　1 件。02BLM2：24，灰白色胎。尖圆唇，口微敛，口外侧有一周凹弦纹。壁较直，下部急收，假圈足。通体施青釉，釉大部分脱落。碗内外底均有支钉痕迹，支钉痕呈圆周分布，底内侧支钉 15 个，外侧支钉 16 个，支钉痕均较小，略呈方形。口径 15 厘米，底径 10.6 厘米，通高 6.8 厘米（图一三○，3；图版二六）。

青瓷点彩碗　1 件。02BLM2：27，灰白胎，胎粗而坚硬。内满釉，外施釉未到底，青釉亮有光泽，未见脱落现象。釉薄，釉面有细小开片。圆尖唇，直口，壁略有弧度，底厚，外底面有线切痕。碗内底部有支钉痕 7 个，残失 1 个，共 8 个。支钉痕长 1.2 厘米，宽 1.4 厘米。唇下有凹旋纹一周，唇内外有铁锈色的褐色点彩，现存 18 个，每个点彩唇外部分小，唇内部分大，点彩边缘有浸染现象。口径 18.2 厘米，高 6.8 厘米，底径 12.8 厘米，底厚 1.1 厘米（图一三○，5、6；彩版一二，3；图版二四）。

项链饰件　总共 172 枚，有贝饰、石坠饰、串珠（彩版一三，4）。

贝饰　1 件。02BLM2：19-1，在贝壳顶部穿一孔，贝壳的边缘磨平。宽 2.1 厘米，高 1.7 厘米，孔径 0.35 厘米（图一三一，4）。该贝饰与小瓷罐旁的项链串珠共出，应是项链上的饰件。

坠饰　1 件。02BLM2：19-2，绿色，孔雀石。质地细腻而软，触之则粉粒脱落。器表不平整，有明显的层线。轮廓呈上宽下窄的圆角三角形。上部有一穿孔。宽 1.25 厘米，高 1.1 厘米，厚 0.5 厘米（图一三一，5）。

小串珠　共计 167 件。发掘编号为 02BLM2：19-3，质地为玻璃，扁轮形为多，圆柱形少量，上、下面不齐整。扁轮形珠中有多种颜色。蓝色珠透光性最好；绿、黄、白次之；紫褐色珠不透光，类似紫砂壶的颜色。紫褐色珠中有 5 枚的侧面或肩部有小圆坑。最小 0.015 厘米，高 0.06 厘米；最大 0.03 厘米，高 0.15 厘米（图一三一，3）。

大串珠　3 件。02BL2：19-4，料珠，黑色。表面光滑，扁圆形。直径 0.6 厘米，高 0.38 厘米，孔径 0.02 厘米（图一三一，2）。02BLM2：29，料珠，黑色。表面光滑，扁圆形。此件与 02BLM2：19-4 串珠质地、色泽、形状相同，只是形体较大，可能也是该项链上的串珠。直径 1 厘米，高 0.6 厘米，穿孔直径 0.02 厘米（图一三一，1）。02BLM2：20，用白色砂岩制作，颗粒细腻，石质软。形体近于圆形，中部有穿孔，通体磨光。直径 1.3 厘米，高 1 厘米，孔径 0.4 厘米（图一三一，6）。

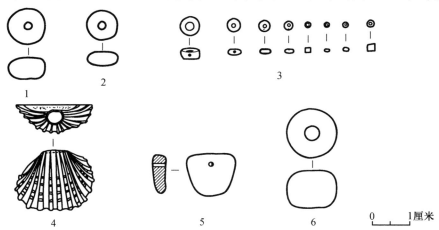

图一三一　02BLM2 出土项链饰件

1. 黑串珠（02BLM2：29）　2. 黑串珠（02BLM2：19-4）　3. 小串珠（02BLM2：19-3）　4. 贝饰（02BLM2：19-1）

5. 项链坠饰（02BLM2：19-2）　6. 白串珠（02BLM2：20）

银手镯　02BLM2：8，银镯被压变形，镯体上下是平面，上面窄，下面宽。镯体内外侧面是圆面，外侧面弧度大，内侧面弧度小。长 8.5 厘米，宽 4.8 厘米，周长 21 厘米（图一三二，1；彩版一三，2）。

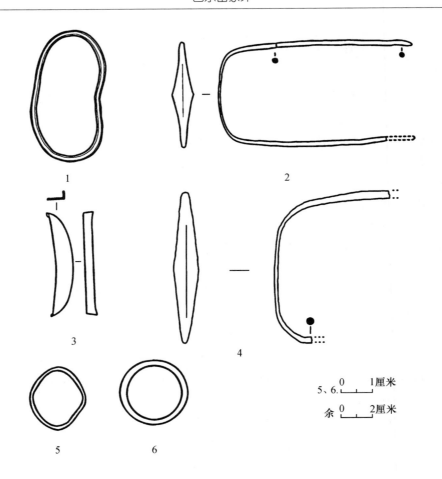

图一三二　02BLM2 出土器物

1. 银手镯（02BLM2∶8）　　2、4. 铜钗（02BLM2∶18、02BLM2∶3）　　3. 鎏金青铜包片（02BLM2∶4）

5、6. 银指环（02BLM2∶2、02BLM2∶1）

　　银指环　2 件，形体略有差异。02BLM2∶1，圆环形，环体上下是弧面，上面弧度大，下面弧度小。环体内外侧是窄的平面。指环内径 1.8 厘米，外径 2.1 厘米（图一三二，6；彩版一三，1 右）。02BLM2∶2，里侧较平，外侧圆，发现时已被压变形。最大外径 1.1 厘米，内径 1 厘米，周长 6 厘米（图一三二，5；彩版一三，1 左）。

　　鎏金青铜包片　1 件。02BLM2∶4，舌形器耳的边缘包片，表面鎏金，包片下折部分中间薄，向两边增厚。长 6.8 厘米，宽 1.55 厘米（图一三二，3；彩版一三，3）。

　　铜钗　2 件。02BLM2∶3，钗脚为圆锥形，钗头为扁体菱形，中部有一横脊。长 12.4 厘米，宽 6.8 厘米，直径在 0.3 厘米，钗头宽 1.35 厘米（图一三二，4；图版二三，2 上）。02BLM2∶18，钗脚残断，截面为圆形，钗头为扁体菱形，中部有一横脊。残长 3.7 厘米，宽 5 厘米，钗头宽 0.85 厘米（图一三二，2；图版二三，2 下）。

　　铜刀　1 件。02BLM2∶6，残断，已锈蚀。刀刃已钝，有小缺口。残长 2 厘米，宽 1.2 厘米（图一三三，3）。

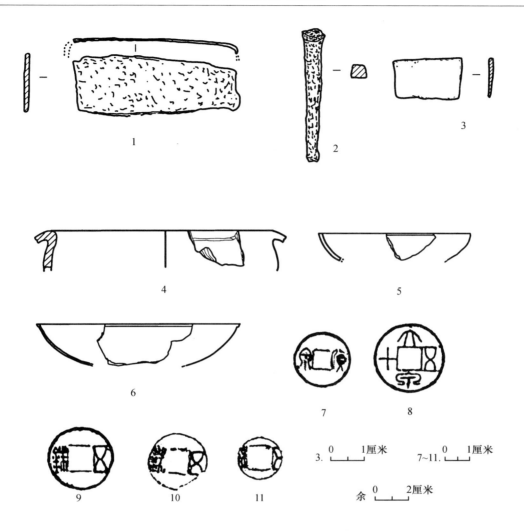

图一三三　02BLM2 出土的金属器和陶器

1. 铁片（02BLM2：12）　2. 铁钉（02BLM2：13）　3. 铜刀（02BLM2：6）　4. 陶罐（02BLM2：14）　5、6. 陶钵
（02BLM2：15、02BLM2：16）　7～11. 铜钱拓本（02BLM2：30～35）

　　铜钱　26 枚，多数钱文模糊不清，能识者有五铢钱 12 枚，货泉铜钱、大泉五十铜钱各 1 枚。02BLM2：30，货泉，钱文篆书（图一三三，7）。02BLM2：31，大泉五十，钱文篆书（图一三三，8）。02BLM2：32，五铢（图一三三，9）。02BLM2：33，五铢，剪轮（图一三三，10）。02BLM2：34，剪轮，"五铢"文字剩一半（图一三三，11）。

　　铁片　1 件。02BLM2：12，扁片，两端弯曲，可能是棺上的加固部件。长 9.6 厘米，宽 3.6 厘米（图一三三，1）。

　　铁钉　1 件。02BLM2：13，四棱形，上粗下细。长 8 厘米（图一三三，2）。

　　陶罐　1 件。02BLM2：14，灰陶，卷沿。口径 13.4 厘米（图一三三，4）。

　　陶钵　2 件。02BLM2：15，灰陶，斜腹。口径 9 厘米（图一三三，5）。02BLM2：16，灰陶，斜腹。口径 13.6 厘米（图一三三，6）。

　　（2）02BLM3

　　单室砖室墓，方向180°。全长 8.96 米。墓室长 7.56 米，宽 2.84 米，残高 2.25 米。甬道南北残长 1.32 米，东西宽 1.68 米（图一三四；图版二五，1）。

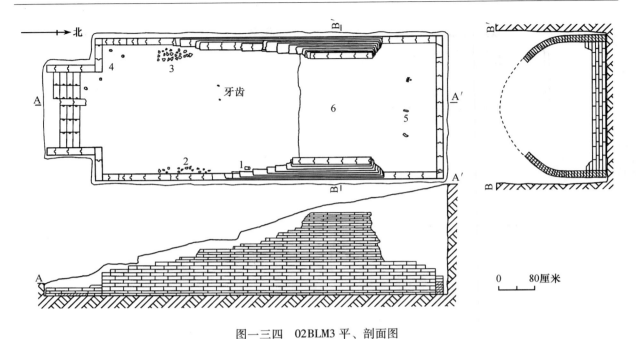

图一三四　02BLM3 平、剖面图

1. 铁镶　2. 青瓷散布区　3. 红陶片散布区　4. 铜钱散布区　5. 人骨散布区　6. 棺

　　墓室砖墙从第11层（在距离墓底80厘米）处开始起券。墓砖有几何花纹，花纹面朝内，只有东壁第11层花纹的侧面朝向外，内侧为素面，以此作为墓顶与墓壁的分界标志。墓的上部被破坏掉，北壁的下部仅存4层砖墙。墓室的后部有生土棺床，但是棺床已经被盗墓者挖掘得高低不平，原貌不知。甬道底铺砖，砖面残缺。中间偏西是2块竖向的顺砌的砖，其西是4排8块砖，横向砌筑。其东是3排9块砖，也是横向砌筑。

　　02BLM3 墓砖比 02BLM2 墓砖薄，厚为 4.7～6.5 厘米，长为 28～31 厘米，宽 15 厘米。墓砖的花纹都是在砖的一个侧面上，花纹有四种：

　　第一种是两格菱形纹。长方形边框内分两格，每个格内采用一整两半布局，中间是一完整的三重菱形纹，两侧接半个三重菱形纹（图一三五，1）。菱形纹之间的空内填二重对角"V"形纹。

　　第二种是两格变体菱形纹。长方形边框内分两格，每个格内有多组变体的菱形纹（图一三五，2）。

　　第三种是三格菱形纹夹树形纹。长方形边框内分三格，中间格窄小，两边格宽大。两边的大格内是一整两半布局的菱形纹。中间格内是一个树形纹，由于格窄细，形成被菱形纹相夹之势（图一三五，3）。

　　第四种是三格曲线冠点纹夹树形纹。长方形边框内分三格，中间格窄小，两边格宽大。两边的大格内是曲线冠点纹。中间格内是一个树形纹，由于格窄细，形成被曲线冠点纹相夹之势。这个曲线冠点纹的内线仍做蝌蚪形，两条外线相连为一，成流畅的"S"形，阔头顶接4个冠饰（图一三五，4）。

　　前两种纹饰见于较大的厚砖上，砖厚 6～6.5 厘米，长 31 厘米。后两种纹饰见于较小的薄砖上，厚 4.7～5 厘米，长 28～29 厘米。

　　在墓底发现零散的人牙齿和骨渣，未发现葬具。

　　墓被盗严重，随葬品发现极少。在墓室北部接近墓底时发现1件铁镶。在墓室中部发现一些青瓷片。在墓室西部发现一些红陶片。在墓室的南部还发现了剪轮五铢钱。

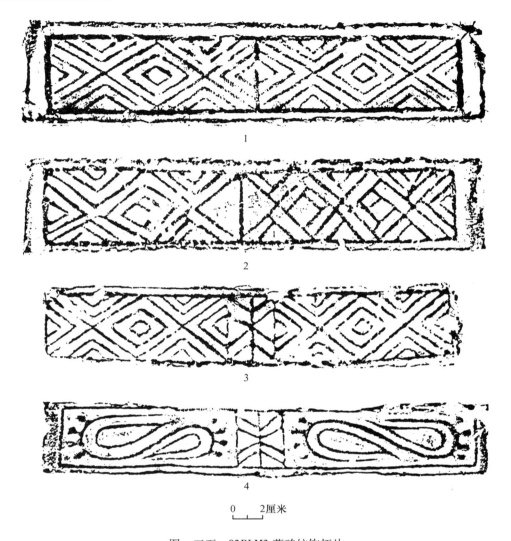

图一三五　02BLM3 墓砖纹饰拓片

1. 两格菱形纹　2. 两格变体菱形纹　3. 三格菱形纹夹树形纹　4. 三格曲线冠点纹夹树形纹

　　青瓷并耳四系罐　1 件。02BLM3：2，灰黄色胎。平沿，沿面略内凹，尖唇外伸。圆肩，肩上有四个竖桥耳。两耳并列成为一组，两组对称排列在罐两侧，平底。肩上和下腹各饰一道凹弦纹。最大腹径在罐上部三分之二处，腹下斜收至底，平底。外壁由口沿至罐中部施青釉，釉层较薄，罐内无釉，可见明显的轮制加工抹痕，在罐腰处有明显套接痕。该器整体风格古朴厚拙，重心靠上，制作不甚规整。高 19 厘米，口径 23.5 厘米，腹径 28.4 厘米，底径 13.2 厘米（图一三六，1；图版二九，1）。

　　青瓷横桥耳四系罐　1 件。02BLM3：3，灰白色胎。平唇，圆肩，肩上对称分布四横耳，底残掉。唇下施一周凹弦纹，肩上器耳部饰一道凹弦纹。外壁施青釉，釉层厚而光亮，釉面上有很多白斑点。口的上唇面釉剥落残高 8 厘米，口径 7.6 厘米（图一三六，2）。

　　铭款青瓷器底　1 件。02BLM3：4，该器为碗或盘的底部，平底，芯部旋削略下凹。器底内部满施青釉，青釉光亮，可见方形支钉痕 4 个，支钉痕宽大。器腹外壁施釉不到底，外底无釉。外底刻款"陈清"。底直径 11 厘米（图一三六，4；图一三七）。

　　铁镬　1 件。02BLM3：1，整体略呈长方形，平顶，方銎，突刃。通高 11 厘米，顶宽 7 厘米，刃宽 8 厘米，厚 3.6 厘米（图一三六，3；图版二五，2）。

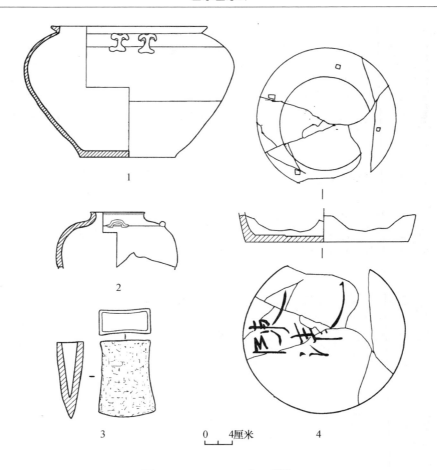

图一三六　02BLM3 出土器物

1. 青瓷四系罐（02BLM3:2）　2. 青瓷四系罐（02BLM3:3）　3. 铁镬（02BLM3:1）　4. 铭款青瓷器底（02BLM3:4）

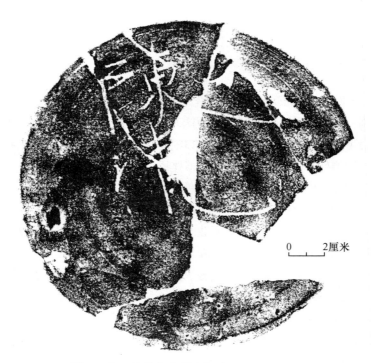

图一三七　铭款青瓷器底拓片（02BLM3:4）

（3）04BLM1

位于第 V 区的东北角，在 04T0305 西边缘。为长方形砖室墓，方向 172°。残破较甚。单砖砌墙，墓壁用长方形青砖错缝平砌而成，墓底用碎砖作不规则平铺。碎砖和整砖混铺地面。没有遗物出土。墓室残长 3.76 米，宽 1.15 米，残深 0.3 米（图一三八）。

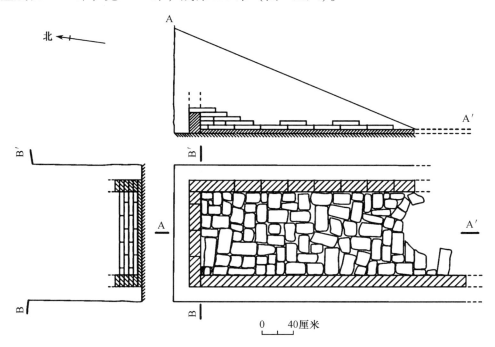

图一三八　04BLM1 平、剖面图

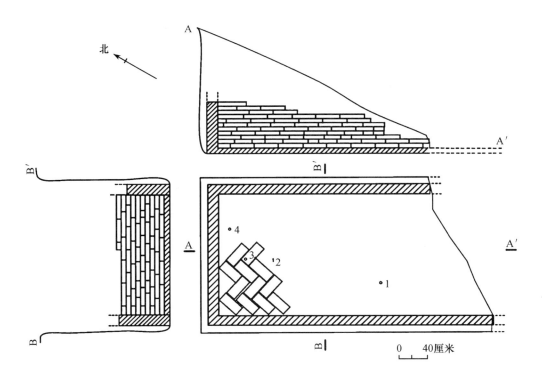

图一三九　04BLM2 平、剖面图

1、2. 铜钗　3、4. 瓷盏

（4）04BLM2

位于第Ⅴ区的东北角，在04T0305西部。

为长方形砖室墓，方向158°，墓室残长4.1米，宽1.86米，残深0.7米。四壁用长方形青砖错缝平砌而成，墓底用长方形青砖呈人字形平铺，葬具与人骨架已腐朽，葬具不清，葬式不明。该墓出土了随葬器物4件，其中瓷盏2件，残铜发钗2件（图一三九）。

瓷盏　2件。04BLM2：1，青瓷。敛口，圆唇，弧壁，假圈足。口径7.8厘米，高3.8厘米，圈足直径3.6厘米（图一四〇，1；彩版一七，3）。04BLM2：2，青瓷。敛口，圆唇，弧壁，假圈足，外沿饰凹弦纹一周。口径8.4厘米，高3.8厘米，圈足直径4.2厘米（图一四〇，2；彩版一七，5）。

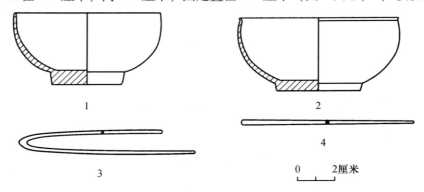

图一四〇　04BLM2出土器物

1、2. 瓷盏（04BLM2：1、04BLM2：2）　3、4. 铜发钗（04BLM2：3、04BLM2：4）

铜发钗　2件。04BLM2：3，发卡形。残长9.4，直径0.2厘米（图一四〇，3；彩版一四，3）。04BLM2：4，圆长形，一端略粗。长9.2厘米，中间直径0.2厘米（图一四〇，4）。

（5）04BLM3

位于第Ⅴ区的东北角发掘区，在04T0208内。为刀形砖室墓，方向157°，墓室长4.95米，宽1.1米，残深0.6米。墓壁采用两种不同菱形花纹的长方形青砖错缝平砌而成，墓底多用半头砖平铺，葬具与人骨架已腐朽，葬具、葬式不明。无随葬器物出土（图一四一）。

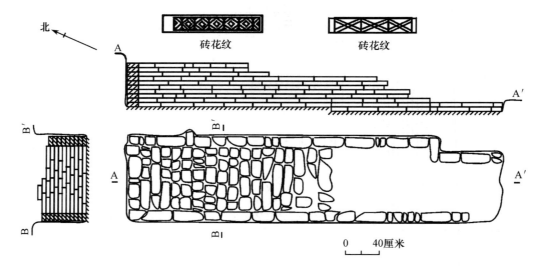

图一四一　04BLM3平、剖面图

（6）04BLM4

位于第Ⅴ区的东北角发掘区，在04T0107内。为长方形券顶砖室墓，方向159°，残长2.34米，宽1.14米，残深0.88米。墓壁用长方形青砖错缝平砌而成，该墓破坏严重，券顶已不复存在，墓底多用半砖平铺，葬具与人骨架已腐朽，葬具不清，葬式不明。无随葬器物出土（图一四二）。

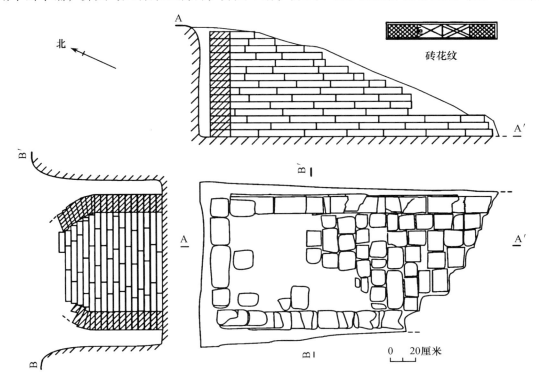

砖花纹

图一四二　04BLM4平、剖面图

（7）04BLM5

位于第Ⅴ区的东北角发掘区，在04T0108和04T0208内。为刀形券顶砖室墓，方向157°，长4.96米，宽1.2~1.28米，残深1.43米。墓室挤压变形，西北向设置有排水沟，墓室四壁用长方形青砖错缝平砌而成，券顶部分已严重破坏，墓底用长方形青、红两色砖呈人字形平铺。葬具与人骨架已腐朽，葬具不清，葬式不明。无随葬器物出土（图一四三）。

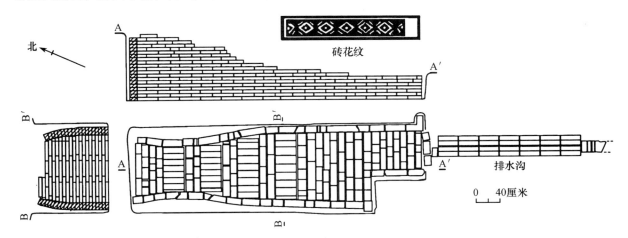

砖花纹

排水沟

图一四三　04BLM5平、剖面图

（8）04BLM6

位于第Ⅴ区的东北角发掘区，在04T0108内。长方形券顶砖室墓，残破。方向173°，墓室残长2.92米，宽1.42米，残深0.8米。墓底用长方形青砖错缝平砌而成，墓底用长方形青砖由北向南横向平铺三排再直向平铺二排，再横向平铺三排铺底，葬具与人骨架已腐朽，无随葬器物出土（图一四四）。

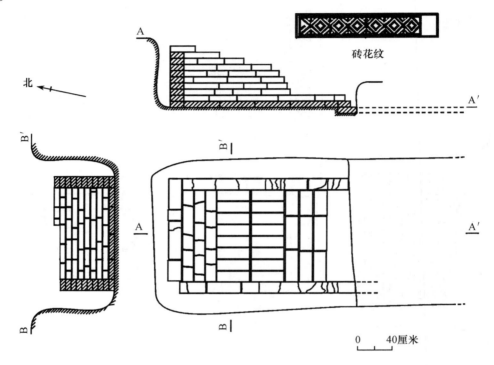

图一四四　04BLM6平、剖面图

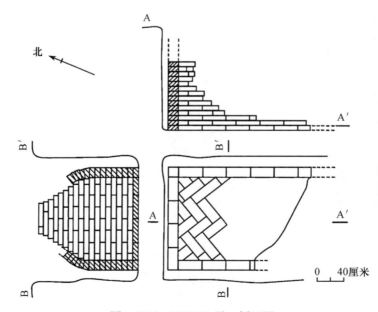

图一四五　05BLM1平、剖面图

（9）05BLM1

该墓位于第Ⅱ区的05BLT20南部，开口于第2层下，并打破生土层。该墓为长方形券顶砖室墓，南半部分已经被破坏，残长2.26米，宽1.68米，距地表深0.5米。墓圹为长方形花纹砖垒砌，墓底北部铺有同等型号地砖，墓底距地表1.8厘米，花纹砖型号较大，长约39厘米，宽16厘米，砖一侧有菱形花纹，墓向162°，其葬具和具体葬式不明。由于该墓被破坏，没有出土任何其他遗物（图一四五）。

（10）05BLM2

该墓位于第Ⅱ区05BLT7南部，开口于第2层下，墓底打破生土层。该墓为长方形券顶砖室墓，墓内填土为五花土，墓圹为大小不一的砖块垒砌而成。长2米，宽1.5厘米，墓顶被破坏，墓底长1.8厘米，宽1.7厘米，距地表0.54米，墓底南部也有铺地砖，地砖型号不等，墓向165°。墓内遗物基本上腐烂殆尽，看不出葬具和葬式，仅出土3枚铜钱（图一四六）。

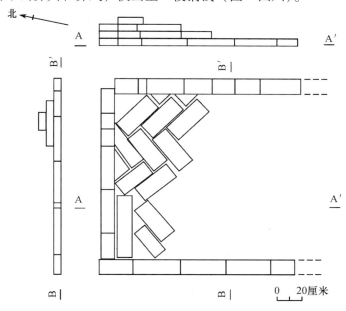

图一四六　05BLM2平、剖面图

（11）05BLM3

该墓位于第Ⅱ区05BLT8内，开口于第2层下，墓底打破生土层。墓顶被破坏，推测为长方形券顶砖室墓，长1.8厘米，宽1.2厘米，墓底长2米，宽1.4米，墓底距地表1.2厘米，墓向160°。墓圹为长条形砖块垒砌而成，墓内填土为五花土。墓内遗物基本上腐烂，看不出葬具和葬式，仅剩少量碎灰陶片（图一四七）。

（12）99BLM6

位于遗址第Ⅴ区99T531。为单室砖墓，墓室呈长方形，前部残失，券顶，使用几何纹青灰色砖砌筑。残长2.4米，宽2米，高1.8米，方向为200°。遗物皆被盗空（图一四八）。

（13）06BLM8

位于雷家坪一组的张家坡发掘区。方向192°，长方形券顶砖室墓。墓室残长4.28米，宽1.78～1.84米，残高0.28～1.66米。墓壁以单砖错缝叠砌，自下而上叠砌17层以楔形砖起卷，铺地砖为条砖两横两竖错开平铺。墓砖为36厘米×19厘米×6厘米，墓砖一侧平面饰绳纹，侧面饰菱纹。墓内填土为灰黑、灰黄色。葬具已朽烂，人骨架不存，葬式不明。因早期被盗，随葬器物散乱在墓室内（图一四九）。

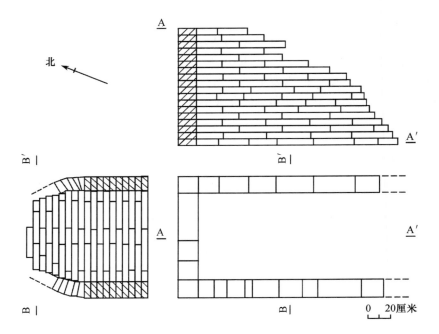

图一四七　05BLM3 平、剖面图

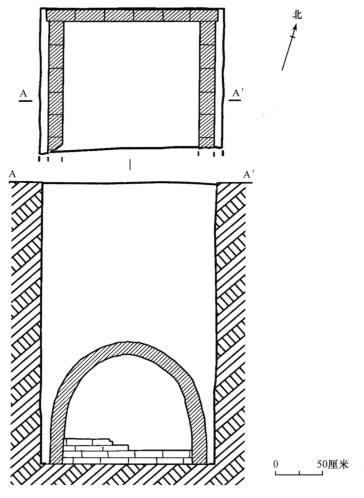

图一四八　99BLM6 平、剖面图

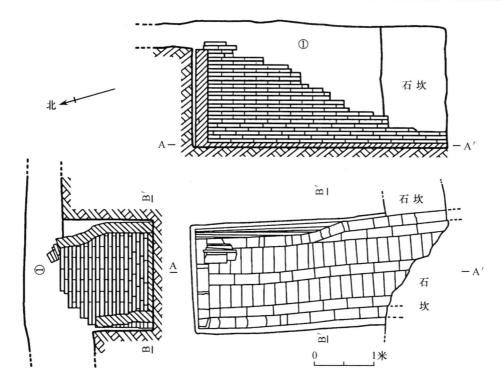

图一四九　06BLM8 平、剖面图

随葬器物共 13 件，质地分为铜、树脂、玻璃、银、铅、铁质。

铜钱　4 枚，为"剪轮五铢"和"五铢"铜钱，直径 1.9～2.3 厘米。

玻璃珠　86 颗。06BLM8:4-1～4，玻璃质，有蓝绿、黑、白、赭红、黄色。直径 0.14～0.5 厘米之间（图一五〇，2）。

琥珀动物坠饰　1 件。06BLM8:3，为小动物坠饰，长 2.5 厘米，宽 1.3 厘米，高 1.3 厘米（图一五〇，1；彩版一四，4）。

银销　4 枚。形状相同。06BLM8:5，钉形，已弯曲，长 0.7 厘米（图一五〇，3）。

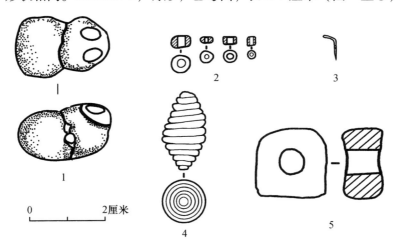

图一五〇　06BLM8 出土器物

1. 琥珀动物坠饰（06BLM8:3）　2. 玻璃珠（06BLM8:4-1、4-2、4-3、4-4）　3. 银销（06BLM8:5）　4. 银饰（06BLM8:7）
5. 铅坠（06BLM8:6）

银饰　1件。06BLM8：7，用直径银条盘成螺旋状，中间大，两头小。长2.1厘米，直径1.3厘米，重14.3克（图一五〇，4；彩版一四，2）。

铅坠　1件。06BLM8：6，方形，中空。边长0.9厘米，厚0.5厘米，重10克（图一五〇，5）。

铁器　1件。06BLM8：10，残长7厘米，宽2.3厘米，厚0.3厘米。

（14）06BLM5

位于雷家坪一组的王家湾发掘区。方向165°，刀形券顶砖室墓。墓室残长4.93米，宽0.8～1.3米，残高0.54～0.84米。墓壁以单砖错缝叠砌，铺地砖为条砖作"人"字形平铺。墓砖为37厘米×16厘米×6厘米，侧面饰几何纹。墓内填土为五花土。葬具已朽烂，葬式不明。因早期被盗，未出土任何遗物（图一五一）。

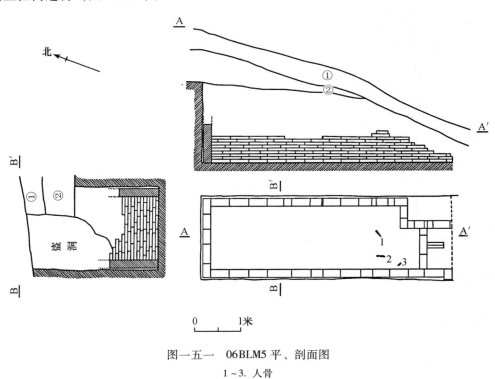

图一五一　06BLM5平、剖面图

1～3. 人骨

3. 土坑墓

1座，编号97BLM3。

97BLM3位于97BLT102西部。为长方形竖穴土坑墓，长1.52米，宽0.78米，深0.2米。墓内填土为黑色，土质较松软，其间夹杂有少量陶片和六朝青瓷片。墓内有一些石块和铺底墓砖，墓内未发现骨架和其他遗物（图一五二）。

二、灰坑形制、灰坑与地层出土物

1. 灰坑形制

共发现6个灰坑，分椭圆形和长方形两种。其中椭圆形灰坑4个，长方形2个。

（1）椭圆形灰坑

97BLH4　位于97BLT302的西北部及扩方内，开口于第2层下，打破97BLH5。坑内堆积为黑

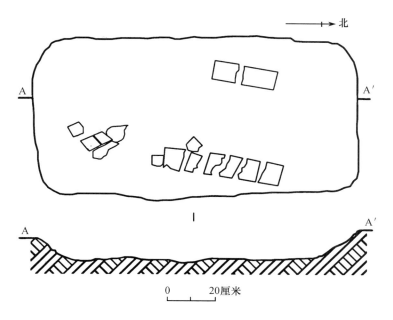

图一五二　97BLM3 平、剖面图

灰土，含有较多的红烧土块、木炭、瓷片和少量陶片。出土物主要以青瓷为主，多施釉不及底，釉面有开片。瓷土较纯净，瓷片断口呈灰白色。陶片以泥质灰陶为主，多布纹瓦和绳纹，器形有碗、罐、盆和鸡首壶等，另外还有石斧、铁刀、铜装饰品和铜钱等。口径 3.15~3.85 米，深 0.55 米（图一五三）。

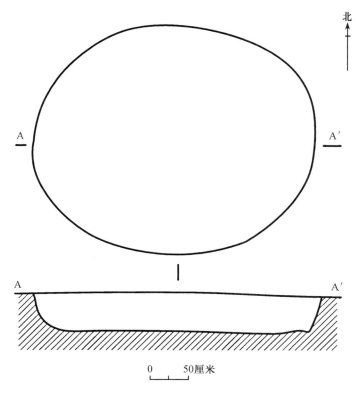

图一五三　97BLH4 平、剖面图

97BLH5　位于97BLT302及扩方南部，并伸入97BLT301中。开口于第2层下，并被97BLH4打破。坑口为椭圆形，斜直壁，平底。填土为黑灰色，质地较软，夹杂大量的木炭和烧土块，还有红砂粒、砖头和石头等。出土遗物以瓷片为主，均为青釉。最大径3.5米，深0.5米（图一五四）。

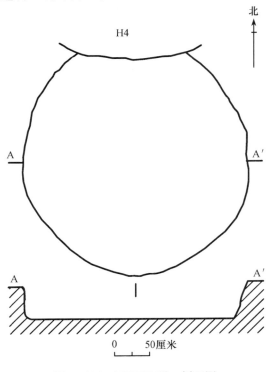

图一五四　97BLH5平、剖面图

99BLH1　位于T401东部，开口于第2层下。发掘一部分。黑色土，较疏松，夹杂陶片、石器、瓷片等。南北宽1.9米，深0.95米（图一五五）。

99BLH2　位于T401东部，开口于第2层下，被99BLH1打破。锅底形灰坑。夹杂陶片、陶纺轮、瓷片等。南北宽1.1米，深0.8米（图一五五）。

（2）长方形坑

97BLH6　位于97BLT401东部，开口于第1层下，打破第2层。平面接近圆角长方形。填土为黑褐色，含有瓷片、陶片，西部多石块。长1.95米，宽1.26米，深0.65米（图一五六）。

97BLH7　位于97T302东南角，开口于第2层下，打破97BLG1。坑口长方形，口略大，平底，斜直壁。坑内填黑色土，含有大量石块、红烧土块、砖块和少量炭渣。遗物有青瓷片。长1.92米，宽1.38米，深0.44米（图一五七）。

2. 灰坑与地层出土遗物

遗物有青瓷器、铁器、铜器、陶器、石器。

（1）青瓷器

瓷器胎厚，胎质较粗，呈灰白色或灰红色，有的含砂粒。釉呈青黄色，有火刺，多数无光泽，少数较光洁。釉层很薄，且不均匀，有细密的开片。釉与胎结合不好，绝大多数有剥釉现象，有的釉面基本脱落，仅在唇下凹弦纹的沟痕中尚有残留釉面。流行圆唇，厚底，不见圈足。装饰简素，流行唇下施一周凹弦纹，个别器物的口部有紫褐色点彩。整体造型笨重。个别器物在烧制过程中有

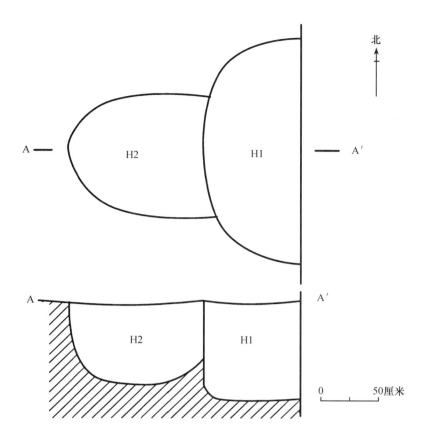

图一五五　99BLH1 和 99BLH2 平、剖面图

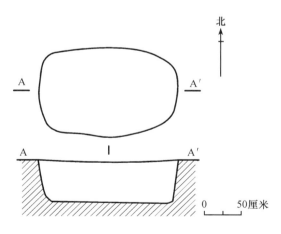

图一五六　97BLH6 平、剖面图

变形现象，如 1 件青瓷碗的残片（97BLT302③: 13），底中部张裂成 2 层（彩版一八，6）。主要器形有器盖、钵、碗、盏、盆、罐。

器盖　1 件。02BLT412③: 3，红褐色胎，胎质细腻。青黄色釉，釉层大部分脱落。子母口。平顶，顶部的纽已经残掉。顶的接近边缘处有凹弦纹一周。壁的下部外敞，外观呈倒喇叭形，在接近口唇处也有一周凹弦纹。口径 9.4 厘米（图一五八，10；图版二七，2）。

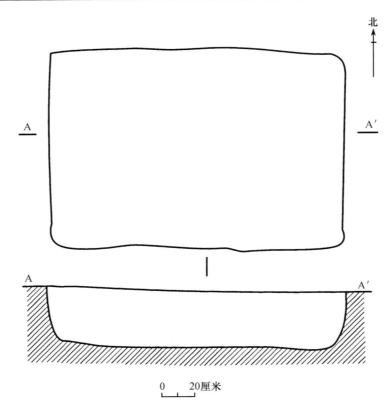

北

0　　20厘米

图一五七　97BLH7 平、剖面图

钵　1件。97BLH4：8，敞口，方唇，斜直腹，腹下部内收，平底。灰白色胎，胎质细腻。器内满施青釉，器外施釉不及底，露出灰白色胎底，口沿外侧下部有凹弦纹一周。内底有支钉痕。口径16厘米，底径12厘米，通高5.6厘米，器壁厚0.8厘米，器底厚0.9厘米（图一五八，9）。

碗　33件。分三型。

A型　方唇，8件。97BLT302③：9，直口，斜方唇，鼓腹，腹部最大径靠下，腹下部转折，假圈足。灰白色胎，胎质较细腻。通体施青釉，有细小开片，釉层不脱落，表面光滑。口沿下外侧有弦纹一周。内壁半釉。内底面旋削下凹明显。口径10.5厘米，底径6厘米，通高3.6厘米，器壁厚0.6厘米，器底厚0.6～0.9厘米（图一五八，1）。97BLH5：37，敞口，方唇较薄，鼓腹，腹部最大径靠下，腹下部内收，平底。灰白色胎，胎质坚密。通体施淡青色釉，釉层较薄，有细小开片，釉层保存较好。外壁口沿下部凹弦纹一周，弦纹内有积釉现象。口径19厘米，底径10厘米，通高6厘米，器壁厚1厘米，器底厚1.5厘米（图一五八，2）。02BLT407②：1，方唇，直口，腹壁斜直，平底。青釉，半釉，釉面剥落。口下有一周凹弦纹。口径11厘米，底径5.4厘米，高4.2厘米（图一五八，3）。97BLT415③：3，敞口，圆方唇，斜直腹，平底。灰白色胎，胎质细腻。外壁施青釉，釉层大部分脱落。外壁口沿下有凹弦纹一周。口径18厘米，底径11厘米，通高6.5厘米，器壁厚0.5厘米，器底厚1.5厘米（图一五八，4）。97BLH5：27，直口，方唇，斜腹，下部内收，平底。灰白胎，通体施青釉，碗内釉层已脱落殆尽，器外釉层较明显。口沿下外侧有两周凹弦纹，弦纹内有积釉的现象。口径13.6厘米，底径8.8厘米，通高5.2厘米，器壁厚1.2厘米，器底厚0.8厘米（图一五八，5）。97BLH5：11，敞口，方唇，鼓腹，最大径靠下，腹下部内凹，与器底形成较大的夹角，假圈足。灰白色胎，胎质细腻。通体施淡青釉，器内壁釉色不单纯，并有细小斑点，器外壁釉层大部分脱落。口唇施褐色点彩。外侧口沿下部有凹弦纹一周。内底有7个长方形粗大的支钉疤痕，外底有切割轮纹线。

口径 17 厘米，底径 10.5 厘米，通高 5 厘米，器壁厚 1 厘米，器底厚 1 厘米（图一五八，6；彩版一九，2、3）。97BLH4：7，敞口内敛，方唇，鼓腹，下腹转折，假圈足。灰白色胎。器内不施釉。器外腹部中央有刻划纹一周，外壁施满青釉，内壁半釉，釉层厚，釉面大部分脱落。外壁口沿下有凹弦纹两周。口径 10.8 厘米，底径 6 厘米，通高 4.5 厘米，器壁厚 0.6 厘米，器底厚 0.9 厘米（图一五八，7；图版二八，6）。97BLT302③：10，敞口稍内敛，方唇，鼓腹，腹部最大径靠上，腹下部内收，内凹底。灰白色胎质，质地细密。施青釉，器内外都施釉到口沿下部，器物口沿釉层被刮去一周，露出灰白色胎质，釉层有细小开片。外侧口沿下部有凹弦纹一周，弦纹内有积釉。口径 15 厘米，底径 10 厘米，通高 6 厘米，器壁厚 1 厘米，器底厚 1 厘米（图一五八，8；彩版一六）。

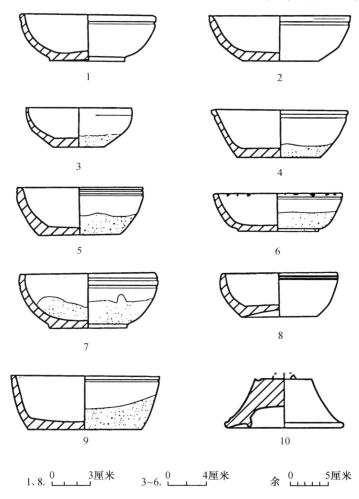

1、8. $\frac{0\quad\quad 3厘米}{}$　3~6. $\frac{0\quad\quad 4厘米}{}$　余 $\frac{0\quad\quad 5厘米}{}$

图一五八　六朝时期 A 型碗、器盖、钵

1~8. A 型碗（97BLT302③：9、97BLH5：37、97BLT407②：1、97BLT415③：3、97BLH5：27、97BLH5：11、97BLH4：7、97BLT302③：10）　9. 钵（97BLH4：8）　10. 器盖（97BLT412③：3）

B 型　圆唇，16 件。02BLT412③：1，口微敛，尖圆唇。下腹弧收，平底。青釉，施半釉，釉面有脱落现象，口外侧有一周凹弦纹。口径 10 厘米，高 4 厘米，底径 6 厘米（图一五九，1；图版二八，3）。99BLT403④：1，圆唇，底稍内凹。口沿下有凹弦纹二周。青釉，半釉，有细小开片，有剥釉现象。口径 15.6 厘米，底径 10 厘米，高 5.4 厘米（图一五九，2；图版二八，1）。97BLT414②：1，敞口，尖圆唇，腹略鼓，最大径偏上，腹下部内收，平底。灰白色胎。青釉，器内外施半釉，釉部分脱

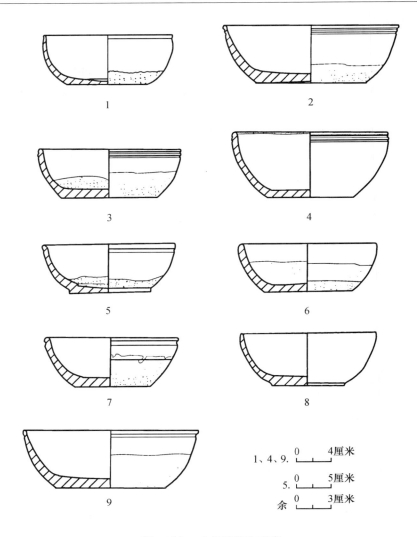

图一五九　六朝时期 B 型碗

1. 97BLT412③：1　2. 99BLT403④：1　3. 97BLT414②：1　4. 97BLH5：25　5. 97BLH5：2　6. 97BLH5：18　7. 97BLH5：1
8. 97BLH4：33

落。外壁口沿下有凹弦纹两周，弦纹内有积釉现象。口径 16.4 厘米，底径 11.2 厘米。通高 5.6 厘米，器壁厚 0.8 厘米，器底厚 1.2 厘米（图一五九，3）。97BLH5：25，敞口，圆唇，腹略鼓，平底。灰白色胎，胎质不纯，夹砂。通体施青釉，口唇刮釉一周。器外表面有垂釉现象，胎釉结合牢固，没有脱落现象。釉面有光泽，有细小突起，不甚光滑。底折角处有浅白色桃形黏印痕迹。有口径 13.5 厘米，底径 7.5 厘米，通高 5.7 厘米，器壁厚 0.6 厘米，器底厚 0.9 厘米（图一五九，4；彩版一八，3、5）。97BLH5：2，敞口，尖圆唇，腹略鼓，腹部最大径靠下，假圈足。灰白色胎，胎质较粗，断茬处可以观察到较多小孔隙。施青黄釉，釉色不均匀。内半釉，外半釉，外壁有流釉现象。口沿下宽凹弦纹一周，内底有细凹弦纹一周。口径 12.2 厘米，底径 7 厘米，通高 4.2 厘米（图一五九，5；彩版一八，1）。97BLH5：18，敞口稍内敛，圆唇，腹略鼓，腹下部内收，平底。灰色胎，胎中夹杂砂，在靠近底部有一黑石子突出，穿过釉层裸露于外。器物通体施青釉，口唇无釉。釉层不均匀，上有较多黑点，釉层部分脱落。口径 20 厘米，底径 10.4 厘米，通高 5.6 厘米，器壁厚 0.8 厘米，器底厚 1.2 厘米（图一五九，6；彩版一九，6）。97BLH5：1，直口，圆唇，斜腹，腹下部内敛，平底。灰白胎，施青釉，器内壁施满釉，器外部半釉，有垂泪现象。唇下有宽凹弦纹一周，中腹有细凹弦纹一周。口径 19.5 厘米，底径 11 厘米，通高 7 厘米（图一五九，7；彩版一九，1）。97BLH4：33，敞口稍内敛，圆唇，鼓腹腹下部下折，假圈足。灰白色胎，通体施青灰色釉，釉层较薄，口部釉脱落。口径 11.8 厘米，底径 6.3 厘米，通高 4.9 厘米（图一五九，8）。99BLT403④：2，圆唇，底稍内凹。口沿下有凹弦纹二周。青釉，内满釉，外半釉，有剥釉现象。口径 20.6 厘米，底径 12.4 厘米，高 7.4 厘米（图一五九，2；图版二九，3）。97BLH5：9，敞口内敛，尖唇，腹略鼓，最大腹径位于中部，腹下部内收，平底，假圈足，足边缘修整圆滑。灰白色胎，胎质较细腻。内满釉，外釉不到足。内外釉全部脱落。内底有凹弦纹二周。口沿下有凹弦纹一周。口径 15.2 厘米，底径 7.2 厘米，通高 5.6 厘米，器壁厚 0.8 厘米，器底厚 1.6 厘米（图一六〇，1）。97BLH4：10，壁斜直，内底有支钉痕 8 个。唇下有凹弦纹一周。灰白色胎，胎质坚密内壁满釉，外壁近底处无釉，釉面较光洁。口径 20 厘米，底径 10.5 厘米，高 5.7 厘米（图一六〇，2；彩版一五，1）。97BLH5：14，敞口，圆尖唇，斜腹，腹下部内收，平底。灰白胎，施青釉，釉层有细小开片，大部分已经脱落。内满釉，外半釉。口沿下外侧有弦纹一周。口径 16 厘米，底径 11.2 厘米，通高 5.2 厘米，器壁厚 1.2 厘米，器底厚 1.2 厘米（图一六〇，3）。97BLH4：15，直口，圆唇，斜腹，内凹底。灰色胎，胎质较细腻。施青釉，胎釉结合紧密，没有脱落现象。釉面仍有光泽。口唇无釉。口外刮划三周凹线纹，线条不规整。下腹与底边交界处残留三处黏痕。口径 16.5 厘米，底径 12 厘米，通高 4.5 厘米，器壁厚 1 厘米，器底厚约 1.5 厘米（图一六〇，4；彩版一七，1、2、4、6）。97BLH4：9，直口，圆唇，腹略鼓，最大径偏上，腹下部内敛，平底。灰白色胎，胎质坚密，夹砂粒。施青釉，器内壁施半釉，器外施半釉，釉未脱落。唇无釉，口沿内侧唇下一周旋削弦纹，外侧口沿下凹弦纹一周。口径 17 厘米，底径 11.5 厘米，通高 6 厘米，器壁厚 1 厘米，器底厚 1.2 厘米（图一六〇，5；

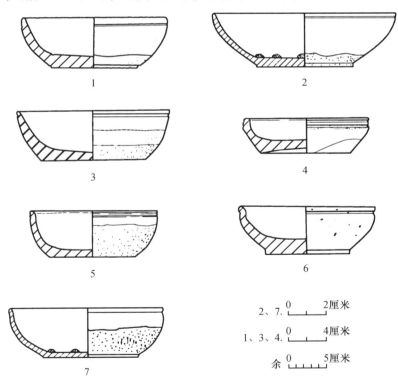

图一六〇 六朝时期 B 型碗

1. 97BLH5：9 2. 97BLH4：10 3. 97BLH5：14 4. 97BLH4：15 5. 97BLH4：9 6. 97BLT302②：1 7. 97BLH5：31

彩版二〇，2）。97BLT302②：1，直口，圆唇，斜直腹，假圈足。通体施淡青色釉，有细小开片，器内釉层保存较好，表面光滑。器外釉层上有黑色斑点，且大部分脱落。底残掉一半，所剩部分存留1个粗大方形支钉痕迹。口沿下外侧有一周凹弦纹。口径18.5厘米，底径11.5厘米，通高6.5厘米，器壁厚1.5厘米，器底厚2厘米（图一六〇，6；彩版二〇，1）。97BLH5：31，壁外弧，内底有支钉7个。灰白色胎，胎质坚密。唇下有凹弦纹一周；内壁满釉，外壁半釉。口径16.4厘米，底径10厘米，高5.2厘米（图一六〇，7；彩版一五，2）。

C型　尖唇碗，9件。97BLH5：10，敞口，尖唇，腹略鼓，假圈足。灰色胎。青釉，内外满釉，足无釉。釉面光洁，有细小开片，没有脱落现象。口沿外侧有一周细凹弦纹。口径13厘米，底径8.5厘米，通高4.4厘米（图一六一，1）。97BLH5：6，敞口，尖圆唇，腹略鼓，假圈足。灰白色胎，施青绿色釉，釉面有细小开片，器物表面光洁。内满釉，外壁釉及足。口沿下外侧有凹弦纹一周。口径11.1厘米，底径6.6厘米，通高3.9厘米（图一六一，2）。97BLH5：26，敞口，尖唇，腹略鼓，腹部最大径靠近口沿处，腹下部急收，假圈足。灰白色胎，内施满青釉，外釉不到底。口沿下外侧有凹弦纹一周。外底有支钉痕迹。口径16厘米，底径9.2厘米，通高5.2厘米（图一六一，3；彩版一九，4）。97BLT302③：5，敞口，尖唇，腹略鼓，腹部最大径靠上，腹下部急收，假圈足。灰色胎，施青

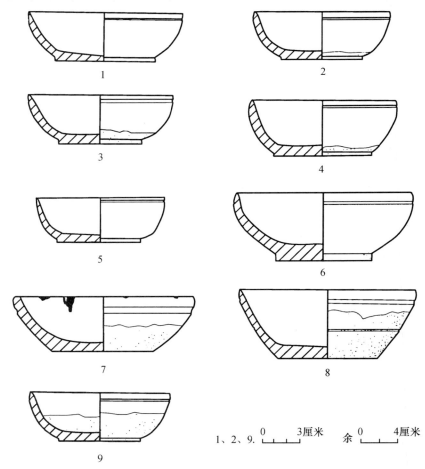

图一六一　六朝时期C型碗

1. 97BLH5：10　2. 97BLH5：6　3. 97BLH5：26　4. 97BLT302③：5　5. 97BLH4：1　6. 97BLT302③：6　7. 97BLT302③：12
8. 97BLH5：41　9. 97BLH5：15

釉，有黑褐色斑点，釉面脱落。口沿下外侧有一周凹弦纹。底残留一半，内表面剩6个等距离分布的支钉痕迹。口径16厘米，底径10.8厘米，通高8厘米（图一六一，4）。97BLH4：1，敞口，尖唇，腹略鼓，腹部最大径偏下，腹下部下折，假圈足。灰白色胎，胎质细腻，通体施青釉，釉层已经脱落，口沿下外部有凹弦纹一周。内底残留支钉痕2个。口径17厘米，底径9.2厘米，通高4.8厘米（图一六一，5）。97BLT302③：6，直口，尖圆唇，斜腹，腹下部弧收，假圈足。灰白色胎，胎质细腻，通体施青釉，但釉层基本脱落，口沿下外侧有一道凹弦纹。内壁满釉，有积釉现象，积釉处青绿色。内底有支顶钉痕迹11个。口径19.3厘米，底径10.6厘米，通高7厘米（图一六一，6；图版二七，3）。97BLT302③：12，敞口，圆唇，腹略鼓，腹下部内收，假圈足。灰白色胎质，夹有砂粒，内表面有砂粒凸起。通体施青釉，釉层有较多斑点，颜色不纯正，口沿内部釉色还呈现暗红色斑块，釉层多已脱落露出灰白色胎体。外侧口沿下部有凹弦纹一周。口径18厘米，底径10厘米，通高5.5厘米（图一六一，7；彩版一八，2）。97BLH5：41，直口，圆唇，斜直腹，腹下部内收，平底。灰白色胎质，器内壁施暗青色釉，釉面粗糙有细小开片。外壁施淡青釉，有垂釉现象，外壁腹部无釉区有细弦纹一周。口径19.5厘米，底径11厘米，通高7厘米（图一六一，8）。97BLH5：15，敞口，尖圆唇，腹略鼓，假圈足。灰白色胎，通体施青绿色釉，釉面有细小开片，器物表面不光洁，有较多毛刺。口沿下外侧有凹弦纹一周。口径11.8厘米，底径6.6厘米，通高4.3厘米（图一六一，9）。

盏　12件。分二型。

A型　弧腹，6件。97BLH4：3，深弧腹，平底，假圈足。褐色胎，夹砂粒，内表面有砂粒凸起。内壁满釉，青黄釉。外壁釉到足边。足底黏一大片圆饼状泥，泥片一侧边缘圆滑，一侧边缘压薄，有一小部分的边缘被抹压抻长，相外卷黏于足的外侧。泥片的底面还黏结小石子。口径7.6厘米，底径7.4厘米，高3厘米（图一六二，1；图版二八，5）。97BLH4：6，敞口，尖唇，腹略鼓，腹下部弧收，假圈足，器底较厚，整个器形显得厚重。灰白色胎，胎质细腻，釉层基本脱落，看不出颜色。口沿下部外侧有凹弦纹一周，器底外侧也有凹弦纹一圈。口径7.8厘米，底径5厘米，通高3.4厘米（图一六二，2）。02BLT412③：2，圆唇，直口，平底，腹壁斜直，近底部稍内收。青釉，半釉，釉面剥落。口下有一周凹弦纹。口径9厘米，底径4.4厘米，高4厘米（图一六二，3；图版二八，2）。97BLH5：20，敞口稍内敛，圆唇，腹略鼓，最大径偏下，腹下部内收，假圈足。灰白色胎，夹大砂粒。内满釉。釉为灰青色，有细小开片。器物表面不光滑，内壁有2个胎内夹的大砂粒呈乳钉状凸起，釉面剥落较严重。器外釉色呈青灰色，施釉及底，器外底面无釉。釉层也有脱落。口径8.1厘米，底径5.4厘米，通高3.3厘米（图一六二，4）。97BLH4：17，敞口，圆尖唇，器腹下部下折，假圈足。器内壁器腹和器底相交处有一凸起。

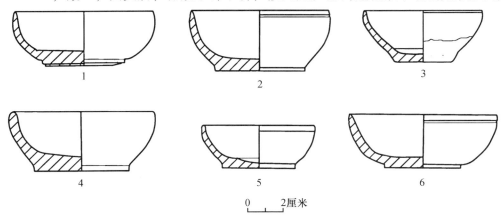

图一六二　六朝时期A型盏

1. 97BLH4：3　2. 97BLH4：6　3. 02BLT412③：2　4. 97BLH5：20　5. 97BLH4：17　6. 97BLH5：17

灰色胎。通体施青灰色釉，但釉层已大部分脱落，器物表面不光滑。口沿下部外侧有弦纹一周，碗里面的壁底交界处有二周细弦纹。碗心向下凹陷，外底平。口径6.4厘米，底径4.2厘米，通高2.4厘米（图一六二，5；彩版一八，4）。97BLH5：17，敞口稍内敛，尖唇，腹略鼓，腹部最大径偏下，腹下部急收，假圈足。灰白色胎质，通体施青釉，足无釉。釉层有细小开片，部分釉面剥落，外侧口沿下部有宽凹弦纹一周。内外底均无支钉痕迹。口径8.4厘米，底径4.9厘米，通高3厘米（图一六二，6）。

B型　折腹，6件。97BLT303③：1，直口，尖唇，斜直腹，口腹相接处弯折度较大，腹折明显。假圈足，器底面有斜削痕迹，未修整。内底心有一圈凹弦纹。灰白色胎，夹大砂粒。釉层已脱落。口径7.2厘米，底径3.6厘米，通高2.3厘米（图一六三，1）。97BLH5：3，直口，尖唇，斜直腹，假圈足，底中心稍凸起。红褐色胎，器表施青釉，釉层大部分脱落。口沿下有凹弦纹一周。口径7.8厘米，底径4厘米，通高3厘米，器壁厚0.4厘米，器底厚0.6厘米（图一六三，2）。97BLH5：12，直口，尖唇，圆折腹，转折处器壁较厚。假圈足，粘连垫饼，形成台阶状双层底。灰白色胎质，施青釉，釉层大多已脱落，口沿较宽，外部有凹弦纹一周，器内底也有凹弦纹一圈，中心下凹。口径8.4厘米，底径4厘米，通高2.4厘米，器壁厚0.4~0.6厘米，器底厚1厘米（图一六三，3；图版二八，4）。97BLH5：16，直口，尖唇，口腹转折处幅度较大，斜直腹，腹下部转折，假圈足。红褐色胎质，施淡青釉，但釉层基本上已脱落。外侧口沿下内凹弦纹一周。口径7.6厘米，底径4厘米，通高3厘米，器壁厚0.4厘米（图一六三，4）。97BLT302③：2，直口，尖唇，斜直腹，到底部急内收。假圈足，内底面下凹，外底面平整。灰白色胎，胎质细腻。施青釉，内满釉，外半釉。釉层较薄，内壁保存好，外壁釉大部分脱落。口径7.4厘米，底径4厘米，通高2.3厘米，器壁厚0.4厘米，器底厚0.8厘米（图一六三，5）。97BLT302③：15，直口，圆唇，折腹，下腹壁内弧，形成较高的假圈足。灰白色胎，施灰青釉，内壁和底满釉。外半釉，釉层大部分脱落。口下有弦纹一周。口径7.4厘米，底径4厘米，通高2.8厘米，器壁厚0.4厘米，器底厚0.8厘米（图一六三，6）。

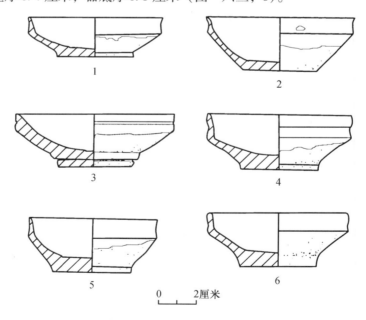

图一六三　六朝时期B型盏
1. 97BLT303③：1　2. 97BLH5：3　3. 97BLH5：12　4. 97BLH5：16　5. 97BLT302③：2　6. 97BLT302③：15

盆　3件。分三型。

A型　曲腹，1件。97BLT302③a：3，直沿，腹内曲，假圈足，平底。灰白胎，青釉，内满釉，外釉接近足部。内底有7个支钉痕。腹中部有凹弦纹一周。口径20厘米，底径11厘米，高8.4厘米（图一六四，2；彩版一五，3）。

　　B型　斜折沿，1件。97BLH5：30，青釉。底已残掉。沿内面有一周凹弦纹，腹内壁有刻划的波浪纹。腹外壁有凹弦纹二周。口径28厘米（图一六四，3）。

　　C型　折沿近平，1件。97BLT302③a：4，灰白胎，青釉，内满釉。折沿，鼓腹，假圈足，平底，内底有细小支钉痕10个。釉绝大部分已脱落，腹部偏上有三周凹弦纹。口径30厘米，底径15.2厘米，高8厘米（图一六四，1；图版二九，2）。

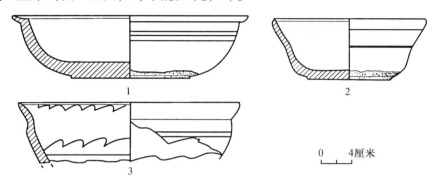

图一六四　六朝时期瓷盆
1. C型（97BLT302③a：4）　2. A型（97BLT302③a：3）　3. B型（97BLH5：30）

　　罐　5件。分二型。

　　A型　溜肩，2件。皆残。97BLH5：28，口微外敞，尖唇，肩附对称的双耳。口径12厘米（图一六五，1）。

　　B型　鼓肩，3件。复原1件，残片2件。97BLH5：7，直口，方唇，平底。肩附四耳，其中一对耳较另一对位置偏高。半釉，釉面较光洁。口径19.2厘米，底径13.6厘米，高19.6厘米（图一六五，2；彩版一五，4）。

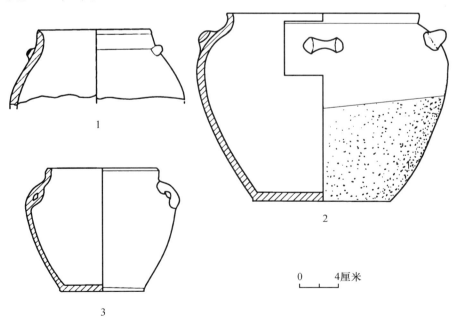

图一六五　六朝时期陶、瓷罐
1. A型青瓷罐（97BLH5：28）　2. B型青瓷罐（97BLH5：7）　3. 陶罐（97BLT302③a：1）

　　鸡首流　1件。97BLH4：16，青釉，釉面光洁，中空，冠部已残。残长4.8厘米（图一六六，1）。

　　环　1件。97BLT302③a：16，已残，横剖面近似长方形，侧面有斜向锥刺纹。直径3厘米，孔径1厘米（图一六六，2）。

　　（2）铜器

　　带钩　1件。02BLT405④：1，基本完整，近底端残断，环绕外缘饰一条细突线近头端饰一条波状细突棱线，下饰双向涡纹，由中部向底端饰双合直线纹。器形整体修长，线条流畅（图一六六，5）。

　　铜装饰品　1件。97BLH4：13，已残，残存部分状如兽形，背面扁平无纹饰，正面边缘有突棱。厚0.6毫米（图一六六，3）。

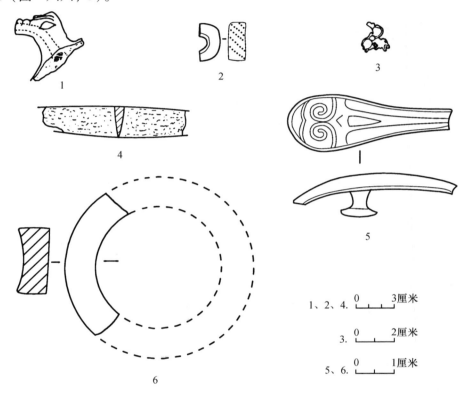

图一六六　六朝时期器物

1. 青瓷鸡首流（97BLH4：16）　2. 青瓷环（97BLT113③a：1）　3. 铜装饰品（97BLH4：13）　4. 铁刀（97BLH5：4）
5. 铜带钩（02BLT405④：1）　6. 石指环（97BLH4：47）

图一六七　六朝时期半两钱

　　半两钱　1件。97BLH5：8，部分残，圆形，方孔，钱文为“半两”，较为清晰。直径2.4，厚0.1厘米（图一六七）。

　　（3）铁器

　　刀　1件。97BLH5：4，两端均残，横剖面呈楔形，直背，弧刃，刃较钝。残长10.8厘米，宽2.4厘米，厚0.6厘米（图一六六，4）。

　　（4）陶器

　　陶罐　质地有泥质灰黑陶和褐陶两种，火候高。多为残片，可辨器形有罐和瓮等。完整器仅1件罐。97BLT302③a：1，胎质外黑内红。直口，平唇，短颈，鼓肩，肩部有对称双耳，平底。口径24厘米，底径16.8厘米，高26.4厘米（图一六五，3）。

　　（5）石器

　　石指环　1件。97BLH4：47，黑色大理石，圆筒状，表面光滑，环外侧为内凹。直径5.5厘米，宽1.8厘米，厚0.6～0.8厘米（图一六六，6）。

第九章 唐明清遗存

唐以后的遗存很少，以墓葬为主，有唐墓 8 座、明墓 5 座、清墓 2 座。在Ⅲ、Ⅳ区的个别探方地层内出土了少量的明代和清代瓷片。

一、唐　代　墓

唐墓共计 8 座，即 1997 年在第Ⅰ区发掘 1 座唐墓，1999 年和 2002 年在第Ⅴ区发掘 5 座唐墓。分别属于土洞墓、砖室墓和利用古墓圹的墓三种类型。2006 年在雷家坪一组发掘到 2 座砖室墓。

1. 土洞墓

1 座，编号 97BLM1。位于 97BLT112 的北部偏东，一部分延伸到北隔梁。墓洞长 3 米，宽 1.22 米，深 1.23 米，高 0.76 米。墓向 169°。墓口大部分被破坏，墓洞内土为红褐色，质地较软，夹杂有红烧土块、石块和属于第三期的陶片，为墓口被破坏以后流入洞内的。在墓底的墓口处垒砌三层

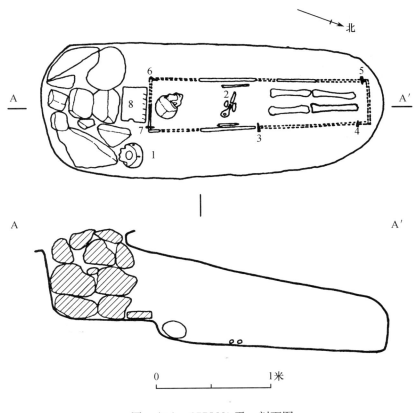

图一六八　97BLM1 平、剖面图

1. 盘口壶　2. 铁刀　3～7. 铁钉　8. 灰砖

石头，为封门石。洞室内有一成年男性骨架，保存不完整。封门石与人骨架之间（骨架头顶处）有
一块带榫卯的灰砖。灰砖的东侧紧挨石块有四系盘口壶，在骨架的腰部中央位置有环首铁刀。骨架
周围有棺木腐朽的痕迹，南宽北窄。棺木板腐朽的痕迹宽约 1.15 厘米，长 1.92 米，腰部两棺板之
间宽 0.42～0.5 米。墓底有楔形铁棺钉 5 枚，对称分布于棺灰的左右。骨架为仰身直肢葬，面部侧
向东，头向 169°，大致冲着长江，并且骨架头高足低，身高约 1.75 米（图一六八）。

　　盘口壶　1 件。97BLM1:1，灰白胎，质较粗，胎有小孔隙。尖唇，高领，溜肩，肩部有对称四
系耳，平底。肩以上施青釉，釉层已脱落。器身泥条盘筑的痕迹隐隐可见。口径 18 厘米，底径
14.4 厘米，高 28 厘米（图一六九，1；彩版二二，3）。

　　铁刀　1 件。97BLM1:2，残断，刀身横剖面为楔形，首为椭圆形环。直背，直刃，尖锋。长
25.8 厘米，宽 2.3 厘米（图一六九，2）。

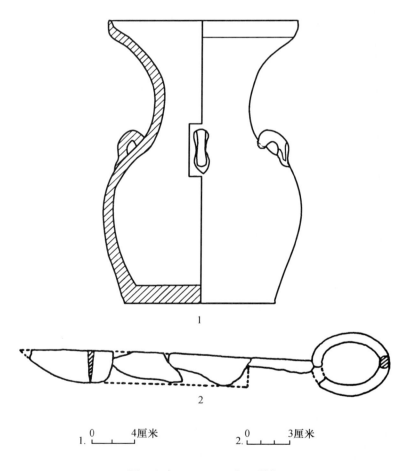

图一六九　97BLM1 出土器物
1. 盘口壶（97BLM1:1）　2. 铁刀（97BLM1:2）

2. 砖室墓

砖室墓有 5 座。

（1）99BLM3

单室砖墓。位于山之陡坡的 Ⅴ 区 99BLT501 和 99BLT502 之内。方向南偏东 10°。通长 5.4 米，
墓道长 0.8 米，宽 0.6 米；墓室长 4.2 米，宽 1.2 米，高 1.8 米（图一七〇）。

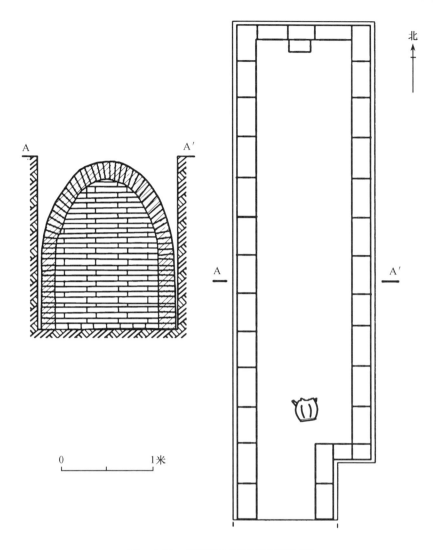

图一七〇　99BLM3 平面图与剖视图

墓口被梯田石坎打破。墓室呈长方形，墓道偏于西侧。单砖砌筑，券顶，底铺砖。墓壁和墓顶砖为灰色，砖侧壁有重菱形阳纹。墓底用素面砖铺成。在南北壁之上的墓顶使用楔形砖。墓前后两端最外一垄楔形砖的每块砖的端面是模压的一组莲纹，每组由莲花、莲蓬、莲蕾组成，是模仿圆形瓦当（图一七一，1）。砖长 36 厘米，厚 4~6 厘米。在北壁的中部，有一块砖向墓内横探出半块砖，可以承托物品。在墓门附近，发现黑瓷壶 1 件。

黑瓷壶　1 件。99BLM3:1，口残。胎为灰白色，粗胎，上半部刷一薄层黑釉。鼓肩，直腹，身呈六瓣瓜棱形。平底，假圈足，八棱直流。颈与肩交界处有錾手。腹径 16 厘米，底径 13.2 厘米（图一七一，2；彩版二二，2）。

（2）99BLM4

券顶砖室墓，位于山之陡坡的Ⅴ区 99BLT504 之内。方向南偏东 10°。墓长 5.45 米，高 1.65 米（券顶高 0.85 米），宽 1.6 米（图一七二；图版三〇，1）。墓的四壁网格纹砖错缝平砌而成，在北壁的中部，有一块砖向墓内横探出半块砖，可以承托物品。砌墙砖长 40 厘米，宽 17.5 厘米，厚 5 厘米。顶券使用上厚下薄的楔形砖。墓顶被破坏，前部的部分墙也被破坏。墓室已经被盗空，在接近墓道处填土内发现 1 件小石镞（属于二期石器，见图七三，8；图版一〇，3）。有少量人骨碎片，

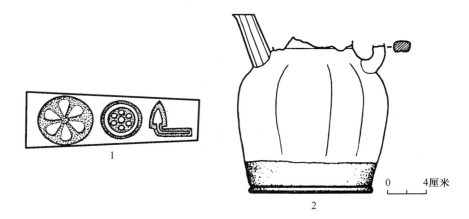

图一七一　99BLM3 出土瓷壶和砖楔形花纹

1. 楔形花纹砖　2. 黑瓷壶（99BLM3:1）

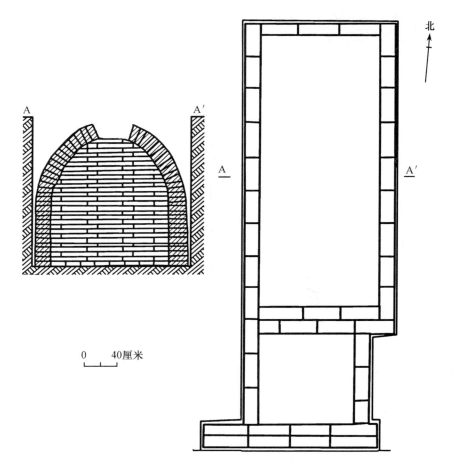

图一七二　99BLM4 平面图与剖视图

其上有火烧痕迹。

（3）99BLM5

位于山之陡坡的Ⅴ区 99BLT512 内。方向 180°。破坏较为严重，从揭露的情况来看，应为砖筑单室墓，券顶。墓圹残长 3.6 米，残宽 3 米，深 0.2 米。券顶已被完全破坏，墓室残长 3.3 米，残宽 2.7 米。墓室四壁均采用规格为 50 厘米 ×20 厘米 ×5 厘米的菱形花纹砖错缝平砌而成，墓底没有铺砖，墓砖为红色。填土中只发现若干块碎骨片（图一七三）。

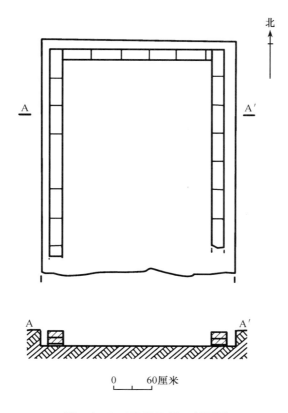

图一七三 99BLM5 平、剖面图

（4）06BLM6

位于雷家坪一组王家湾发掘区。方向 165°。长方形砖石室墓，墓室残长 1.66～1.96 米，宽 2.2 米，残高 0.86 米，墓底距地表深 0.5～1.1 米。墓壁用大小不等石块及青砖垒砌而成，墓底局部用青石及青砖平铺。随葬器物仅有器盖、板瓦（图一七四）。

器盖 1 件。06BLM6：1，灰陶，花边盖纽，短颈。直径 13 厘米，通高 8 厘米（图一七五，2）。

板瓦 1 件。06BLM6：2，灰陶，素面，平面呈梯形，上宽下窄，横剖面呈弧形。长 28 厘米，宽 8.2～22 厘米（图一七五，3）。

（5）06BLM7

位于雷家坪一组张家坡发掘区。方向 185°。刀形券顶砖室墓，墓室残长 4.94 米，宽 1.06 米，残高 1.4 米（图一七六）。墓壁单砖错缝叠砌，由下至上第 7 层改为单砖竖起平铺一层，形成咬口砖用于加固墓葬。第 18 层以楔形砖起卷，铺地砖为楔形砖直形平铺。条砖和楔形砖规格分别为 35 厘米 ×14.5 厘米 ×5 厘米、33 厘米 ×19 厘米 ×（3～4.5）厘米，条砖有两种纹饰，一种饰菱形纹，一种饰鱼鸟形纹（图一七六），有纹饰的一面均朝向墓室内。葬具已朽烂，人骨架不存，葬式不明。随葬器物零乱在室内。随葬器物 6 件，包括瓷罐 2 件、陶钵 1 件、"开元通宝"铜钱 3 枚。

陶钵 1 件。06BLM7：5，直口，斜腹内收，平底。红陶胎质，上刷一层灰黄色无光釉。器内底部和器底无釉露红胎。通高 6 厘米，口径 15.3 厘米，底径 7 厘米（图一七五，1）。

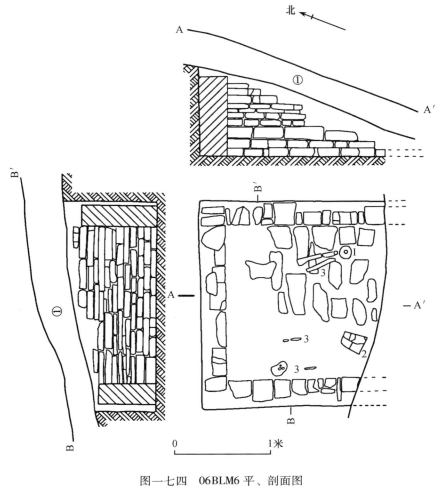

图一七四　06BLM6 平、剖面图

1. 器盖　2. 板瓦　3. 人骨

三系罐　2 件。06BLM7：1，口沿残，直领，鼓腹，平底，三竖桥耳。红陶胎质，器身连器口内都刷一层灰黄色无光釉，器底满釉，罐腹内无釉。通高 13.6 厘米，口径 10 厘米，腹径 14.7 厘米，底径 10 厘米（图一七五，4）。06BLM7：2，青瓷。残。双唇，三竖桥耳，鼓腹，平底。通高 22.5 厘米（图一七五，5）。

铜钱 3 枚。钱文"开元通宝"楷体，直径 0.25 厘米，重 6.8 克。

3. 利用古墓圹的墓

02BLM5 与 02BLM6 位于 02BLM2 墓室内，是在六期砖室墓（02BLM2）被盗破坏后，借用其墓壁，形成的特殊的墓葬形式（图一七七；图版三二，1）。

（1）02BLM5

位于 02BLM2 墓室内的中后部，向南距 02BLM2 墓室南墙 350 厘米。东西两头是利用了 02BLM2 的砖壁（图一七八；图版三二，2）。长 2.6 米，宽 2 米。平面呈长方形，黑褐填土，夹杂砖头，与 02BLM2 内的墓土相同。M5 是在下挖 02BLM2 砖框内的填土时发现的，首先遇到了点彩罐的上口，正放，当即怀疑有晚期的墓打破 02BLM2，随即努力寻找边框，确定了南北边线后，向下发掘，陆续发现罐、人骨和石块（图版三三）。此时南北土壁揭露出现存部分高度为 90 厘米，南北土壁实际高度已经无法确定。在发掘 02BLM2 时，因为顶砖被破坏掉，墓内积土挖掉后，券顶砖失去支撑

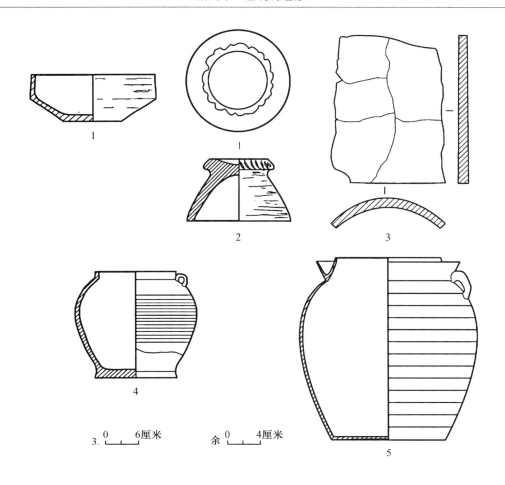

图一七五　06BLM6 和 06BLM7 出土器物

1. 陶钵（06BLM7∶5）　　2. 器盖（06BLM6∶1）　　3. 板瓦（06BLM6∶2）　　4、5. 三系罐（06BLM7∶1、06BLM7∶2）

力，只能边下挖，边适当拆除顶砖。发掘 02BLM5 时，墙壁砖从 02BLM5 的底部到拆除后墙砖顶部高度实测 90 厘米，距离原残存墓顶的高度约为 155 厘米。

墓内发现合葬人骨，共有 5 个个体。骨骼保存很差。

1 号骨架位于最北侧，头向东，头向 95°。仰身直肢，上半部的左部骨骼不全，下半部保存较好。右桡骨和左腓骨出现移动现象。头骨出现分离现象，下颌骨在原位，颅骨向东移动 10 厘米。从其他保留下的骨骼位置在正确的解剖位置上分析，可能是一次葬，下葬后有部分扰动。扰动的原因不明。现场根据骨盆鉴定是男性，根据牙齿鉴定年龄在 35～40 岁。在 1 号骨架腰部左侧有一个泡菜坛子形的粗瓷罐，罐已向东南方向倾倒。在 1 号骨架的头上发现了铁棺钉，木葬具已腐烂。

2 号骨架位于最南侧，头向东，头向 95°，一次葬，仰身直肢，保存较好。根据牙齿、头骨和盆骨鉴定属于 20～25 岁的女性。头的左上方有一个点彩罐，正放，罐口朝上。头骨右上方的石块之后有 1 件铁刀的残片。头骨北侧放着铁矛头（02BLM5∶11）。腰部左右各 1 件有青铜穿孔牌饰（02BLM5∶3）。在骨盆上有 1 件锈蚀严重的铁块，可能是腰带带具。2 号骨架的周围有石块和砖头围绕。肢骨下也有石块和砖块。在 2 号骨架头骨的正前方放置的砖是三格曲线冠点纹加树形纹砖。在右股骨头右侧有一块砖，右尺骨下端就放在这块砖上，砖为灰色，端头有 2 个五瓣花卉纹。

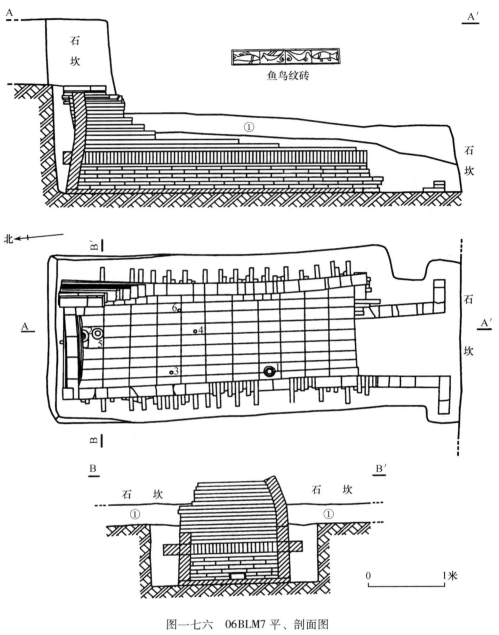

图一七六　06BLM7 平、剖面图

1. 三系罐　2. 青瓷罐　3、4、6. 铜钱　5. 陶钵

　　3 号骨架位于 2 号骨架的北侧，与 2 号骨架以"石块墙"相隔。头骨在东端，西部有少量肢骨、肋骨和骨盆，应该是二次葬。从保持较好的骨盆和股骨分析，是仰身直肢的姿势。骨骼保存较差，头骨破损大，根据头骨判断可能是男性（体质人类学研究生周蜜现场鉴定，室内鉴定由体质人类学博士张全超鉴定，下同），年龄 35～40 岁。头前有一件青瓷盘口壶，正放，壶口不存，周围没有任何瓷片，所以此壶在下葬时就已经口部残失了。在腰部盆骨上部和下部发现了青铜的蹀躞带具 4 件（02BLM5：8）。骨盆左侧下还发现 1 件铁刀（02BLM5：9），刃尖朝上。骨盆北发现 1 件铁刀（02BLM5：12）。3 号骨架的头上部和脚下部，以及右侧边都有稀疏的石块围绕。

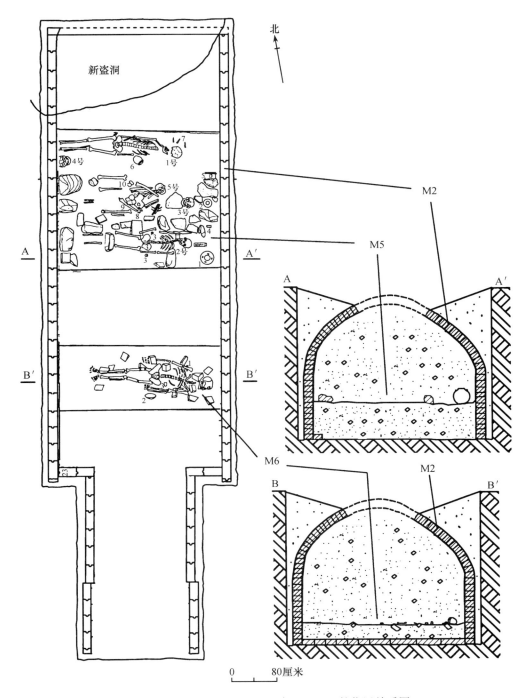

图一七七 02BLM5、02BLM6 与 02BLM2 的位置关系图

4 号头骨在 1 号骨架的左脚下，即西壁下，与其他骨骼的头向相反。只发现头骨，没有发现其他骨骼。头骨已经破碎，男性，25 岁左右。

5 号骨架位于 3、4 号之间，紧贴在 3 号骨架右侧。头在东部，被遗弃到 3 号骨架的右部。左侧股骨在西部，基本保持原位。其他肢骨和骨盆被凌乱地遗弃到 3 号骨架上。从骨骼严重缺失分析，可能属于二次葬。骨骼保存不好，根据头骨判断是成年女性。在左侧股骨头的南侧有青瓷钵残片。

在 5 号骨架的东端，在较大石块的北侧的砖头上有 1 件青铜的方形穿孔带具（02BLM5：5）。

石块在 02BLM2 墓土中没有发现，所以是 02BLM5 墓形制构成的组成部分，起到间隔的作用。

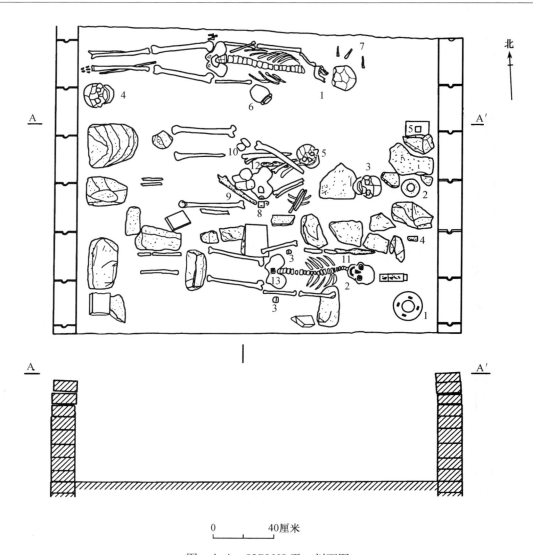

0 ——— 40厘米

图一七八　02BLM5 平、剖面图

1. 青瓷点彩瓷罐　2. 瓷壶　3. 青铜带具　4. 铁刀　5. 带具　6. 罐　7. 铁钉　8. 青铜带具　9. 铁刀　10. 瓷钵口沿
11. 铁矛　12. 铁刀　13. 铁带具

出土的瓷器4件，有罐、壶、碗、钵。

青瓷点彩罐　1件。02BLM5：1，圆唇，敛口，球腹，平底略内凹，四桥形横耳。红褐胎，胎厚。青釉，半釉，口内亦有釉，釉薄，部分釉层脱落。肩部施4个褐色点彩圆圈纹，每个圆圈由16个圆点组成。褐彩点高于青釉面。口径8厘米，腹径22厘米，高20厘米（图一七九，1；彩版二一，1、2；图版三三，2）。

三系罐　1件。02BLM5：6，粗瓷釉陶，腹径17厘米，灰褐色缸胎，胎质粗。颈和口部为酱釉，釉上又有黄色釉，有流釉现象。黄釉大部已脱落。泡菜坛子口，肩部有竖桥耳3个，耳为等距离分布。弧腹斜收，器表明显可见拉坯的螺旋形棱线。口径10.3厘米，高17.1厘米，底径12厘米（图一七九，3；图版三三，3；图版三四，2）。

青瓷壶　1件。02BLM5：2，胎质坚硬，呈乳白色。上半部施青色釉，釉均匀，施釉不到底。盘口，长颈，鼓腹，下腹斜收。平底。盘口部残失。肩部有对称的横桥耳4个，均已残去。残高22厘米，口径9厘米，最大腹径16厘米，底径10厘米（图一七九，4；彩版二一，3）。

瓷钵口沿　1件。02BLM5：10，青瓷。已残，圆唇，微敛口，口内侧有一周凹弦纹，直壁，壁与底交接处折棱明显，平底不施釉，灰褐胎，器壁内外均施釉，器底内外均不施釉。残高4.2厘米，口径15厘米（图一七九，2）。

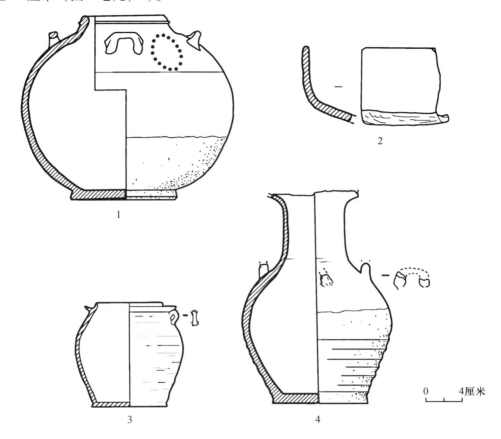

图一七九　02BLM5 出土瓷器

1. 青瓷点彩罐（02BLM5:1）　2. 瓷钵口沿（02BLM5:10）　3. 三系罐（02BLM5:6）　4. 青瓷壶（02BLM5:2）

出土铁器有刀、矛、带具（图版三四，1）。

铁刀　3件。02BLM5:9，直背，前部和中部的刃平，后部刃逐渐变宽。短挺，木柄已经朽掉。已残，断为四段，锈蚀严重残长32.4厘米，刀身长30厘米（图一八〇，8；图版三三，1）。02BLM5:12，直背，刃前窄后宽。刀身的背向后延伸成挺。残长14.8厘米，刀身长7.8厘米（图一八〇，9）。02BLM5:4，铁刀刀身中部的一段。直背，平刃。残长6.5厘米，宽2.4厘米（图一八〇，10）。

铁矛　1件。02BLM5:11，柳叶形双边刃，扁四棱尖锋，管銎开窄缝。长26.8厘米（图一八〇，11）。

铁带具　1件。02BLM5:13，锈蚀严重，形状不明。长4厘米。

铜器　7件。皆为腰带牌饰。根据出土位置分三组编号。

第一组编号02BLM5:5，1件。边长3厘米。方形，外片与底片的四边边缘卷杀，外片大，底片小，外片边长2.8厘米，铜片厚0.1厘米，外片背起4柱，与底片相连。外片与底片的间距为0.2厘米，表面有黑漆痕（图一八〇，1；彩版二二，1）。

第二组编号02BLM5:3，2件。02BLM5:3-1，舌形，边缘卷杀，背起3柱，底片有残缺，长方形穿孔。外片与底片的间距为0.2厘米。宽1.9厘米，高1.6厘米（图一八〇，2）。02BLM5:3-2，马蹄形，边缘卷杀，长方形穿孔，背起4柱。外片与底片的间距为0.2厘米，宽2.7厘米，高2厘米（图一八〇，3）。

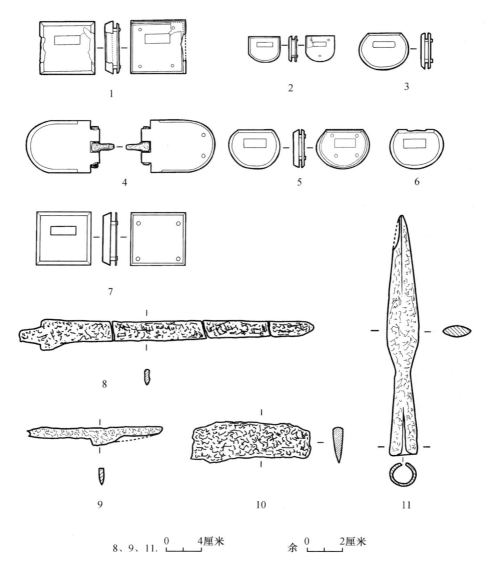

图一八○　02BLM5 出土金属器

1~4、6、7. 铜腰带牌饰（02BLM5：5、02BLM5：3-1、02BLM5：3-2、02BLM5：8-2、02BLM5：8-3、02BLM5：8-4）

5. 铜带卡（02BLM5：8-1）　8~10. 铁刀（02BLM5：9、02BLM5：12、02BLM5：4）　11. 铁矛（02BLM5：11）

第三组编号02BLM5：8，4 件。02BLM5：8-1，带卡，带卡卡身呈舌形，卡针与轴相连，轴含于卡身头端，其制法是在两端为圆形的长片的中部切割 3 个缺口，把卡针褐轴装入口内，折合长片，尾端再用两柱连接。前端平，其余边缘卷杀。外片与底片的间距为 0.2 厘米。通长 4.8 厘米，宽 3 厘米（图一八○，5）。02BLM5：8-2，马蹄形，边缘卷杀，外片背起 4 柱，与底片相连。外片与底片的间距为 2 厘米。长方形穿孔，孔长 1.2 厘米，孔宽 0.5 厘米。外片与底片的间距为 0.2 厘米。宽 2.8 厘米，高 2.1 厘米（图一八○，4）。02BLM5：8-3，大小和形状与 2 号同，但底片有残缺。表面有黑漆痕（图一八○，6）。02BLM5：8-4，边长 3 厘米。方形，外片与底片的四边边缘卷杀，外片大，底片小，外片边长 2.8 厘米，铜片厚 0.1 厘米，外片背起 4 柱，与底片相连。外片与底片的间距为 0.2 厘米，表面有黑漆痕（图一八○，7）。

（2）02BLM6

位于02BLM2的中部。土坑竖穴，利用02BLM2的东西砖壁为墓圹（图版三〇，2）。墓室东西长2.4米，南北宽1米，南北壁边界不明显（图一八一）。

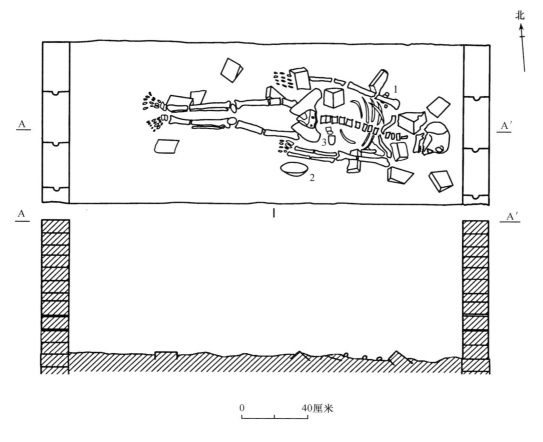

图一八一　02BLM6平、剖面图
1. 铜钱　2. 瓷碗　3. 铁带具

墓坑内有骨架一具，女性，20岁左右。头向95°。仰身直肢葬，面向南侧。墓中填土中混杂着较多的砖块。墓底下有大量砖头。这些砖头不是水平铺放，而是凌乱堆放，砖的尖角边棱突兀斜立，置于其上的长骨被压断。墓底下无砖处下沉，使得墓底高低起伏，骨架也随之起伏（图版三一）。在骨架的左手外侧有1个青瓷碗，右肱骨下出土7枚铜钱，腰部出土3件带具。

青瓷碗　1件。02BLM6:2，圆唇，口微敛，口部略残，腹斜收，矮圈足内凹。青釉，蘸釉，器里、器外均半釉，釉下有化妆土。胎呈砖红色。口径17.6厘米，高6.4厘米，底径7.5厘米（图一八二，1；彩版二一，4、5）。

铁带具　3件。02BLM6:3，锈蚀严重，整体呈长方形，末端弧状。分上下两片。残长4.4厘米，宽3.1厘米。02BLM6:1，腰带带头的饰牌，锈蚀严重，只能大致看出是长方形（图一八二，2）。02BLM6:4，锈蚀严重，只能大致看出是长方形。

铜钱　皆为开元通宝。02BLM6:5，为楷书，直径2.4厘米（图一八二，3）。

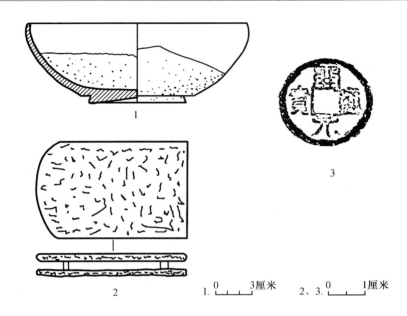

图一八二　02BLM6 出土器物

1. 青瓷碗（02BLM6∶2）　2. 铁带具（02BLM6∶1）　3. 开元通宝钱（02BLM6∶5）

二、明　代　墓

明代墓葬有砖室墓和土坑墓。

1. 砖室墓

1999 年发掘 1 座（99BLM1），被盗。2006 年发现 1 座（06BLM4），残破严重，只残留一角，无遗物出土，略。

99BLM1　小型单砖室墓。开口于第 1 层下。砖墓长 2.8 米，宽 0.8 米，高 1 米，方向 8°。因该墓前部为现代猪圈破坏，墓道形制不明。前部并有一圆形盗洞。葬具已经腐朽，遗留铁棺钉 2 枚。墓内有骨架一具，仰身直肢，为老年女性。北壁和东、西壁各有一个方形小龛。龛宽 30 厘米，高 34 厘米。头龛内有一件青瓷带柄壶（图版三五，1），头部有银簪 1 枚。南端有盗洞，盗洞内有青瓷碗 1 件。头龛下置立一方形灰砖，素面无字。长和宽各 27 厘米，厚 4 厘米（图一八三，1）。

遗物有银簪、青瓷壶、青瓷碗。

银簪　1 件。99BLM1∶2，簪体呈圆锥形，柄部为挖耳勺，颈部为 5 个串珠纹。长 9.8 厘米（图一八四，3；图版三七，1）。

青瓷碗　1 件。99BLM1∶3，缸胎，胎体粗厚，半釉，釉薄偏黄。碗壁斜直，宽圈足。口径 16 厘米，高 6.6 厘米（图一八四，2）。

青瓷壶　1 件。99BLM1∶1，缸胎，青釉未到底，釉层薄，基本脱落。平口，一侧捏出小窄流。单柄。制作较粗。通高 16.1 厘米，底径 9 厘米，腹径 12.8 厘米（图一八四，1；图版三五，2）。

2. 土坑竖穴墓

2006 年在雷家坪一组张家坡发掘 3 座。

（1）06BLM1

长方形土坑竖穴墓，方向 20°。开口在第 1 层下。墓口距地表深 0.36～0.5 米，墓坑长 2.8 米，

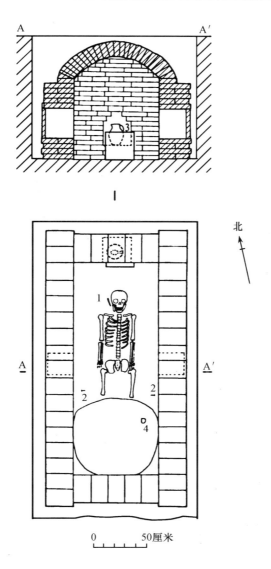

图一八三　99BLM1 平面图与剖视图
1. 银簪　2. 铁钉　3. 青瓷壶　4. 青瓷碗

宽1.1米，深0.28～0.94米。北端有熟土台，呈两层阶梯状。高台面靠北壁，上陈列陶楼、瓷碗、陶罐、钱币。低台面的前沿中部立栽一方形砖，台面有铜钱和瓷器。单人葬，头枕瓦。葬式为仰身直肢，根据墓内清理出来的棺销和铺首分析，葬具可能是木棺。出土器物28件，其中陶器3件、瓷器5件、铜钱13件（崇宁重宝1枚、弘治通宝3枚，余钱文锈蚀不清）、铁棺销3件、铁铺首4件（图一八五）。

青瓷碗　1件。06BLM1:2，敞口，圆唇，斜腹。青釉，圈足内底和圈足漏胎，为灰白胎土。通高6.4厘米，口径13.7厘米，底径6厘米（图一八六，2；图版三七，4）。

白瓷碗　1件。06BLM1:4，敞口沿外翻，斜直腹，通身施白釉。通高6.4厘米，口径13.2厘米，底径5.7厘米（图一八六，3；彩版二三，1）。

白瓷盅　3件。06BLM1:5，喇叭口，口沿稍外撇，收腹，斜壁圈足，通身施白釉，器内有一圈似玉环无釉，圈足外沿有削足，底为青花“正”字款。通高3.9厘米，口径7.1厘米，底径2.3厘米（图一八六，4；彩版二三，3、5）。06BLM1:6，喇叭口，口沿稍外撇，收腹，斜壁，通身施白

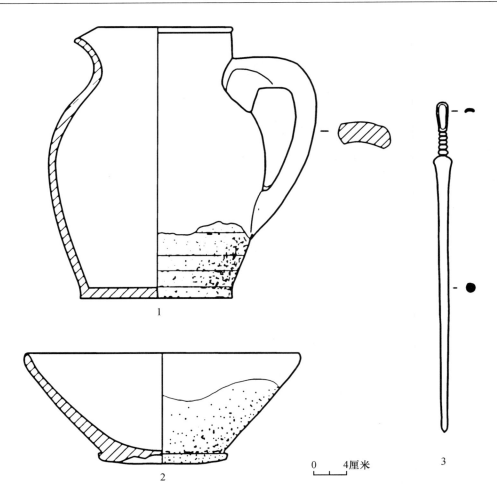

图一八四　99BLM1 出土器物

1. 青瓷壶（99BLM1:1）　2. 青瓷碗（99BLM1:3）　3. 银簪（99BLM1:2）

釉，底为青花方款。通高3.5厘米，口径6.8厘米，底径2.2厘米（图一八六，5；彩版二三，6）。

06BLM1:21，喇叭口，口沿稍外撇，收腹，斜壁，圈足，通身施白釉，器内有一无釉涩圈。圈足外沿有削足，底为青花"正"字款。通高3.8厘米，口径7.2厘米，底径2.5厘米（图一八六，6；彩版二三，4、6）。

褐釉陶罐　1件。06BLM1:3，双耳，卷沿，圆唇，溜肩，鼓腹，平底。褐色釉施到肩，腹下露青灰色胎。通身凸弦纹，底部露有红胎。通高21.5厘米，口径10厘米，腹径16.5厘米，底径8.6厘米（图一八六，1；图版三五，3）。

陶楼　1件。06BLM1:1，灰陶冥器，因破损严重，未能修复。

陶鸟形饰　1件。06BLM1:28，灰陶，形态不规整，似鸟形，用途不明。

铁棺销　3件，分别为鸟形、人形、桃形。

鸟形棺销　1件。06BLM1:7，在方钉下2厘米处焊接一鸟形饰。钉为锥形，通长27厘米，钉长21.4厘米，厚0.5~1.5厘米（图一八六，7；图版三六，4）。

桃形棺销　1件。06BLM1:8，在方钉下2厘米处焊接一桃形饰。钉为锥形，通长25.6厘米，钉长20.6厘米，厚0.5~1.5厘米（图一八六，8；图版三六，2；图版三七，2）。

人形棺销　1件。06BLM1:9，在方钉下2厘米处焊接一人形饰。钉为锥形，通长26.6厘米，

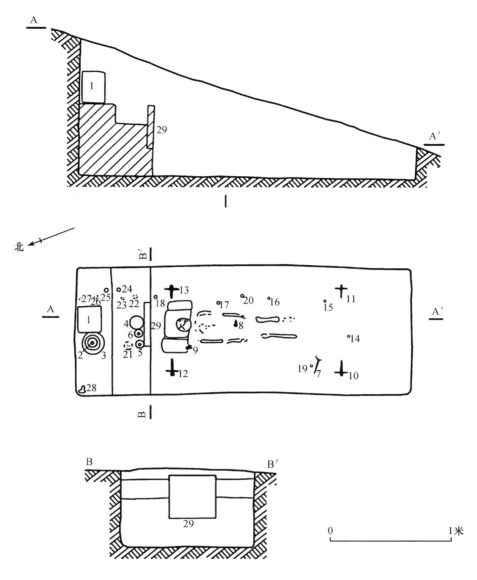

图一八五　06BLM1平、剖面图

1. 陶楼　2、4. 瓷碗　3. 陶罐　5、6、21. 瓷盅　7~9. 棺销　10~13. 铺首　14~20、22~27. 铜钱　28. 陶鸟形饰　29. 方砖

钉长21.6厘米，厚0.5~1.5厘米（图一八六，9；图版三六，1、3）。

铁铺首　4件。素面，铺盘为六面形。06BLM1：10，素面，铺盘为六面形。直径13.2厘米，环径8.5厘米，长13厘米（见图一八九，3）。

铜钱　13件。其中崇宁重宝1枚、弘治通宝3枚，余钱文锈蚀不清。06BLM1：16，崇宁重宝。北宋徽宗所铸，当十钱。06BLM1：12，弘治通宝。小平钱，明代孝宗弘治十六年（1503年）铸造。

方砖　1件。06HBLM1：29，青灰色，方形。长38厘米，宽36厘米，厚5厘米。

（2）06BLM2

长方形土坑竖穴，三人合葬墓，方向20°。墓口距地表深0.5米，墓圹为2.7米×2.7米×0.7米。坑穴内并列陈放三具木棺（图一八七）。

左侧棺，06BLM2-1，长2.2厘米，宽0.58~0.6米，深0.7米。葬一人，葬式为仰身直肢，两手在两侧，两脚八字分开。头骨下有3块枕瓦，瓦长21.5厘米，宽20~22厘米，厚1.5厘米。木

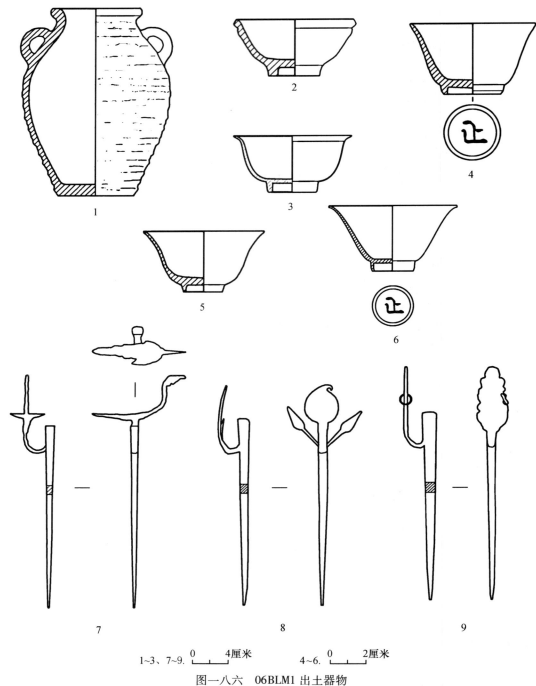

图一八六 06BLM1 出土器物

1. 褐釉陶罐（06BLM1:3） 2. 青瓷碗（06BLM1:2） 3. 白瓷碗（06BLM1:4） 4~6. 瓷盅（06BLM1:5、06BLM1:6、
06BLM1:21） 7. 鸟形棺销（06BLM1:7） 8. 桃形棺销（06BLM1:8） 9. 人形棺销（06BLM1:9）

棺内无随葬品。

　　中部棺，06BLM2-2，长 1.95 米，宽 0.58 米，深 0.7 米。葬一人，葬式为仰身直肢，两手放于腹部，两脚并拢。在脚外侧有方孔铜钱 7 枚。

　　右侧棺，06BLM2-3，长 1.9 米，宽 0.5~0.58 米，深 0.7 米。葬一人，葬式为仰身直肢，两手放于盆骨上，两脚并拢。头骨下左、右各叠放 2 块枕瓦，均反扣。脚旁有铜钱 6 枚，钱文锈蚀不清。

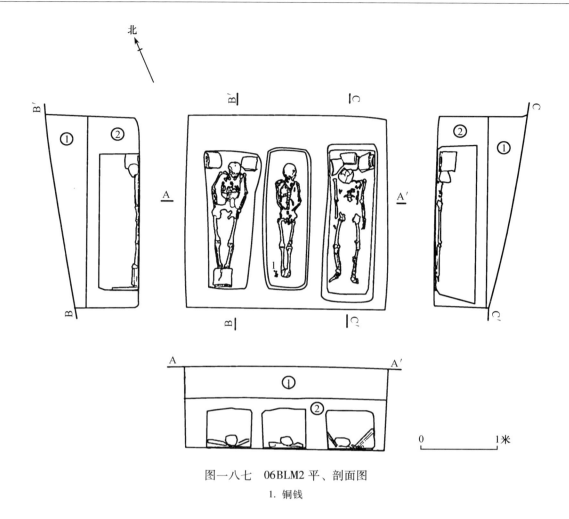

图一八七　06BLM2 平、剖面图

1. 铜钱

（3）06BLM3

长方形土坑竖穴，两人合葬墓，方向30°。墓口距地表深0.25～0.65米，墓圹为3.2米×2.28米×1.21米。坑穴内并列两具木棺（图一八八）。

左侧棺，06BLM3-1，长2米，宽0.68米，深0.56米。葬式为仰身直肢，两手放于腹部，两脚并拢，头部下有3块枕瓦，瓦长21.5厘米，宽20～22厘米，厚1.5厘米，葬具为木棺。在头部棺外出土方砖，可见零星朱红。在腹部出土玉牌1件，腿部有铜钱（钱文不清）。另有棺上的铜质铺手4件。

右侧棺，06BLM3-2，长2米，宽0.8米，深0.5米。葬式为仰身直肢，葬具为木棺。在头部棺外出土方砖，可见零星朱红。在脚旁有铜钱（钱文不清，其中有1枚有天字，可能是明代天启通宝）。

玉牌　1件。06BLM3-1∶1，正方形，鸡骨白色，正面刻有线纹，反面素面，两边有一对称锯槽。长3.3厘米，宽3.3厘米，厚0.5厘米（图一八九，1；图版三七，3）。

铜铺首　4件。06BLM3-1∶3，铺盘为六面形，素面。环径8.5厘米，面径8.5厘米（图一八九，2；图版三八，3）。另3件残破。

方砖　2件。06BLM3-1∶4，青灰色，方形。长26厘米，宽24厘米，厚4厘米。06BLM3-2∶5，青灰色，方形。长26厘米，宽25厘米，厚4.2厘米。

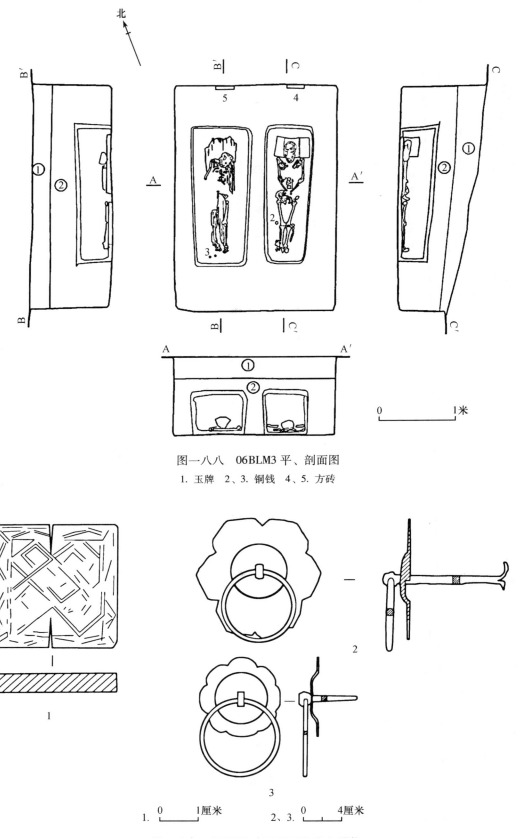

图一八八　06BLM3 平、剖面图

1. 玉牌　2、3. 铜钱　4、5. 方砖

图一八九　06BLM1 与 06BLM3 出土器物

1. 玉牌（06BLM3-1：1）　2、3. 铺首（06BLM3-1：3、06BLM1：10）

三、清　代　墓

清代墓葬发掘2座。

1. 土坑墓

1座，编号02BLM1。土坑竖穴墓，平面略呈梯形。木棺一个，保存较为完整。木棺的平面为梯形，头大尾小。棺顶板横截面为弧形，头部向外探出。两边的侧挡板也超出棺头挡板，棺尾挡板与侧挡板平齐，木棺的尾部被盗洞打穿。棺底有三根竖向条木，棺底铺有一层灰烬（图一九〇）。

棺内有骨架1具，为成年女性25～30岁，头向东北。

棺内没有随葬品。在棺外发现瓷器的残片。青花瓷盅2件，1号瓷盅已经分成两半，一半贴在棺头部顶板，一半贴在棺尾部顶板，拼对后是一件器物。2号瓷盅剩1个瓷片，贴在棺头部顶板上。这2件瓷器应该是下葬时有意打坏后，放置在棺上的。

在墓坑的西侧和南侧，即墓前，有砖头铺垫的祭祀遗迹。砖头灰色，侧面带花纹，是汉到南北朝时期的墓砖。砖头大大小小，排列也没有一定规律（图一九一）。在砖的范围内，有灰烬成片分布。砖上或砖缝隙内，有少量的瓷片。其中有酱釉鼓丁三足炉1件，已残破。

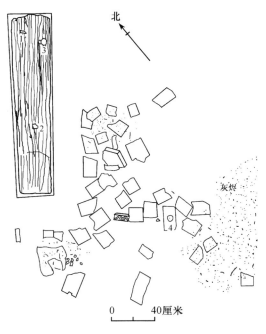

图一九〇　02BLM1墓前祭祀遗迹平面分布图

1、2. 青花瓷盅（02BLM1：1）　　3. 青花瓷盅（02BLM1：2）

4. 瓷炉（02BLM1：3）

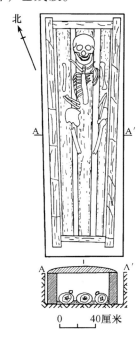

图一九一　02BLM1平、剖面图

青瓷盅　2件。02BLM1：1，口部和器身上部有残缺，直口，圆唇，圈足。白釉泛灰，红褐色胎，刮削足尖，足尖无釉，内外均有釉，外底足内荡釉。青花纹饰，外壁有点纹，点大而分布不均，内壁近底处和心部各有一点。通高3.7厘米，口径6.2厘米（图一九二，1；彩版二四，3）。02BLM1：2，口部和器身上部有残缺，侈口，圆唇，直腹，厚底，圈足。白釉泛灰，红褐色胎，刮削足尖，足尖无釉，内外均有釉，外底足内荡釉。青花纹饰，外壁有变形花草纹。通高3.5厘米，口径5.7厘米（图一九二，2；彩版二四，4）。

酱釉鼓丁三足炉　1件。02BLM1：3，方唇直口，平底，有低矮的假圈足，底部有三个小的足，碗底略内凹，器物外壁距口沿1.2厘米处有一周乳丁纹，乳丁间距0.5厘米，直径0.6厘米。外壁刷釉至折棱处，釉有开片，内壁无釉。灰色胎，胎质较粗，火候高。口径14厘米，高6.8厘米（图一九二，3；图版三八，1、2）。

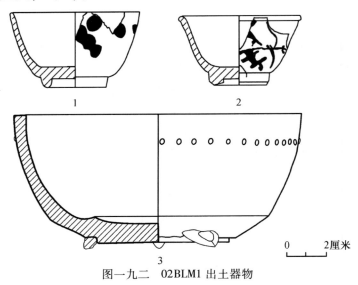

图一九二　02BLM1 出土器物

1、2. 青瓷盅（02BLM1：1、02BLM1：2）　3. 酱釉鼓丁三足炉（02BLM1：3）

2. 积石墓

1座，编号99BLM7。位于第Ⅵ区。地面有积石堆，直径约2.9米。残存一层石块，上部石头已经被取走修筑旁侧的梯田坎。石下有土坑竖穴，长1.9米，宽1米，深1.45米。未见葬具，有男性成年骨架一具，单人葬，仰身直肢（图一九三、图一九四）。墓前有一石碑，上部残失，碑首形状不明。碑石下端有凸榫，下端插立石碑座内。碑为青石板制作，现存长方形，残高133厘米，厚22厘米。碑前面楷书竖题"×清待赠故显考李公士高×登周×大之墓"（图一九五）。墓内未发现遗物。

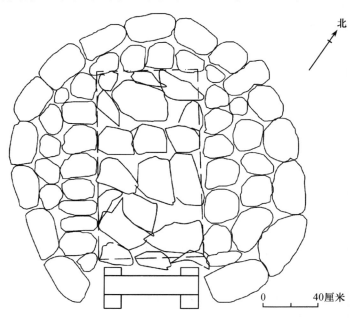

图一九三　99BLM7 墓上积石

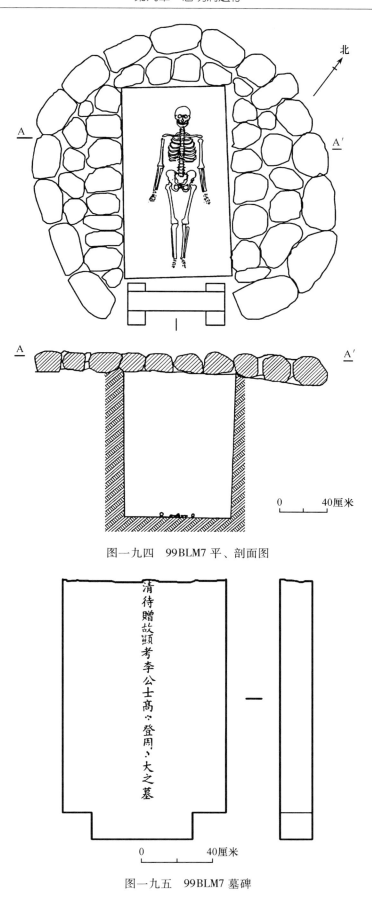

图一九四　99BLM7 平、剖面图

图一九五　99BLM7 墓碑

四、明清地层出土遗物

在 99BLT302②，02BLT401②、③，02BLT402②、③，02BLT403②、③等探方地层出土少量青花碎小瓷片。胎质灰白色，白釉或白釉泛青。青花发色较暗，花纹潦草潇洒，纹样有转轮菊、缠枝花、寿字、福字等。器形多为碗。碗圈足，足墙向里倾斜，足边缘里外刮修呈鱼背形。其中能复原的器物有 2 件。

青花碗　2 件。99BLT302②：1，瓷碗已破，能复原。胎粗。白釉混浊，花色较暗。侈口，深腹，窄圈足，挖足过肩。足边修削，无釉。外壁图案分上下两栏，每栏以 S 线分成 8 格，每格内有一枝切枝花。碗内底以青花绘螺旋式双圈栏。内心有一花草。碗外底以青花绘螺旋式双圈栏。底心有一仿印章式几何图案，为双重菱形边框，左右角绘双弧，中间填平行横线。口径 16 厘米，高 7.6 厘米，足直径 6.4 厘米（图一九六，1；彩版二四，1、2）。02BLT403③：1，瓷碗已破，能复原。胎白。白釉泛蓝，青花色艳丽。侈口，深腹，窄圈足，平底。外壁图案分上下两栏，上下栏各绘花草。口径 10 厘米，高 4.2 厘米，足直径 4.2 厘米（图一九六，2；彩版二四，5）。

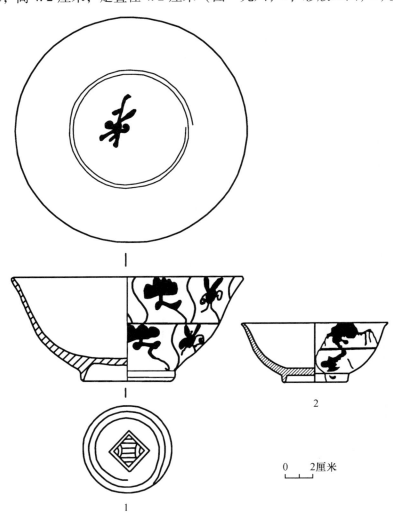

图一九六　地层出土青花瓷碗

1. 99BLT302②：1　2. 02BLT403③：1

第十章　结　　语

雷家坪遗址位于三峡之中腰，为长江中游与上游、荆楚地区与巴蜀地区文化交流的一个节点，考古资料对研究三峡历史发展十分重要。虽然遗址规划面积大，遗存历史跨度长，但是存留至今的遗迹遗物以零散分布为特点，多数地段为空地，发掘所获的各期内容并不丰富，令人遗憾！其主要原因是自然与人力的破坏较甚，房屋、陶窑等主要生活遗迹已经荡然无存。遗址中部的平台是古人长期利用的居住地，平台有土层的地方几乎都被发掘了，所得资料仍然是缺多剩少，十不存一，特别是陶器可以复原的极少，难以准确深入认识其文化内涵。两翼坡地墓葬分布零散，由于不可能全部发掘，墓葬被遗漏的可能性是存在的。通过 8 次发掘，在其全部隐入水下前抢救出大批资料，其中武汉大学的试掘和荆州博物馆的发掘资料将单独发表，对本报告涉及的 7 次发掘资料整理后，得到一些粗浅认识，现书于下，仅供研究者参考。

一、雷家坪一期年代与文化性质

雷家坪一期遗存残留很少，原生地层只分布在第Ⅳ区几个探方内。雷家坪一期遗存出土陶器破碎，复原陶容器只有 1 件，对确定其年代和文化性质带来一定困难。

雷家坪一期遗存器类有罐、钵、壶、盘、杯、盅、豆、器盖、釜、缸、鼎、盘形器、纺轮。有龙山时代开始出现的篮纹，存在少量的质量较高的磨光黑陶，为薄胎，造型轻巧而规整，有的黑陶片厚仅 0.8 毫米，有龙山文化蛋壳陶之风。釜口沿折棱锐利，沿面向外弧突的作风也与秭归仓坪遗址屈家岭文化的罐、鼎口沿相同[1]，同时也与白庙釜相同。泥质红陶壶与白庙出土的泥质陶直领小罐有近似之处。A 型盘口罐与白庙出土的Ⅱ式深腹罐相近。细泥灰陶盘与白庙出土的Ⅰ式盘相同。两地都有侧装足扁足鼎[2]。这些表现了二者存在着密切联系。唇外圆突之盘口罐与巫山跳石遗址新石器时代晚期盘口罐相似[3]。

与雷家坪一期遗存面貌最近似的是秭归县庙坪遗址的庙坪类型。如夹砂缸（99BLT402⑧：7）与庙坪缸（H12：11、T7⑥：5）相同。折沿釜（99BLT404⑧：9）与庙坪釜（H25：10、H2：14）相似。盘口罐（99BLT404⑧：10、99BLT404⑧：11）与庙坪盘口罐（T42④：1、T8⑥：5）相同。圈足（99BLT402⑧：10）与庙坪豆座（H17：4）的形态、镂孔相同。钵（99BLT402⑧：19）与庙坪钵（H25：7、T8⑥：8）相同。纺轮（99BLT402⑩：2）体扁平，周边轮廓起棱边的作风与庙坪 T7⑥：1 纺轮相似。故可以推测雷家坪一期年代在新石器时代晚期，文化性质可能属于石家河文化庙坪类型。《秭归庙坪》报告的绝对年代推断在距今 4500～4200 年[4]，可做雷家坪一期绝对年代的参考。

庙坪类型在三峡内发现不多，雷家坪一期的发现为探索庙坪类型的文化内涵增加了新资料。

---

　①　南京大学历史系考古教研室：《秭归仓坪遗址发掘报告》，《湖北库区考古报告集·第一卷》，科学出版社，2003 年。

　②　湖北省文物考古研究所：《1985—1986 年宜昌白庙遗址发掘报告》，《三峡考古之发现》，湖北科学技术出版社，1998 年。

　③　南京博物院考古研究所、重庆市文化局、巫山县文物管理所：《巫山跳石遗址第二次发掘报告》，《重庆库区考古报告集·1998 卷》，科学出版社，2003 年。

　④　孟华平、周国平主编：《秭归庙坪》，科学出版社，2003 年。

二、雷家坪二期的年代与文化性质

雷家坪二期遗存，分布在第 I 区和第 IV 区。在第 IV 区叠压一期地层之上，被叠压在含陶鬲的三期（西周）地层之下，年代亦应在二者之间。胎特薄者消失，夹炭过多的"轻陶"多见。陶器基本组合是釜、罐、小平底敛口钵、尖底器、平底杯。在遗址地层内有烧熘后严重变形的陶片，这是不能使用的陶器废品，在遗址地层内的发现，说明了陶器是遗址内烧造的。

本遗址的敛口小平底钵、S 形纹与朝天嘴 B 区早商遗存[①]和中堡岛二里头时期的遗存的钵及 S 形纹相似[②]。与之相同的贝纹和太阳纹亦见于三斗坪遗址，三斗坪的年代被推断为商晚到西周初[③]。长叶纹、贝纹、太阳纹在秭归王家坝遗址也多见，年代被推断在商代，不排除晚到西周的可能[④]。S 形纹、戳刺三角纹也见于秭归长府沱遗址，该遗址共出假腹豆，年代断在商晚期[⑤]。束颈罐口（99BLG1①:40）为泥质灰陶，颈部有 5 条阴弦纹，与老关庙上层甲组陶壶口（T②:2）相同[⑥]。

雷家坪二期遗存还有少量陶罐残片，在口沿的内面或在颈部内面或在沿背施有压印的纹饰。这种口内施纹或沿背施纹的陶器见于成都平原的宝墩文化[⑦]。

02BLT135 的第 4~7 层是雷家坪二期堆积，2003 年北京大学实验室对 T135 第 6 层出土的兽骨（标本实验室编号为 BA03055）进行 ^{14}C 测定，结果为距今 3820 ± 80 年（经树轮矫正的年代为 4175 ± 100 年）。

综合以上资料可以把雷家坪二期的年代确定在商代，上限可能进入夏代。

雷家坪二期的文化属性难以确定。有朝天嘴类型的因素，但是不见朝天嘴类型中的鸟头形器把手、三空足的盉和鬶、灯形器。与魏家梁子文化也有一定联系。有宝墩文化的因素，反映了雷家坪二期曾经受到宝墩文化的间接影响。

《山海经·海内南经》说："夏后启之臣曰孟涂，是司神于巴。人请讼于孟涂之所，其衣有血者乃执之。是请生，居山上，在丹山西，丹山在丹阳南，丹阳，居属也。"丹山，即今巫山。《巫山县志》："孟涂祠在县南巫山下。"可知巴人最早出现的时代应是夏代，巫山地区是夏代之巴活动地域。《华阳国志·巴志》："巴师勇锐，歌舞以凌殷人，""武王既克殷，以其宗姬封于巴。"殷商时期巴的存在应无问题，但其分布中心地域说法不一。廪君之巴的记载有比剑术成君王的情节，巴式剑流行的时代是战国，清江流域的廪君之巴传说年代可能较晚，不能确认巴发源于清江。汉水为巴的起源地之说，现今也没有得到考古学证据的坚强支持，仍是有待继续工作。巴可能分布很广，巴文化应该有多个地方类型。如果认为夏商时期峡江地区也是早期巴人活动主要地域，那么雷家坪二期应属于早期巴文化。

① 国家文物局三峡考古队：《湖北秭归朝天嘴遗址发掘简报》，《三峡考古之发现》，湖北科学技术出版社，1998 年。

② 湖北省宜昌地区博物馆、四川大学历史系：《宜昌中堡岛新石器时代遗址》，《三峡考古之发现》，湖北科学技术出版社，1998 年。

③ 中科院考古所民江三峡工作组：《长江西陵峡考古调查与试掘》，《三峡考古之发现》，湖北科学技术出版社，1998 年。

④ 湖北文物考古研究所：《秭归王家坝遗址发掘简报》《湖北库区考古报告集·第一卷》，科学出版社，2003 年。

⑤ 宜昌博物馆：《秭归长府沱商代遗址发掘报告》，《湖北库区考古报告集·第一卷》，科学出版社，2003 年。

⑥ 吉林大学考古学系、四川省文物考古研究所：《奉节县老关庙遗址第三次发掘》，《三峡考古之发现》（二），湖北科学技术出版社，2000 年。

⑦ 成都市文物考古研究所等：《宝墩遗址》，（日本）有限会社阿普出版，2000 年。宝墩文化的年代为距今 4500~3800 年。

三、雷家坪三期遗存的年代与文化性质

1. 年代

雷家坪三期分布在第Ⅰ区和第Ⅳ区。地层叠压在二期地层之上，年代应晚于二期。

三期陶器分夹砂夹炭陶、泥质陶、夹细砂陶。陶胎内掺杂有机物的传统仍然保留下来。一些鬲足在夹砂中还夹杂骨末，骨末炭化后，形成小孔隙。但是第三期的掺杂的有机物所占比率下降，砂的含量有所提高，所以陶器硬度提高。二期常见的"轻陶"消失。陶胎普遍较夏商时期变厚，以灰陶、黄褐陶、红褐陶、灰褐陶、黑陶为主。出现一些制作不精制，但火候较高，陶片坚硬的黑陶器。纹饰以方格纹、绳纹为大宗。绳纹粗，排列或整齐或杂乱。花边口沿很少，压痕深大，形成起伏的大花边口，或宽厚唇面上按出深大的圆窝，花纹式样单一。器类有鬲、釜、瓮、罐、壶、豆、盆、盘、平底杯、尖底杯，其中鬲为一、二期所不见。遗址中没有获得完整或接近完整器物做直接的参考，对陶片器类的定名可能不完全准确。特别是有没有鼎、甗，我们在发掘时就注意分辨，口沿中鬲、鼎、甗是难于区别的，在三足器的器足中始终没有发现明确可断定为鼎足者，在陶片中也没有找到典型的甗腰片，由于所获仅仅是残缺不全的资料，还不能确认雷家坪三期的居民是否使用了鼎和甗。鬲与釜在炊器中的突出地位是明显的。

1999 年发掘时，庙坪的发掘者孟华平先生曾到工地指导工作，在发掘的陶片中挑出 1 件方格纹陶片，肩部饰以弦纹加泥饼，认定是鬲片。后来我们在 2002 年发掘时则发现了方格纹鬲足（见图八二，5；图版一五，3），证实雷家坪确有方格纹鬲。该鬲形态和纹饰与庙坪鬲 H7：1、H7：2、H7：7、M3：035 相同，庙坪 H7 属于庙坪周代遗存二期，年代在西周中期或略晚，M3 属于庙坪周代遗存三期一段，年代在西周晚期①。所以可把雷家坪西周遗存确定为西周中晚期。

2. 夔文化因素

雷家坪西周时期遗存，不仅夹砂陶的器物胎质变得粗糙，流行卷沿口，而且还出现大量的陶鬲，与此前遗存相比，有重大改变。

方格纹鬲是罕见的鬲形，目前公布的资料只见于庙坪，属于夔文化的特征因素。《秭归庙坪》报告把庙坪周代遗存二、三期确认为"楚文化的一个新的区域类型"，并进一步论证是夔文化，现节录于下：

据《史记·楚世家》载："熊渠（公元前九世纪）嫡嗣曰熊挚，有恶疾，不得为后，别居于夔，为楚附庸，后王命曰夔子也。""楚成王三十九年（公元前 633 年）……灭夔，夔不祀祝融、鬻熊故也。"也就是说，作为楚国附庸的一个方国——夔，存在的时间大约从西周中晚期至春秋早期。而夔的地理位置在今秭归县一带。《汉书·地理志》曰："秭归，故归国。"《后汉书·郡国志》也说："秭归本归国。"陈梦家先生在《归夷考》中指出："归或作夔者，同音相假也。"郭沫若先生在《殷契粹编》中明言："归当即后之夔国，其故地在今湖北秭归县境。"在庙坪遗址明墓契砖朱书文字中，也说当地为"夔沱"。因此，我们把年代及分布区域同文献记载的夔大体一致的二期与三期遗存称为夔文化②。

---

① 孟华平、周国平主编：《秭归庙坪》，科学出版社，2003 年。
② 孟华平、周国平主编：《秭归庙坪》，科学出版社，2003 年。

夔子国存在的年代在公元前 9 世纪到公元前 633 年，《秭归庙坪》报告对夔文化的认定是符合实际的。雷家坪西周遗存中的方格纹鬲也应是夔文化代表因素，这是继庙坪之后确定的第二个有明确夔文化特征器的地点，丰富了夔文化的内涵，也为探讨夔文化在秭归县以西地区的分布提供了一个新的坐标点，为探讨夔子国的范围提供了参照。夔文化是楚文化的三峡类型，在雷家坪出现于三期，取代二期，似乎反映了三峡巴文化与楚文化的势力此消彼长的现实，巴势力到西周中期已经被迫西移。

3. 巴文化因素

当夔文化向西逆流挺进到雷家坪时，一支顺江而下的强劲文化流也冲击了雷家坪原有的文化面貌，那就是大花边口（锯齿状唇口、深窝唇口）罐釜瓮为代表的器物，夹粗砂黑色陶，表面粗糙不平整，火候高。这种风格的陶器在三峡内见于巫峡东口的巴东梨家坨遗址①、在大宁河畔巫山县大昌坝遗址和双堰塘遗址②。出三峡，继续向西沿长江上溯寻找，大花边口器见于重庆奉节县新浦遗址上层③、奉节县老油坊遗址④、重庆万州区麻柳沱遗址⑤、万州区塘坊坪遗址⑥、忠县中坝遗址⑦、涪陵区镇安遗址⑧等。特别是新石器时代老关庙文化已经存在，例如在忠县中坝遗址（如 T0406 第 13 层的第 17 件、第 14 层的第 14 件）、老关庙遗址下层，已经发展为成熟的深锯齿状唇口，依据赵宾福先生的研究结论，应属于老关庙下层文化晚期，年代在公元前 3500～前 3000 年⑨。深锯齿状唇口的作风被当地夏商周时期巴文化继承，如在万州区塘坊坪遗址和涪陵区镇安遗址的夏商时期常见之。在万州区麻柳沱遗址东周时期大花边口仍然占有重要地位。

花边口作风是川东峡江地区古老的地域传统，雷家坪一期仍然保持纹唇口作风。雷家坪二期时一部分唇面纹痕变深，形成小锯齿口。但是雷家坪三期的大花边口则不是三峡内土著文化因素直线发展的结果，而是从峡外上游传来的新风尚，构成峡内西周巴文化的典型因素。大花边口在秭归县境目前未见报道，大花边口向东的传播受阻，可能与秭归有夔文化有关。西周中期以后，巴的势力虽然西移，但是从雷家坪发掘的实物资料分析，巴文化因素仍然在雷家坪占有一定地位。或许，巴人居民未全部迁走，他们接受了新的文化风尚洗礼。

尖底杯从商晚期到西周春秋时期在四川、重庆广泛流行，湖北的三峡地区也有少量发现。学者研究尖底杯和花边陶釜是制作盐的工具。孙华先生和曾宪龙先生认为是晒盐工具，"在被太阳晒得

① 中山大学人类学系、巴东博物馆：《巴东梨家坨遗址 2000 年度发掘简报》，《湖北库区报告集·第一卷》，科学出版社，2003 年。

② 中国社会科学院考古研究所长江三峡工作队、巫山县文物管理所：《巫山双堰塘遗址发掘报告》，《重庆库区考古报告集·1998 卷》，科学出版社，2003 年。

③ 吉林大学考古学系、奉节县白帝城文物管理所：《奉节新浦遗址发掘简报》，《重庆库区报告集·1998 卷》，科学出版社，2003 年。

④ 吉林大学考古学系、重庆文化局、白帝城博物馆：《四川奉节老油坊遗址考古发掘报告》，《重庆库区报告集·1998 卷》，科学出版社，2003 年。

⑤ 重庆市博物馆、万州区文管所、复旦大学文博系：《万州麻柳沱遗址发掘报告》，《重庆库区报告集·1998 卷》，科学出版社，2003 年。

⑥ 重庆市文化局三峡办、陕西省考古研究所三峡考古队：《万州塘坊坪遗址发掘报告》，《重庆库区考古报告集·1998 卷》，科学出版社，2003 年。

⑦ 四川省文物考古研究所、重庆市文物局三峡办、忠县文物保护管理所：《忠县中坝遗址 Ⅱ 区发掘简报》，《重庆库区考古报告集·1998 卷》，科学出版社，2003 年。

⑧ 北京市文物研究所三峡考古队：《涪陵镇安遗址发掘报告》，《重庆库区考古报告集·1998 卷》，科学出版社，2003 年。

⑨ 赵宾福：《重庆峡江地区的四种新石器文化》，《文物》2004 年第 8 期。

滚烫的沙子里插上大量的装有卤水尖底杯，并不断往已经蒸发的杯子里添加卤水，最后获得结晶的盐"①。巴盐先生认为尖底杯是制作盐块的模子，并被用来作为运输的容器②。若认为雷家坪的尖底杯也是制盐的工具，考虑到雷家坪遗址没有制造盐的资源，那么合理的推测将是外来的，即在某盐场用尖底器制盐，在运输贩卖时盐块及尖底器一并被运输到雷家坪。尖底杯的部分标本已送到中国科学院研究生院科技考古与科技史系，准备做盐的残留物分析和陶器来源的微量元素分析，期待检测结果对这个问题有所帮助。花边陶釜在制盐遗址大量发现，有研究者认为是煮盐的工具，即"可以将多个这样的陶釜放置在灶上或支架上，用火加热使卤中的水分蒸发，从而获得结晶的盐"③。雷家坪遗址的大花边陶釜与尖底杯共存，是否也是煮盐的工具？如果是煮盐专用工具，则也是从制盐遗址转运而来。或许，尖底杯和花边釜在不同遗址有不同的用途。

4. 中原文化因素

雷家坪三期新出现大量的鬲，这是外来文化涌入的结果。其中一些鬲足是包足鬲。郑若葵先生论述巫山双堰塘西周遗址发现大量的包足鬲时说："楚式鬲"实际上是一种中原铜鬲文化与楚地陶器文化结合的产物，而双堰塘陶鬲则明显属于中原铜鬲文化与巴地陶器文化结合的产物，它们应是目前峡区考古揭示年代最早的"巴式鬲"④。依其观点，雷家坪三期的鬲显示了来自中原文化的强劲冲击，改变了几千年以来以釜罐为炊器的传统，同时形成了包足特色的"巴式鬲"（彩版三，4），这是在文化传播过程中外来文化与当地文化融合而产生变异的又一例证。

四、雷家坪四期的遗存的年代与文化性质

雷家坪四期遗存仅见于第Ⅲ区，没有与第三期地层和第五期地层发生直接叠压关系。年代只能依靠出土遗物推断。

四期的陶器以夹砂陶为主，泥质陶次之。有少量的夹炭陶。胎体较厚。颜色以红褐、黄褐为多，灰、褐、黑较少。纹饰较简单，以粗绳纹占大多数，有很少的方格纹和弦纹。花边口已很少见到。器类有鼎、鬲、罐、瓮、豆、钵、器盖、纺轮，其中鼎占炊器主要地位。

雷家坪四期与三期的陶器联系紧密，但差别也明显。四期夹砂红褐和黄褐陶明显增多，粗绳纹流行，鼎为主要炊器，又呈现出与西周时期遗存不同的文化面貌。相似的含鼎遗存亦见于秭归官庄坪、柳林溪、宜昌上磨脑等遗址。在上磨垴遗址第6层，鬲多，鼎极少，时代断为西周中期。上磨垴遗址第5层鼎大量出现，时代被推定在西周晚期至春秋中期，该地层多处发现铁器和含铁渣的红烧土，这些铁器被推断在春秋中期或更早⑤。从能冶炼铁器现象推测第5层定为春秋时期更合适。可见雷家坪第Ⅲ区的以鼎为主的遗存应该比以鬲为主的第三期晚。

雷家坪四期陶瓮与柳林溪周代甲群的瓮相同，甲群为楚式陶器。《秭归柳林溪》报告把周代遗迹存分为三期，陶鼎出现于第二期早段，沿用到第三期，第二期早段年代是春秋中期偏早，第三期春秋晚期或战国早期。内突唇口的陶豆也见于柳林溪第三期（柳林溪 G2：15）⑥。官庄坪含鼎的遗存

① 孙华、曾宪龙：《尖底陶杯与花边陶釜》，《中国盐业考古》第一集，科学出版社，2006 年。
② 巴盐：《尖底杯，一种可能用于制盐的器具》，《中国盐业考古》第一集，科学出版社，2006 年。
③ 孙华、曾宪龙：《尖底陶杯与花边陶釜》，《中国盐业考古》第一集，科学出版社，2006 年。
④ 郑若葵：《巴人源流和巴文化考辨》，《中国社科院古代文明研究中心通讯》2004 年第八期。
⑤ 湖北省文物考古研究所：《宜昌上磨垴周代遗址发掘简报》，《湖北库区考古报告集·第一卷》，科学出版社，2003 年。
⑥ 王风竹、周国平主编：《秭归柳林溪》，科学出版社，2003 年，图一五九，7。

属于东周，分三期，一期是春秋中期偏早，三期是战国早期。所以雷家坪此期的年代也应该在春秋中期到战国早期。

《秭归官庄坪》报告指出："以夹粗砂红陶饰粗绳纹为主的鼎、釜、粗绳纹甗等器多见于三峡地区，在西至巫山、东至南津关一带的几十处遗址均有发现，应该属于当地的土著文化系统。"① 雷家坪四期与西陵峡内的这类遗存是在夔子国被楚灭亡后发展起来的新类型。另值得注意的是，遗址中没有完整或接近完整器物做直接的参考，对陶片器类的定名不完全准确（如B形鬲是花边口，也有可能是釜罐），所得到的器类组合也并不全面，但这里的确没有发现典型的楚文化陶器是事实。由于所获标本很少，并非其全貌，四期居民当时是否拥有典型的楚文化陶器，还是个谜。但我们根据发掘资料至少可以说四期时典型楚文化还没有占据巴东雷家坪，土著文化仍是这里的主人。

五、四期的祭祀坑遗迹

雷家坪第四期的05BLH1出土1件青铜鐁。孙机先生研究，鐁考古实物在春秋出现，春秋时期为铜质，战国时期以铁质多见。雷家坪的鐁为铜质，形态与孙先生列举的春秋到金代的出土的鐁图对比，与其最接近的是湖南资兴春秋早期的M307出土铜鐁，其次是山西长治分水岭战国早期的35号墓出土铜鐁②。在锋与柄的长度比例上介于资兴M307春秋早期墓与分水岭M35战国早期墓之间。结合陶器的特征，我们推测雷家坪第四期的05BLH1的年代在春秋中晚期到战国早期。

05BLH1是个特殊的坑。该灰坑平面为边长1.5米的正方形，向下略微内收，深3.6～3.7米。中部是80～120厘米的石头堆积层封闭。其上下共有3层灰烬层，灰烬层中夹杂有碎骨和陶片。这个坑的性质应该是祭祀坑，古语为"祭坎"③。如果确认此坑是祭祀坑，那么祭祀过程是神圣而细致的，坑内的红烧土、灰烬、石层、石器、残陶豆、铜鐁、碎骨都应该是在祭祀过程中形成的。其中从下到上都断续夹杂红烧土块或颗粒分析，祭祀过程使用火。我们根据有3个灰烬层推测，在坑外附近可能举行了3次火祭，火祭仪式中需要往火中扔撒带骨的肉献给逝者灵魂，最后把灰烬和土填入坑内。

在这个井状的大型祭祀坑内，在1米厚的封闭石层坑底只有铜刮刀和小石锛各1件，反映了祭祀者对这2件器物的特殊对待，是最主要的物品，对解释祭祀坑的功能具有重要意义。

铜鐁是古代木匠使用的原始刨刀（后部按木柄使用），古代称为"鐁"，在明代从外国传入手推刨之前，我国木工一直使用的是这种原始刨。石锛也是平木工具，金属的锛古代称为"斤"。孙机先生研究认为，在引入框架锯解木之前，我国传统的解木工具主要是用楔子，所得到的木板楔痕明显，表面不平整，需要平木。一套平木工具包括大锛、小锛、鐁。即先用大锛、小锛砍得较平整，然后用鐁刨光，再后用磨石打磨光滑。他还举出日本绘画中的解木和平木程序，为我们提供了形象图解（图一九七）。

这件铜鐁发现后，我们对木器加工工具引起注意，细分析雷家坪遗址出土的石器，有一些应该是木工工具。在雷家坪遗址中的石楔有多种形态，共同的特征是陡刃，顶部常有打击痕。雷家坪发现的一个石锤（02BLT407⑦:4）是一个天然砾石，上端适合手握，下端有密集的打击疤痕是为工

① 周国平主编：《秭归官庄坪》，科学出版社，2005年。

② 孙机：《我国古代的平木工具》，《文物》1987年第10期。

③ 李零：《入山与出塞》，《文物》2000年第2期。

作面，工作面的面积大而平坦，不是剥打石片的工具，可能是砸打石楔解木用的石锤。在雷家坪遗址有石楔、石锤、石锛、石铲、石凿、磨石都有发现，其中有一部分是木工工具。石质的木工工具以其制作简单、原料易得、成本低的优势，在雷家坪沿用了相当长的时期。到东周时期，虽然金属器普及，但是位于三峡深处的雷家坪，因为交通不便，经济不发达，致使一部分木工石器仍然沿用。需要补充说明的是，晚期地层出土的陶片有一部分是早期的，在整理时可以分开，晚期地层出土石器也应该有一部分是早期的，雷家坪各期的石器没有显著的所属文化或时代特征，缺乏一定量的参照标尺，我们整理时没有能力能够把晚期地层出土的早期石器一一辨别出来，绝大多数只好按出土地层归时代，使得二、三期石器较多。四期祭祀坑是在短时间内按照一定的宗教信仰程序埋入的，出土的石器应该是属于本期制作的石器。

图一九七　日本绘画中的木器加工过程
1. 用楔解木　2. 用锛平木　3. 用鐁平木
（引自《文物》1987 年第 10 期）

祭祀坑内石锛的锛刃略有破损痕迹，是实用工具。青铜鐁的尖锋缺失，也是实用器。这两件工具的刃仍然保持锋利状态，完全可以继续使用，不是废品，而是有意选择精良之品埋入坑内。在雷家坪这个狭小的平台上有以木工工具为主祭品的大型祭祀坑，是难解之谜。

三峡是巴蜀文化和楚文化交汇地区，蜀、巴、楚都是原始宗教（巫教）盛行。巫教是当时的人们对大自然环境秩序的一种理解，是对超自然力的想象与畏惧，是对紧张压抑情绪的缓解系统，是寄托美好愿望的精神途径。三峡山峰的雄伟险峻，急流险滩的艰难，云雾的变幻，猿啼的凄凉，给人以无穷的遐想，成为唐宋以来游历诗人激发灵感之源泉，而对于生产力低下的先秦时期的先民们，则是巫教盛行的温床。夏代巴人巫师孟涂祭祀于巫山下而著于史，家乡在秭归的楚国屈原以巫文化色彩浓厚的《九歌》、《天问》、《卜居》而享誉中国文坛。柳林溪的双冠石人像[①]、东门头的太阳人石刻[②]是新石器时代三峡原始巫教盛行的标志。巴人青铜器上的神秘图语、庙坪巫师墓的发现，反映了东周时期三峡巫教的弥漫。雷家坪居三峡之中腰，处巴楚巫教氛围内，深穴祭祀坑是三峡存在祭坎遗迹的重要发现。

雷家坪祭坎的祭祀对象是何神灵已经无法知晓。坑内不见大型或珍贵的礼器，说明是民间祭祀的遗留，代表了与君王贵族祭祀不同的祭祀类型。瘗埋的主要祭祀品是平木工具，木家具和乐器架等高档木器加工工序中表面超平刨光是最关键的环节，说明祭祀的目的与木器加工有关。从挖掘深达 3.6 米的井状祭祀坑，准备祭祀用品，到火祭请神，层层填埋，封闭坑口，祭祀过程要持续很长时间。祭坎遗迹或许反映了雷家坪四期先民对木器高超工艺的敬畏与期盼。

六、第五期墓葬的年代与文化性质

99BLM2 出土的铜壶形态与涪陵小田溪 M2 巴墓出土的铜壶相同，兽面的双角外翻和扁首的轮

①　王凤竹、周国平主编：《秭归柳林溪》，科学出版社，2003 年，彩版一。
②　孟华平：《"太阳人"与东门头遗址》，《文物天地》2003 年第 6 期。

廓均与该墓地三号墓错银铜壶相同，小田溪巴人墓发掘者推测年代在战国时期①。蒋晓春先生认为M3 出土的蜀戈铭文中的"廿十六年"是秦始皇二十六年（公元前 221 年），即秦统一中国的年代，M3 的年代在秦到西汉初，M2 年代比 M3 早，推定在战国末到秦代②。因此我们把 99BLM2 推定在战国晚期，不排除到秦的可能。

02BLM4 随葬品有陶盂、青铜鍪、青铜剑、青铜矛。其中陶盂形态与官庄坪东周墓（M36）出土的陶盂相似，该墓被确定为春秋墓。青铜鍪形态与重庆开县余家坝的战国墓 M2 青铜鍪、涪陵小田溪 9 号巴王墓出土青铜鍪相同，只是后者耳下无垫。发掘者推断该墓为战国中期③。涪陵小田溪 9 号发掘者推断为战国晚期，蒋晓春先生认为在秦汉之际④。考虑雷家坪自春秋中期后并为楚地，青铜鍪出现可能是与巴随秦灭楚的背景有关，可以把雷家坪 02BLM4 的年代推测在战国晚期到秦。

雷家坪战国墓葬布局与余家坝巴人墓相比较有不同。余家坝的兵器和鍪、豆都放在棺内。而雷家坪 02BLM4 兵器放在棺内，鍪和盂则放在墓尾的棺外。雷家坪 02BLM2 没有兵器，铜壶也放在墓尾的棺外。雷家坪战国墓在布局上与庙坪楚墓相同。余家坝巴人墓的兵器矛、剑都放在人的右侧，而雷家坪青铜剑骨架的腰部左侧，剑锋朝下，推测下葬时佩带在墓主人身上。青铜矛位于棺内头骨左侧。庙坪楚墓中多放在右侧，只有 1 例放在左侧。或许雷家坪 M4 的墓主人是左撇子，习惯使用左手。

雷家坪 02BLM4 的随葬品简单，反映的文化属性却复杂。青铜剑是典型楚式剑，青铜矛是楚式，有血槽，比巴人墓常见的无血槽矛先进。陶盂为楚文化因素，在官庄坪战国墓中为最多见。青铜鍪在重庆市内战国巴人墓中常见之物。所以该墓以楚文化为主，也带有巴文化的因素。

两座墓葬规模小，随葬品种类不同。雷家坪 02BLM4 墓随葬兵器，主人可能是武士，99BLM2 墓随葬铜壶、漆器、铜铃铛，没有武器，墓主人可能是巫。

06BLM9 为战国楚墓形制，出土玉璧为战国常见形式。出土的车辖端头有一伏兽，似马似虎，较罕见。与之伏兽接近的车辖是 1959 年安徽淮南市蔡家岗战国早期的蔡侯墓出土的狮形车辖和虎形车辖⑤、湖北当阳赵家湖楚墓 YM1 虎形车辖⑥。06BLM9 为一椁一棺土坑墓，墓口长 12.6 米，最宽 8.88 米，规模大，是湖北三峡内发现最大的战国墓。椁内分为四室，属于楚墓常见的形制。雷家坪坪台周围地势陡峭，下江上山都是狭窄曲折的之字路攀行，人空手上下都困难，村民的猪、货物都是用打杆背篓背上背下，牛马没有用武之地，一切带轮的车子在这里没有任何使用价值。墓出土了车的铜部件，说明主人拥有车子，墓主人对雷家坪而言应该是外来者，葬车具是主人等级身份高的表现。该墓被盗，随葬器所剩无几，在发掘清理过程中没有发现任何盗洞，直至清理到墓底，而且在填土中没有发现比战国更晚的包含物，推测该墓在下葬不久就被盗掘，南壁外弧较大，可能是盗掘破坏所致。

在雷家坪的坪台上除这 3 个战国墓外，武汉大学在 1995 年试掘时曾经发掘到 1 座战国土坑墓，位置在 02BLM4 之西 6 米处。早年村民修粪池时曾经挖掘出青铜剑，可能也是一座战国的土坑墓。它们都集中分布在坪台的中部。可见这个被巴人和夔国人断续使用近 2000 年的坪台居住址，在战国时期则沦为外来者（可能是楚人）的墓地。

① 四川省文管会等：《四川涪陵小田溪 4 座战国墓》，《三峡考古之发现》（一），湖北科学技术出版社，1998 年。
② 蒋晓春：《涪陵小田溪墓地时代再探讨》，《重庆 2003 三峡文物保护学术研讨会论文集》，科学出版社，2003 年。
③ 山东大学考古系：《四川开县余家坝战国墓葬发掘简报》，《考古》1999 年第 1 期。
④ 蒋晓春：《涪陵小田溪墓地时代再探讨》，《重庆 2003 三峡文物保护学术研讨会论文集》，科学出版社，2003 年。
⑤ 安徽省文物工作队：《安徽淮南市蔡家岗赵家孤堆战国墓》，《考古》1963 年第 4 期。
⑥ 湖北宜昌地区博物馆、北京大学考古系合编：《当阳赵家湖楚墓》，文物出版社，1992 年。

七、东汉六朝遗迹的年代及相关问题

1. 墓葬的年代

（1）97BLM2 的年代

雷家坪 97BLM2 的墓室的后半部是一个高大的基岩棺床，类似的墓葬结构与巴东茅寨子湾的 M6、M7 相同，M7 的年代在东汉，M6 在三国晋初间。雷家坪 97BLM2 墓葬被盗严重，出土了东汉五铢钱，青瓷盏（97BLM2∶2）与丰都槽房沟蜀汉时期墓葬出土器（97BLM2∶23）相同[①]。雷家坪 97BLM2 的年代推定在东汉晚期到晋初。

（2）02BLM2 的年代

02BLM2 出土的青瓷盘口壶、罐与柳林溪六朝墓葬相似，有玻璃珠随葬的现象与柳林溪六朝墓葬相同[②]。被唐朝墓葬打破，可以断定 97BLM2 是六朝时期。

甬道内有火烧的骨灰渣，说明该墓应该是多人合葬墓，最后下葬在甬道的人是火葬。多人葬也与墓室规模大吻合。甬道内的铜钱有 27 枚，只见五铢和剪轮五铢，没有唐宋钱，说明甬道内人的下葬年代应属于六朝时期。瓷器中的点彩碗的形态、点彩粗大特点都与洪州窑西晋点彩碗接近[③]。但是西晋碗内外满釉，东晋碗内满釉，外釉不到底，雷家坪 02BLM2 的点彩碗内满釉，外不到底。所以这个碗的年代可断在两晋之际。该墓的钵与洪州窑两晋直口钵相近。从瓷器年代分析，该墓年代在晋代。

02BLM2 后部有一个大盗洞，先把后壁挖掉，又把棺床破坏。02BLM2 墓室倒塌土堆积被唐代的墓葬打破和利用墓壁，所以能够确定唐代建造 02BLM5、02BLM6 时，02BLM2 已经流入大量土，可以推定 02BLM2 在下葬不久，即唐以前就被至少两次盗掘，盗掘是从墓室的后部打洞开始进入墓内。第 1 次盗墓者进入墓内时，墓室内没有土，但是盗者没有拿走全部的器物。第 2 次盗墓进入墓内时，墓内已经有很多倒塌土，盗者只在就近的后部扫荡，在拿光后部的器物后，又把生土棺床台刨掘，试图再找一些财宝。墓室前部因为有土覆盖，盗者没有发现器物，所以前部的铺地砖没有遭到破坏，器物也躲过一劫。唐代时又先后被 02BLM6 和 02BLM5 打破。墓门瓦砾堆积位置高，与墓底相差 40 厘米，所以墓门塌毁，顶部瓦塌落也在墓内大量进土之后，所以瓦堆积下还有很厚的积土。瓦塌落后，墓门处没有再被盗掘，瓦塌落的堆积才能没有被破坏。甬道没有唐宋钱。综合分析可以认为，墓门瓦塌落的时间也可能在唐代以前。

（3）02BLM3 的年代

02BLM3 与 02BLM2 并列，并出土与 02BLM2 相似的青瓷片，也应该与 02BLM2 属于同一时期。

（4）其他墓葬的年代

其他墓葬出土器物贫乏，只能根据墓砖和墓的特点推测在东汉到南朝时期。

2. 02BLM2 铭纹砖的年代与铭文书体

02BLM2 出土 1 块铭文砖，砖上的铭文是"永元九年十月十八日"。古代有两个永元年号。一个是东汉和帝年号，存在了 17 年，即从公元 89～105 年。另一个是南朝时期齐国的东昏侯年号，但

① 王力军：《丰都地区两汉——南朝墓葬的初步研究》，《2001 三峡文物保护学术研讨会论文集》，科学出版社，2003 年。

② 王凤竹、周国平主编：《秭归柳林溪》，科学出版社，2003 年。

③ 张文江：《洪州窑》，文汇出版社，2002 年，第 60 页图 3～32。

是该年号只存在 3 年，即从公元 499～501 年。此年号应该是东汉和帝的年号，即公元 97 年。但是从出土的青瓷器物分析，该墓不会早到东汉和帝时期。这个铭文砖在侧面花纹上与 02BLM2 的第一种砖相同，但是，砖较薄，上表面还有绳纹，表面和边缘也没有其他墓砖规整。这些差别说明此砖可能是另一个墓的砖，在 02BLM2 被盗墓破坏之后混入 02BLM2 内。

　　02BLM2 出土铭文砖的字体不是汉代流行的隶书，而是行书。带永元年号的墓砖在雷家坪遗址西邻的西瀼口古墓地也有发现[①]。西瀼口 M3 墓砖文字是模压的阳文，是规整的隶书。雷家坪 02BLM2 墓砖文字则是手指书写，为阴文行书。隶书是由周秦篆书演变而来，相传为秦末程邈所创，初创的秦隶，留有许多篆意。隶书去繁就简，字形变圆为方，笔画改曲为直，更便于书写。隶书的出现是汉字演变史上的一个转折点，奠定了楷书和行书的基础。隶书结构扁平、工整、精巧。汉代隶书逐步发展定型，成为占统治地位的书体。楷书从隶书逐渐演变而来，更趋简化，字形由扁改方，笔画中简省了汉隶的波势，横平竖直，在南北朝时成为书写的主体。在秦汉时，庄重之体是篆书，如印章，通行之体是隶书，非正式场合快写的需要而出现草书、行书。墓葬是神宅，砖上铭文应该使用规范的书体隶书，西瀼口 M3 墓砖文字是模压的阳文，是规整的隶书，代表了当时建墓通行的铭文书体。雷家坪砖文是用手指挥写的急就篇，是在没有铭文模具而又需要写铭文时应急行为。这个应急行为为我们遗留下三峡内东汉民间使用的行书体，其"永"、"元"、"九"字的字形结体仍是扁平，为研究行书起源提供了新的材料。

3. 02BLM2 的建筑特点

　　（1）墓室狭长。墓室长达 8 米，宽 2.84 米，长宽比在 2.8∶1。东周巴人墓中有一类狭长型土坑墓，属于典型的巴式墓[②]，三峡东汉到六朝的砖室墓多为墓室狭长型，继承了巴式狭长型土坑墓的传统。

　　（2）先砌筑墓室和甬道，后砌筑墓门。墓门的两侧墙与墓甬道的墙相接处是齐边对接，不是错缝连接。墓门墙是依靠墓甬道墙而建。

　　（3）墓门采用双排砖墙，上覆瓦顶。而墓室和甬道墙是单砖墙，墓室和甬道的顶部是券顶，单砖墙起券已很坚固。而墓门采用双砖墙，其原因可能是顶部不起券，墙上架梁枋，单砖墙不坚固，使用双砖顺砌把墙的厚度加宽一倍。墓门上部使用木构梁枋在三峡地区是存在的，例如我们在 2001 年奉节宝塔坪发掘的东汉土坑墓的墓门发现了顶部架木梁枋的横洞，左右壁对称。雷家坪 02BLM2 根据瓦砾堆积状态，瓦片现场复原，确定了墓门顶部覆盖四板瓦三筒瓦。在 97BLM2 的墓门内也发现有瓦。这种墓门的结构具有地方特点。

4. 02BLM2 出土的珠子

　　02BLM2 出土的珠子有多种颜色，经过检测属于玻璃珠（参见附录一），其配方和我国西周至汉代玻璃，以及西方传统玻璃差别甚大。这批珠饰很有可能是我国古代工匠在原有玻璃技术基础上，借鉴和吸收了外来玻璃的制造技术，在中国境内自行烧制的，对研究我国玻璃器的早期发展有重要意义。

---

① 广西壮族自治区文物工作队：《巴东县西瀼口古墓葬 2000 年发掘简报》，《江汉考古》2002 年第 1 期。
② 北京大学考古文博院三峡考古队、重庆市忠县文物管理所：《忠县崖脚墓地发掘报告》，《重庆库区考古报告集·1998 卷》，科学出版社，2003 年。

5. 对地层出土瓷器的认识

地层出土的瓷器在胎、釉特征、点彩装饰上与 02BLM2 和 02BLM3 相同，器物形态风格也相同，其时代也是六朝时期。

青瓷多为灰白胎，瓷器多为内外半釉，其施釉方法为蘸釉，即把碗倒插入釉缸内蘸釉。有一部分瓷器在唇部有褐色点彩，个别瓷釉有白色斑点。瓷器胎厚重，平底或假圈足，个别为凹底。流行唇下一周宽凹弦纹，内底常有旋削圆圈。以上瓷器的胎釉特征、造型等与江西的洪州窑产品相近。

在 97BLT302 的第 3 层和灰坑 97BLH4、97BLH5 出土的个别瓷器的口唇部无釉，从内部观察釉边缘齐整，使用时不能磨挂该部位，排除因使用磨掉釉的可能，乃是先倒扣蘸釉后刮抹去唇部釉，形成"芒口"。刮釉的原因可能是出于对口烧的需要，这是我国最早的瓷器芒口资料。个别瓷器带有使用软的泥片和泥饼的支隔具的特殊现象，对研究南北朝时期青瓷烧造工艺增加了重要资料（参见附录四）。瓷器残次品多见于窑址，在三峡深处的人们购买残次品瓷器使用，对研究瓷器的销售和三峡的经济生活提供了难得的资料。洪州窑窑址发掘分为 8 期，在第 3 期有对口烧盏，时代断在东晋后期到南朝宋时期（约公元 4 世纪后半叶至 479 年）[1]。雷家坪 97BLT302 的第 3 层和灰坑 97BLH4、97BLH5 的年代可能也在东晋后期到南朝宋时期，但是部分器物可早到西晋。

八、对唐墓的认识

雷家坪遗址唐墓有 3 种类型：土洞墓、砖室墓、利用古墓的墓（或称为"借墓为墓"）。

1. 土洞墓的年代

97BLM1 位于平台上的第 I 区。发表简报时曾经把该墓年代定在六朝，时代有误。吴敬对所出盘口壶的形态分析后认为该壶的年代"大致可定为晚唐，也可能进入五代时期"，认为三峡这类土洞墓的时代在安史之乱以后形成的[2]。所以 97BLM1 的年代重新确定为晚唐时期，也不排除到五代的可能。

2. 砖室墓年代与文化来源

99BLM3～M5 位于 V 区山坡，并列分布于一排。从 99BLM3 出土的瓷壶可以判断年代在唐代。06BLM7 砖墓残留遗物有唐"开元通宝"钱 3 枚，墓砖有花纹，推测时代也在唐代。06BLM6 难以确定时代。

99BLM3～M5 券顶两端使用莲花、莲蓬、莲蕾组成的莲纹砖，这在三峡还是首次发现，颇具地方特色。反映墓主人深受佛教的影响。06BLM7 的墓砖有菱形纹和鱼鸟形纹，唐墓墓砖上有鱼鸟纹也是罕见的，对研究三峡的民间艺术与信仰增添新的资料。

值得注意的是 99BLM3、99BLM4 墓室结构特点是狭长墓室，墓室的长宽比达到 3：1，这与巴人土著墓葬习俗相同。三峡地区周代巴人墓流行狭长的土坑墓，东汉砖室墓也多狭长型，唐代砖室墓墓室狭长是当地土著巴文化的变异形式，保留了古老巴文化的传统。这是在考古学上能观察到延续最久的巴文化因素。

---

① 权奎山：《论洪州窑的装烧工艺》，《考古学研究》（四），科学出版社，2000 年。
② 吴敬：《三峡地区土洞墓年代与源流考》，《中原文物》2007 年第 3 期。

3. 利用古墓的墓

有 2 座，都位于第 V 区的 02BLM2 内。其中 02BLM6 的右肩下出土 7 枚开元通宝，为唐代墓葬。02BLM5 出土的带具也具有唐代的风格。所以这两座墓是唐代墓葬。

02BLM5 的 2 号骨架的周围有石块和砖头围绕，特别是在右侧，石块密集成隔墙。肢骨下直接垫石块和砖块。石块是有意放入的，因为在 02BLM2 墓中其他部分没有发现大石块。而在 2 号骨架头骨的正前方放置的砖是三格曲线冠点纹加树形纹，此花纹不见于 02BLM2，而与 02BLM3 中的第四种砖花纹相同。可以认为这块砖是唐代 02BLM5 下葬时从地面拾来有意放入的。在右股骨右侧有一块砖，右尺骨下端就放在这块砖头上，砖为灰色，端头有 2 个五瓣花卉纹，这种砖也不见于 02BLM2。所以这些砖头和石头都不是 02BLM2 中塌落的，而是 02BLM5 修建时有意设置的。

02BLM5 墓底高低不平，尸体是不能直接放在高低不平的墓底，应该有葬具。在 1 号骨架的头上发现了铁棺钉，可以推定 1 号骨架有木棺，木葬具已腐烂。其他骨架在下葬时也可能有木质葬具。木质葬具朽烂掉之后，棺底下的石块和砖块就和骨骼直接接触。在漫长的沉积变化中，由于松软的土和致密的石块、砖块的不均匀沉降作用，使得肢骨断裂。

02BLM6 在建造形式和葬仪上与 02BLM5 大体相同。都是利用 02BLM2 的砖壁为东西墓圹；头向东，仰身直肢葬；腰部有带具。02BLM6 的左手外侧放置青瓷器的做法也与 02BLM5 的 1 号骨架和 5 号骨架的方法相同。

利用古墓的墓形成原因我们推测主要有 2 种可能：第一种可能是在战乱时刻急于埋葬，又无时间修建砖室墓或石室墓，只好利用暴露出来的古代砖室墓埋葬。第 2 种可能是因暂时经济困难无法建造砖室墓而临时埋在古代砖室墓之中。

九、对明墓的认识

明代遗存甚少，都是小墓，随葬品不丰富，属于当地普通人的墓葬。

2006 年在雷家坪一组的张家湾发掘的明代土坑墓，墓坑窄小，墓主人普遍头枕瓦，是三峡内明墓常见葬俗。其中 06BLM2 和 06BLM3 是三人合葬墓，依据庙坪遗址发掘的明代合葬墓推测，中间者应该是男主人，左右是妻妾。06BLM1 头前部有土台的形制曾见于庙坪 M29，台上立方砖的特点也与此墓同[①]，但是 06BLM1 为高低两层台又表现出自身特点。

1999 年在雷家坪平台发掘的 99BLM1 为小型砖墓，带有头龛和侧龛，形制基本与庙坪 M18、M19 相同。墓内被盗，组合不全，仍残留有碗、罐和银簪，墓主可能比张家湾的土坑墓墓主富有。碗和罐制作粗糙，但是在官庄坪遗址的明代地层中多有出土[②]，所以也是实用器。特别是在雷家坪村的住户中仍可以看到形态类似的单柄、带半流的罐，只不过质料是皮的，用于给房前屋后的菜地浇肥。

99BLM1 和 06BLM1、06BLM3 在头前都立无字方砖，庙坪明代墓地出土 18 方类似的方砖，绝大多数有买阴宅地的地契文、八卦图、星符等道教镇墓的内容，契文皆朱书，多数立于头龛内，个别放在头前的台上或墓底中部，所以推测这些方砖应该是简化的买地券，起到镇墓作用。

①　孟华平、周国平主编：《秭归庙坪》，科学出版社，2003 年。
②　周国平主编：《秭归官庄坪》，科学出版社，2005 年。

附录

附录一　雷家坪遗址出土六朝玻璃珠的相关研究[*]

董俊卿　杨益民　冯恩学　毛振伟　王昌燧

（中国科技大学、中国科学院、吉林大学）

一、前　言

中国古代文献[1]中玻璃往往与玉石之类的天然材料相混淆，且名称繁多，如璆琳、琅玕、琳琅玕、球琳、陆离、陆琳、琉琳、琉璃、瑠璃、流离、壁琉离、玻黎、颇璃、颇梨、颇瓈、波黎、硝子、药玉、罐玉、罐子玉等。而我国当代考古学中习惯把不透明玻璃称之为"料器"，把半透明称之为"琉璃"，把透明度高的称之为"玻璃"[2]。其实，"由过冷熔体制得的所有无定形物体，不管其化学成分如何，冷凝温度范围多大，统称为玻璃"[3]，本文从此说。

玻璃器指单独用熔融、冷却、固化的非结晶无机物玻璃制成的器物，玻璃器在古代世界一直是重要的贸易商品，玻璃生产中心的产品往往经销到旧大陆的各个角落。西方古代玻璃一直以钠钙玻璃为主，我国玻璃工艺有着3000年的发展史，形成了鲜明的民族特色和独特的艺术风格，中国玻璃以它悠久的历史、精美的造型、独特的成分自成体系[4]，在世界玻璃史上独树一帜，占有重要的一席[5]。中国生产的玻璃器皿最大的特点是以铅为主，而且随着时代的变化，铅玻璃的类型也不断变化，西汉时期的铅钡玻璃[6]，到了魏晋南北朝时期就不再出现，代之而起的是不含钡的高铅玻璃和碱玻璃[7]，隋唐时期演变为高铅玻璃，北宋时期又出现钾铅玻璃[8]。玻璃在中国古代昂贵难得，在六朝时上层人士斗富，往往用玻璃器皿显其豪华。中国历代统治阶级都非常喜爱西方玻璃器，一些典型的罗马、萨珊、伊斯兰玻璃器源源不断地输入中国，西亚玻璃大约自4世纪以后，也从陆海两途输入中国[9]。与陶瓷和金属器相比，我国古代玻璃器不多，多用作装饰品，少数为日用器皿。我国考古遗址中出土了不少玻璃制品，既有中国制造的又有舶来品，玻璃器在中国的科技发展史、古代经济文化技术交流上具有十分重要的意义。

雷家坪遗址位于湖北省巴东县长江北岸，与县城老城区隔江相望，行政上隶属于巴东县东瀼口镇雷家坪村二组。吉林大学边疆考古研究中心于2002年11月至2003年1月对该遗址进行了第三次发掘，在M2中出土了一条精美的项链，由多种颜色的珠子和贝壳串成，其中珠饰从外形、手感很难断定其质地。本文采用显微观察、X射线衍射和X射线荧光光谱等手段相结合，对其进行分析和研究。

二、样品与实验

1. 样品概述

测试样品由吉林大学边疆考古研究中心提供，这批"珠饰"小巧玲珑，表面光滑，具有玉质

---

[*]　基金项目：中国科学院知识创新工程资助项目（KJCX3. SYW. N12），科技考古若干领域的前沿问题研究。

感，色彩多样，有红、蓝、绿、黑、白、淡黄、蓝紫等，每种颜色由小及大四到五个不等。外形基本呈算珠形，个别不甚规整。大部分样品表面光滑，直径最大的两个样品表面粗糙。样品的具体特征如表一所述。

表一　测试样品一览表

样品编号	颜色	尺寸（毫米）		特征
		直径	孔径	
DB1	白色	13.7	4.4	无釉，表面粗糙且易脱落（彩版二〇，3-1）
DL1	蓝绿色	13.4	2.0	无釉，已残，表面纹理清晰（彩版二〇，3-2）
DLZ1~DLZ2	蓝紫色	8.4~10.2	2.0~2.5	不透明，表面光滑（彩版二〇，3-3）
XB1~XB4	白色	3.4~3.7	0.9~1.5	半透明，表面光滑，杂有色点（彩版二〇，3-4）
XL1~XL5	蓝色	3.6~5.5	1.1~1.9	半透明，表面光滑，不甚规整（彩版二〇，3-5）
XDH1~XDH4	淡黄色	2.4~2.8	0.8~1.1	半透明，表面光滑（彩版二〇，3-6），XDH 3 留有一个疤（彩版二〇，3-14）
XG1~XG4	绿色	2.9~3.5	1.1~1.3	半透明，表面滑润，极具玉质感（彩版二〇，3-7）
XR1~XR5	红色	1.7~5.3	0.6~2.4	不透明，表面光滑，多有细小的孔洞（彩版二〇，3-8），其中 XR5 极小，留有未熔的石英颗粒（彩版二〇，3-16）
XH1~XH4	黑色	2.4~3.9	0.9~1.7	不透明，表面光滑（彩版二〇，3-9）
XY1~XY4	黄色	2.6~5.1	0.9~2.1	不透明，表面光滑，杂有色斑（彩版二〇，3-10）
XZL1~XZL5	紫蓝色	1.6~3.7	0.6~1.3	半透明，有的呈椭圆形，表面孔洞较多（彩版二〇，3-11），XZL5 极小，规整，表面光滑明亮（彩版二〇，3-12）

样品编号颜色尺寸（毫米）特征直径孔径 DB1 白色 13.7 4.4 无釉，表面粗糙且易脱落（彩版二〇，3-1）；DL1 蓝绿色 13.4 2.0 无釉，已残，表面纹理清晰（彩版二〇，3-2）；DLZ1~DLZ2 蓝紫色 8.4~10.2 2.0~2.5 不透明，表面光滑（彩版二〇，3-3）；XB1~XB4 白色 3.4~3.7 0.9~1.5 半透明，表面光滑，杂有色点（彩版二〇，3-4）；XL1~XL5 蓝色 3.6~5.5 1.1~1.9 半透明，表面光滑，不甚规整（彩版二〇，3-5）；XDH1~XDH4 淡黄色 2.4~2.8 0.8~1.1 半透明，表面光滑（彩版二〇，3-6）；XDH 3 留有一个疤（彩版二〇，3-14）；XG1~XG4 绿色 2.9~3.5 1.1~1.3 半透明，表面滑润，极具玉质感（彩版二〇，3-7）；XR1~XR5 红色 1.7~5.3 0.6~2.4 不透明，表面光滑，多有细小的孔洞（彩版二〇，3-8），其中 XR5 极小，留有未熔的石英颗粒（彩版二〇，3-16）；XH1~XH4 黑色 2.4~3.9 0.9~1.7 不透明，表面光滑（彩版二〇，3-9）；XY1~XY4 黄色 2.6~5.1 0.9~2.1 不透明，表面光滑，杂有色斑（彩版二〇，3-10）；XZL1~XZL5 紫蓝色 1.6~3.7 0.6~1.3 半透明，有的呈椭圆形，表面孔洞较多（彩版二〇，3-11），XZL5 极小，规整，表面光滑明亮（彩版二〇，3-12）。

2. 显微观察

在中国科学技术大学科技考古实验室，采用日本 Nikon 公司生产的 SMZ1500 型体视显微镜，观察样品的显微结构。观察表明，样品的表面特征清晰可见，色彩都比较纯正。低倍数下，所有小珠和两个蓝紫色大珠（DLZ1 和 DLZ2）皆显得温润如玉（彩版二〇，3），个别不透明，其余大多呈半透明状，有的在灯光下甚至晶莹发亮。这些珠子除 DB1 和 DL1 之外，都已玻化，基体内均有气泡，数目不等。中间穿孔光滑，没有黏结物。珠子表面一般都有细小的孔洞，或多或少。表面破损处可见矿物颗粒，在高倍数下更为明显，应该为熔融不充分所致。个别样品留有烧造缺陷，如边上突出一块未完全熔融的白色颗粒等。

另外两个大珠（DB1 和 DL1）却具有明显不同的特征。DB1 表面粗糙，接触过程中，其表层物质颇易脱落，且表面某些区域在灯光下闪闪发光；DL1 已残，表面纹路清晰。两者皆无熔融痕迹，推测由石块直接打磨而成。

3. 测试分析

利用 X 射线衍射技术（XRD）进行物相分析，两者皆在中国科学技术大学理化分析中心完成。仪器为日本玛珂公司产的 MXPAHF 型 18kw 转靶 X 射线衍射仪。实验条件为：CuKα 辐射，电压 40kV，电流 100mA；2θ 的测试范围：10°～70°；量程为 2000cps；发散狭缝（DS）、防散射狭缝（SS）和接收狭缝（RS）依次为 1°、1°、0.15mm。用 X 射线荧光光谱技术（XRF）分析其成分，仪器为日本岛津公司产的 XRF-1800 型波长色散型 X 射线荧光光谱仪，4kW 端窗铑（Rh）靶、75μm 厚管口铍窗的 X 光管，工作电压 40kV，工作电流 70～95mA。

三、结果与讨论

1. 物相鉴定

一般说来，在 X 射线衍射图上，玻璃态物质只有若干十分弥散的峰[10]。选取 DB1、DL1、DLZ1、XL3、XY1 和 XR1 等六个样品进行了 X 射线衍射物相无损检测。样品 DLZ1、XR1、XY1 和 XL3 的图谱均由几个弥散峰组成（图一），显然为玻璃物质。样品 DB1 和 DL1 的 XRD 图谱分别为图二、图三，根据 PDF 检索，发现样品 DB1 的主要物相是白铅矿（Cerusite，其化学式为 $PbCO_3$），而样品 DL1 的主要物相是孔雀石（Malachite，其化学式是 $Cu[(OH)_2CO_3]$），两个衍射图上都有明显的弥散峰背景，即它们都含有一定的非晶成分。

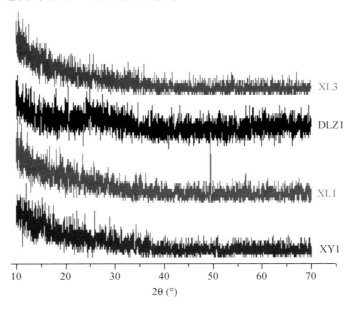

图一　样品 DLZ1、XR1、XY1 和 XL3 的 XRD 图谱

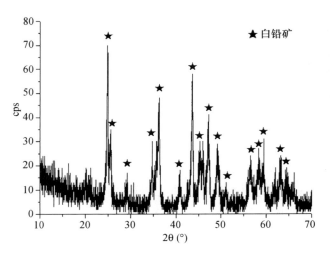

图二　样品 DB1 的 XRD 图谱

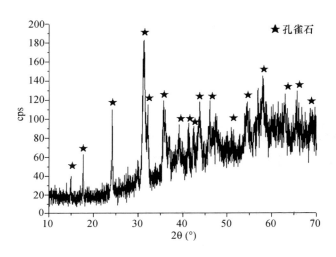

图三　样品 DL1 的 XRD 图谱

2. 成分分析

表二为 X 射线荧光光谱定量分析的数据。该表指出，DL1 的 CuO 含量高达 92.52%，DB1 的 PbO 含量高达 92.12%，而两者的 SiO_2 含量都不足 5%，结合 XRD 分析的结果，可以确定这两个样品分别由富含白铅矿和孔雀石的矿石直接雕琢而成。至于其他珠饰，结合显微观察和 XRD 结果，它们是 SiO_2 和 Al_2O_3 为主的玻璃，助熔剂分别有 Na_2O、K_2O、CaO、Fe_2O_3 和 PbO 等，呈色元素为 Fe 和 Cu。

目前学术界一般将古代玻璃划分为如下几种体系[11]：①PbO-BaO-SiO_2 系统，中国早期自制产品，例如春秋战国玻璃璧、珠等；②PbO-SiO_2 系统；③Na_2O-CaO-SiO_2 系统，被认为是西方特色；④K_2O-SiO_2 系统，在南亚和中国两广地区发现较多；⑤K_2O-CaO-SiO_2 系统；⑥K_2O-PbO-SiO_2 系统；⑦K_2O-CaO-PbO-SiO_2 系统。

选取若干中西方古玻璃化学成分数据，与雷家坪遗址出土的玻璃样品数据进行对比分析。表三是中、西亚的美索伯达米亚地区和埃及出土的玻璃化学成分[12]，不难发现，雷家坪遗址出土的玻璃与之差别较大，尤以铝和钠最为明显，显然不属一个体系。表四是新疆、内蒙、洛阳、广西、扬州、江陵、随县等地若干遗址出土古玻璃化学成分，表五是新疆、内蒙、洛阳、广西、扬州、江陵、随县等地出土古玻璃样品情况说明[13~19]，尽管采用的分析方法不同，但总体上反映了不同玻璃体系的特点。据研究者[13~19]认为：新疆的玻璃样品中的 XJ-1A、XJ-3A、XJ-44 属于 Na_2O-CaO-SiO_2 玻璃，而 XJ-2B 则属于 Na_2O-CaO-PbO-SiO_2 玻璃，可能都是借鉴了美索伯达米亚地区和波斯等地的技术，采用当地的矿物、草木灰等原料制备的；内蒙古的玻璃珠属于 K_2O-CaO-SiO_2 玻璃；洛阳大市和永宁寺遗址的玻璃珠属于 Na_2O-CaO-SiO_2 玻璃，可能来源于印度；广西合浦堂排遗址的玻璃珠属于 K_2O-SiO_2 玻璃体系，系中国早期玻璃产品；扬州甘泉山西汉墓出土的玻璃衣片属于典型的 PbO-BaO-SiO_2 系中国古玻璃；江陵九店战国古玻璃属于 K_2O-SiO_2 玻璃，随县曾侯乙墓样品亦属于 Na_2O-CaO-SiO_2 系玻璃。

　　雷家坪遗址出土的这批玻璃样品多属于 K_2O（Na_2O）- CaO-SiO_2 碱玻璃体系，Al_2O_3 含量均高于 5%，Fe_2O_3 含量处于 1%~4% 之间，K_2O 含量低于 6%，Na_2O 含量低于 5%，CaO 低于 6%，少数样品 PbO 含量较高，但均无钡、镁，与西方的玻璃和中国典型的传统玻璃都不尽相同。个别样品属于不同的玻璃系统，如 XY1 的 PbO 含量达 16.74%，远高于其他样品，但又远低于扬州古玻璃样品。XDH1 为不含 Na_2O 和 CaO 的 K_2O-PbO-SiO_2 玻璃，XG1 为不含 K_2O 和 CaO 的 Na_2O-CaO-PbO-SiO_2 玻璃，XZL1 系不含 Na_2O 和 PbO 的 K_2O-CaO-SiO_2 玻璃。

表二　雷家坪遗址出土珠饰的 XRF 分析结果（wt%）

Sample	SiO_2	Al_2O_3	PbO	Fe_2O_3	K_2O	BaO	CaO	P_2O_5	CuO	Na_2O	Total	K_2O/Na_2O
XDH1	70.58	9.20	8.97	2.57	5.25	—	—	—	—	—	96.57	—
XG1	72.16	9.99	6.90	1.58	—	—	—	1.69	1.06	3.87	97.25	—
XR1	61.02	8.63	1.65	3.72	5.26	—	5.72	1.25	6.00	3.97	97.22	1.3
XL5	70.14	12.41	—	2.80	—	—	6.10	—	1.93	4.55	97.93	—
XL1	75.98	6.12	—	3.52	3.45	—	5.40	—	2.85	2.80	99.60	1.5
XB3	67.88	9.06	—	2.19	4.99	—	5.86	2.47	—	4.73	97.18	1.1
XH1	71.81	6.92	1.22	3.93	5.57	—	5.92	—	0.36	3.53	99.26	1.6
XY1	52.60	8.43	16.74	3.19	3.37	—	6.53	—	—	2.53	93.39	1.3
XZL1	77.58	6.85	—	2.77	3.91	—	4.33	—	1.27	—	96.71	1.6
DLZ1	73.94	8.61	—	2.21	3.13	—	3.68	—	1.18	4.88	97.63	—
DL1	3.72	0.95	—	0.10	0.20	—	0.56	1.03	92.52	—	99.80	—
DB1	4.02	1.05	92.12	0.25	0.44	—	2.11	—	—	—	99.99	1.3

表三　美索伯达米亚地区出土古玻璃和埃及古玻璃的化学成分统计

Chemical composition	wt%						m（MgO）/ m（CaO）	m（K_2O）/ m（Na_2O）
	SiO_2	Al_2O_3	Na_2O	K_2O	CaO	MgO		
M* （Average）	65.50	1.75	15.55	2.11	6.59	4.54	0.68	0.14
A• （Range）	60~70	1~4	21~15	1~3	6~11	3~6	—	—
A• （Mean）	65	2.5	18	2.2	8	4	0.5	0.12

注：M*，美索伯达米亚地区出土古玻璃；A•，埃及古玻璃。

为深入探讨雷家坪遗址与其他遗址出土古玻璃配方之间的关系，利用 SPSS 统计软件对表二和表四的数据进行聚类分析，由于 Fe 和 Cu 是呈色元素，与玻璃配方关系不大，故聚类时未使用 Fe_2O_3 和 CuO，结果示于图四。聚类图表明，当阈值 λ = 5 时，所有样品聚为四类，第Ⅰ类是洛阳大市遗址和永宁寺遗址、扬州文化宫遗址及新疆拜城和塔城的古玻璃，属于 Na_2O-CaO-SiO_2 系玻璃，具有西方传统配方的玻璃体系特征。其可分为两个亚类，分别以高铝低镁和低铝高镁为特征；第Ⅱ类包括雷家坪遗址、洛阳大市和永宁寺遗址的两个、内蒙古地区出土的北魏时期的古玻璃及湖北江陵九店和随县曾侯乙墓出土的古玻璃，基本属于 K_2O（Na_2O）-CaO-SiO_2 系玻璃，其可分为两个亚类，第一亚类的 Al_2O_3 含量明显高于第二亚类，而 SiO_2 的含量则稍低一些；第Ⅲ类仅有一个雷家坪遗址出土的黄色玻璃珠，属于 Na_2O-CaO-SiO_2 系玻璃，并具有高铅高铝的特点；第Ⅳ类是扬州甘泉山西汉墓出土的古玻璃，是典型的中国 PbO-BaO-SiO_2 系古玻璃。

表四　新疆、内蒙、洛阳、广西、扬州、江陵、随县等地出土古玻璃化学成分表（wt%）

Sample	SiO₂	Al₂O₃	PbO	Fe₂O₃	K₂O	BaO	CaO	P₂O₅	CuO	Na₂O	MgO	Total
XJ – 1A	63. 10	1. 12	0. 09	0. 57	2. 57	0. 02	5. 88	1. 02	0. 79	18. 27	5. 20	98. 63
XJ – 2B	64. 31	1. 36	9. 01	1. 10	2. 42	0. 008	4. 80	0. 34	0. 001	12. 05	2. 67	98. 07
XJ – 3A	65. 19	1. 44	0. 02	0. 86	2. 93	0. 02	6. 65	2. 54	0. 76	15. 27	3. 66	99. 34
XJ – 44	68. 88	0. 87	0. 02	0. 56	2. 20	0. 005	6. 11	—	1. 10	15. 93	4. 03	99. 71
WJ – 05	74. 72	6. 66	—	2. 36	5. 05	—	7. 00	0. 85	0. 12	—	—	96. 76
WJ – 06 – b	70. 39	11. 54	—	3. 95	2. 95	—	6. 37	1. 39	0. 03	—	—	96. 62
WJ – 07 – a	72. 41	3. 73	—	2. 48	1. 44	—	12. 15	2. 04	0. 41	—	—	94. 66
WJ – 07 – b	73. 29	6. 47	—	7. 26	0. 76	—	6. 92	3. 15	0. 03	—	—	97. 88
WJ – 03 – a	82. 90	4. 25	—	1. 11	2. 75	—	6. 36	0. 12	—	—	—	97. 49
LL1	58. 30	14. 10	0. 51	1. 24	2. 47	—	6. 21	—	0. 81	16. 20	0. 21	100
LY1	55. 50	18. 20	4. 08	1. 27	2. 36	—	1. 1	—	—	17. 20	0. 31	100
LH1	69. 2	7. 95	0. 24	2. 43	2. 50	—	1. 46	—	—	15. 70	0. 46	99. 94
LQH1	63. 10	12. 60	0. 29	1. 04	2. 11	—	4. 37	—	—	16. 20	0. 28	99. 99
LZ1	51. 90	18. 30	1. 25	2. 40	2. 34	—	2. 28	—	5. 20	15. 80	0. 54	100
YNS – 1	66. 31	11. 01	—	1. 23	4. 01	—	2. 73	—	3. 25	8. 69	—	97. 23
YNS – 2	58. 3	14. 1	—	1. 24	2. 47	—	6. 21	—	0. 81	16. 2	0. 21	99. 54
YNS – 3	55. 5	18. 2	—	1. 27	2. 36	—	1. 10	—	0. 43	17. 2	0. 31	96. 37
YNS – 4	69. 2	7. 95	—	2. 43	2. 50	—	1. 46	—	0. 39	15. 7	1. 46	100
YNS – 5	63. 1	12. 6	—	1. 04	2. 11	—	4. 37	—	0. 42	16. 2	0. 28	100
YNS – 6	51. 9	18. 3	—	2. 40	2. 34	—	2. 28	—	5. 2	15. 8	0. 54	98. 76
YNS – 7	67. 43	12. 0	—	1. 34	3. 90	—	2. 72	—	3. 20	9. 13	—	99. 72
G9201	79. 1	1. 86	—	1. 50	10. 4	0. 017	2. 05	—	—	0. 87	0. 50	96. 30
G9202	79. 0	1. 41	—	0. 56	14. 1	0. 038	1. 64	—	—	0. 58	0. 22	97. 55
G9203	75. 8	2. 74	—	1. 20	14. 5	0. 093	1. 30	—	—	0. 21	0. 35	96. 20
YG1	64. 95	2. 51	—	0. 49	2. 61	—	5. 09	—	—	15. 62	6. 44	97. 71
YG2	67. 74	2. 17	—	0. 71	3. 58	—	5. 22	—	—	13. 68	5. 72	98. 82
HG – 1	42. 93	2. 32	34. 27	0. 20	0. 01	16. 63	0. 35	0. 43	<0. 01	—	—	97. 14
HG – 2	39. 56	2. 34	35. 27	0. 16	0. 13	19. 09	0. 37	0. 29	<0. 01	—	—	97. 21
HG – 3	39. 48	1. 76	35. 20	0. 14	0. 16	19. 75	0. 24	0. 44	<0. 01	—	—	97. 17

Sample	SiO$_2$	Al$_2$O$_3$	PbO	Fe$_2$O$_3$	K$_2$O	BaO	CaO	P$_2$O$_5$	CuO	Na$_2$O	MgO	Total
HB－3	71.26	6.83	0.98	1.19	10.71	—	2.37	0.51	2.64	1.81	1.75	100
HB－6－2	79.67	3.07	0.02	1.3	0.60	—	6.03	—	0.20	7.97	0.53	99.39

注：新疆、内蒙、洛阳、广西、扬州、江陵、随县等地出土古玻璃样品情况说明见表五。新疆样品除 SiO$_2$ 和 P$_2$O$_5$ 采用的 PIXE（质子激发 X 射线荧光）技术测定之外，其余组分均由 ICP-AES（电感耦合等离子体发射光谱）方法测定，内蒙、扬州甘泉山和江陵的样品均采用的是 PIXE 技术测定，洛阳大市遗址样品采用的是 AAS（原子吸收光谱法）测定，广西合浦堂排样品和湖北随县采用的是 EDXRF（X-射线荧光）。

表五　新疆、内蒙、洛阳、广西、扬州、江陵、随县等地出土古玻璃样品情况表

出土地		样品编号	时代	器型
新疆	拜城 克孜尔吐尔墓地	XJ－1A	约西周至春秋早期	灰绿色玻璃珠
	克孜尔吐尔墓地	XJ－2B	约西周至春秋早期	浅黄色玻璃珠
	克孜尔吐尔墓地	XJ－3A	约西周至春秋早期	浅绿色玻璃珠
	塔城	XJ－44	约 700B.C.～500 B.C.	绿色玻璃珠
内蒙古	察右中旗七郎山 M6	1WJ－05	北魏	黄色玻璃珠子
	察右中旗七郎山	WJ－06－b	北魏	黑色玻璃珠子黑色部分
	察右中旗七郎山 M20	WJ－07－a	北魏	白色玻璃珠子
	察右中旗七郎山 M20	WJ－07－b	北魏	蓝色玻璃珠子
	察右中旗七郎山 M20	WJ－03－a	北魏	白色玻璃珠子
河南洛阳	大市遗址	LL1	北魏	蓝色珠子
	大市遗址	LY1	北魏	黄色珠子
	大市遗址	LH1	北魏	黑色珠子
	大市遗址	LQH1	北魏	浅黄色珠子
	大市遗址	LZ1	北魏	棕色珠子
	永宁寺遗址	YNS－1	北魏	转红色珠子
	永宁寺遗址	YNS－2	北魏	深蓝色珠子
	永宁寺遗址	YNS－3	北魏	黄色珠子
	永宁寺遗址	YNS－4	北魏	黑色珠子
	永宁寺遗址	YNS－5	北魏	无色透明珠子
	永宁寺遗址	YNS－6	北魏	砖红色珠子，表面风化
	永宁寺遗址	YNS－7	北魏	砖红色珠子
广西	合浦堂排	G9201	西汉晚期	浅蓝色琉璃管
	合浦堂排	G9202	西汉晚期	浅蓝色琉璃碎片
	合浦堂排	G9203	西汉晚期	蓝色琉璃珠
江苏	扬州甘泉山	HG－1	西汉	玻璃衣片
	扬州甘泉山	HG－2	西汉	玻璃衣片
	扬州甘泉山	HG－3	西汉	玻璃衣片
湖北	江陵九店 M533	HB－3	战国	蓝色玻璃管
	随县曾侯乙墓	HB－6－2	战国前期	玻璃蜻蜓眼深蓝色基体

　　总的来说，雷家坪遗址出土的玻璃珠成分不同于传统意义的铅钡玻璃、钾玻璃、钠玻璃和钙玻璃等，更像是多种玻璃生产技术的融合，这和时代背景是一致的。六朝时期佛教盛行，除北魏太武

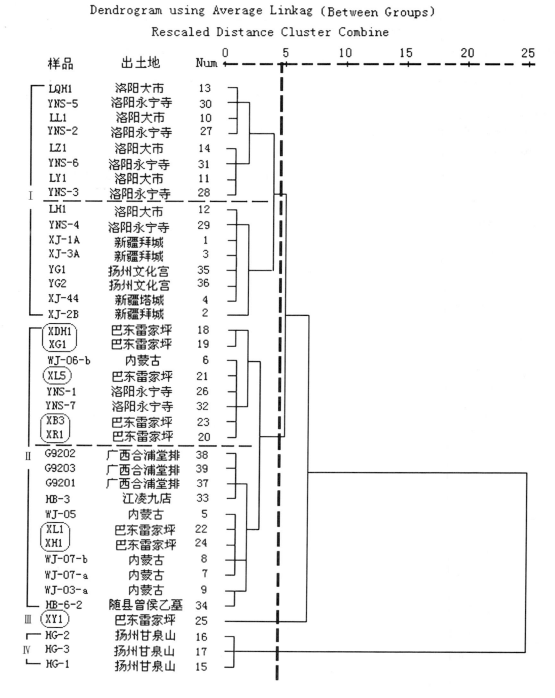

图四 雷家坪等遗址玻璃样品主量元素聚类图

帝外各朝皇帝都竭力推行佛教，佛教有关的玻璃珠等制品自然也会大量涌入中国，相关的制造技术也伴之而来[20]。《魏书·西域传》记载"世祖时，其国（注：大月氏）人商贩京师，自云能铸石为五色琉璃，于是采矿于山中。于京师铸之，即成，光泽乃美于西方来者。乃诏为行殿，容百余人，光色映彻，观者见之，莫不惊骇，以为神明所作。自此，中国瑠璃遂贱，人不复诊之。"[21]说明这些来京师铸玻璃工匠，技术高超，所铸的玻璃优于国外，北魏朝廷烧制的玻璃器可能采用大月氏商人传来的配方与工艺[22]。如前所述，魏晋南北朝时期，我国不再出现铅钡玻璃，代之而起的是高铅玻璃和碱玻璃，中国很早就有铅玻璃和钾玻璃两种系统。铅作为助熔剂早在商周时期的青铜铸造和春秋战国时期的玻璃烧制过程中，得以广泛应用，到六朝时期含铅很高的绿釉冥器盛行，那么此时生产的玻璃铅含量偏高亦在常理之中。PbO 的引用原料是一般红丹或黄丹，需要有意添加，不像其他碱土金属氧化物和酸性氧化物及碱金属氧化物可以从许多伴生矿中引入。雷家坪遗址的玻璃珠多含有一定量的 PbO，个别样品还比较高，更像中国古玻璃风格；雷家坪遗址出土的这批玻璃主要是钾钠碱玻璃，均不含氧化镁，而西方的钾玻璃含氧化镁极高，布列尔（R. H. Brill）认为从中世纪起西欧已能制造钾玻璃，而这种玻璃必定含 3%～5% 甚至更高氧化镁[23]。考虑到这批玻璃珠来自于同一根项链，不同颜色的玻璃珠均有多种大小规格、形状颇为相似，这暗示它们可能来自于同一个或一批工艺相似的玻璃作坊。虽然化学成分体系不完全统一，也许这正反映了当时中国多种玻璃生产技术融合的现象。则雷家坪遗址的玻璃珠很可能是这个时期的过渡产物。

3. 工艺特点

整体来看，雷家坪遗址出土这批玻璃珠，小巧精致，质量相差不大，根据不同的色彩需要，已能选配不同的呈色剂，说明其玻璃制作工艺较为成熟。由体视显微镜下的观察发现，大多珠饰的表面都有大小不一的孔洞，推测为埋藏日久，腐蚀所致，或者缘自未熔颗粒的脱落。而有的珠饰还不甚规则，中间的小孔也多有畸形，个别样品甚至还留有明显的烧制缺陷。尽管如此，大多数玻璃珠温润如玉，尤其样品 XY1、XG1 和 XDH1，几乎不透明。从玻璃珠的大小、形状及穿孔判断，可能采用的是拉制法（drawn beads）[24]，即先将熔融的玻璃液用特殊工具拉成空心的细管，再切割而成，即根据玻璃管的粗细不同，切割大小不一的珠子。拉制法制成的珠子具有以下特征：①珠子的基本形态为圆柱形；②玻璃中的气泡为椭圆形，气泡长径的方向与穿孔平行；③穿孔内壁一般是光滑的，没有黏结物。此外，玻璃中当重量比 $K_2O:Na_2O \approx 1.5$ 时，玻璃的耐酸性最强，这一比值在 PbO 和 SiO_2 的任何含量下都是适用的[25]，而雷家坪和斯里兰卡不少样品的 $K_2O:Na_2O$ 值接近甚至等于 1.5，应该是其经久不腐的一个原因。

四、结　语

本文利用体视显微镜、XRD 和 XRF 等方法，对湖北巴东县雷家坪遗址出土的珠饰进行了研究。其中较大的白珠和绿珠分别为白铅矿石和孔雀石直接雕琢而成。其他小珠为玻璃质地，以 Fe、Cu 等为呈色元素，分别展现出黑、白、黄、红、绿、蓝和蓝紫等颜色；化学成分具有高铝低钠、钾和钙，无钡、镁的特点，K_2O、Na_2O、CaO 和 PbO 的含量差别明显，其配方和我国西周至汉代玻璃以及西方传统玻璃差别甚大。这批珠饰很有可能是我国古代工匠在原有玻璃技术基础上，借鉴和吸收了外来玻璃的制造技术，在中国境内自行烧制的。

注　释

[1]　（战国）《尚书·禹贡》；（战国）屈原：《楚辞》；（东汉）班固：《汉书·杨雄传·校猎赋》，卷八十七；（东汉）班固：《汉书·地理志》，卷二十八；（东汉）班固：《汉书·西域传》卷九十六；（东汉）王充：《论衡·率性篇》；（西汉）桓宽：《盐铁论·力耕第二》，卷一；（晋）范晔：《后汉书·西域传》卷八十八；（晋）郭璞注：《穆天子传》，卷四，（北齐）魏收：《魏书·西域传》，卷一百二；（唐）李延寿：《北史·大月氏传》，卷九十七；（唐）魏征：《隋书·西域传》，卷八十三；（后晋）刘昫：《旧唐书·西戎传·拂林传》，卷一百九十八；（唐）令狐德棻：《周书·异域传下》，卷五十；（宋）宋祁：《新唐书·西域传》，卷二百二十一；（宋）李昉等：《太平御览·珍宝部七·琉璃、颇黎》卷八百八；（宋）郑樵：《通

志·四夷传》，卷一百九十六；（明）赵廷瑞修，马理、吕柟纂：《陕西通志·拾遗一》，卷九十八；（元）脱脱：《宋史·外国传》，卷四百八十九；（明）李时珍：《本草纲目·玻瓈拾遗》，卷八；（清）吴玉搢：《别雅》，卷一。

[2] [6] [8] [11] [23]　　黄启善：《广西古代玻璃研究概述》，《广西考古文集（第二辑）——纪念广西考古七十周年专集》，科学出版社，2005 年。

[3]　　〔苏〕A. A. 阿本著，谢于深、许超译：《玻璃化学》，中国建筑工业出版社，1981 年。

[4]　　安家瑶：《玻璃器》，《中国大百科全书·考古学卷》，中国大百科全书出版社，1986 年。

[5] [22]　　杨伯达：《西周至南北朝自制玻璃概述》，《故宫博物院院刊》2003 年第 5 期。

[7] [21]　　安家瑶：《魏晋时期的玻璃器》，《中国大百科全书·文物、博物馆卷》，中国大百科全书出版社，1993 年。

[9]　　安家瑶：《玻璃器》；宿白：《中国境内发现的中亚与西亚遗物》，《中国大百科全书·考古学卷》，中国大百科全书出版社，1986 年。

[10]　　干福熹：《关于中国故玻璃研究的几点看法》，《硅酸盐学报》2004 年第 2 期。

[12]　　NEUMANN B. Der babylonische-assyrieche Kiinsthiche Lasursteirs. *Chem Zeit*，1927，51：1013-1015；TURNER W E S. Study of ancient glasses and glass-making process（Ⅱ）. *J Soc Glass Technol*，1945，38：445；TURNER W E S. Study of ancient glasses and glass-making process（Ⅳ）. *J Soc Glass Technol*，1956，40：162；BRILL R H. *Chemical Analysis of Early Glasses*. Corning，New York：The Corning Museum of Glass，1999. 见：干福熹，李青会，顾冬红等：《新疆拜城和塔城出土的早期玻璃珠的研究》，《硅酸盐学报》2003 年第 7 期。

[13]　　新疆拜城和塔城样品见：干福熹，李青会，顾冬红等：《新疆拜城和塔城出土的早期玻璃珠的研究》，《硅酸盐学报》2003 年第 7 期。

[14]　　内蒙古地区样品见：李飞，李青会，干福熹等：《一批中国古玻璃化学成分的质子激发 X 射线荧光分析》，《硅酸盐学报》2005 年第 5 期。

[15]　　洛阳大市样品见：刘壮，张志红：《洛阳北魏大市遗址出土玻璃珠成分分析》，《光谱实验室》，1999 年第 1 期。

[16]　　洛阳永宁寺及扬州文化宫样品见：安家瑶：《玻璃考古三则》，《文物》2000 年第 1 期。

[17]　　广西合浦堂排样品见：王新俊，李平，张巽等：《广西合浦堂排西汉古玻璃的铅同位素示踪研究》，《核技术》1994 年第 8 期。

[18]　　扬州甘泉山样品见：a. 李青会，顾冬红，干福熹等：《扬州西汉墓出土古玻璃的质子激发 X 射线荧光分析》，《核技术》2003 年第 12 期；b. 李青会，张斌，承焕生等，《质子激发子激发 X 射线荧光技术在中国古玻璃成分析中的应用》，《硅酸盐学报》2003 年第 10 期。

[19]　　湖北江陵及随县样品见：李青会，黄教珍，李飞等：《中国出土的一批战国古玻璃样品化学成分的检测》，《文物保护与考古科学》2006 年第 2 期。

[20]　　[北齐] 魏收：《魏书·西域传》卷一百零二。

[24]　　安家瑶：《玻璃考古三则》，《文物》2000 年第 1 期；干福熹等著：《中国古代玻璃技术的发展》，上海科学技术出版社，2005 年。

[25]　　西北轻工业学院主编：《玻璃工艺学》，轻工业出版社，1982 年。

附录二　雷家坪遗址石制品操作链分析

李有骞

（吉林大学边疆考古研究中心）

　　雷家坪遗址位于巴东县长江北岸雷家坪村，吉林大学边疆考古研究中心对其进行了 4 次发掘。本文研究的对象为发掘获得的石制品中的一部分。

　　在石制品的研究方面，欧美国家在 20 世纪 80 年代经历了从类型学向"操作链"研究范式的转变，该方法由于关注工具的生命轨迹而提供了石器的动态视野，使得我们能够通过了解原料采办、工具生产、工具使用、维修和废弃过程的关系来重建特定的技术策略。石制品不再是固定、静止的实体和人类技术的终极产品，而是受人类思维操控和条件影响的一系列操作环节中的某一环所产生的中间产品，研究的重点不是个别的所谓"典型标本"的分类属性和形态特征，而是全部标本所反映的人类技术、行为、思维以及类型间的内在联系[①]。实际上盖培先生 1984 年进行的阳原石核的动态类型学研究及其工艺思想的分析就是"操作链"研究在中国的最早尝试[②]，近些年来，一些学者开始比较系统地介绍了"操作链"、技术组织以及石器"生命史"的概念[③]，并在小长梁[④]和东谷坨[⑤]等遗址的石制品研究中运用了"操作链"的研究方法。"操作链"的研究思路在中国的旧石器时代考古学的研究中开始占有越来越重要的地位，但可惜的是这类研究并没有运用到属于新石器时代及其以后的石制品的研究中。我国目前对磨制石器的描述和研究注重的主要是保存比较完整的标本，基本停留在静态的分类和对比典型标本的阶段，难以深入了解石制品的制作工艺和当时人们的工艺思想以及由此反映的行为模式。本文即尝试以石器是有"生命"的观念为出发点，运用旧石器考古学研究中"操作链"范式，通过与模拟制作实验过程的对比，解读雷家坪遗址出土的 75 件石制品的"生命"过程。根据石工业的时间轨迹我们把其分成四个主要阶段：原料的采办，工具的加工，工具的使用、维修或改制，废弃。

一、制　作　实　验

　　模拟实验是现代考古学深入理解和认识遗存的重要手段之一，通过模拟实验可以获得一般观察所不能得到的重要信息，通过模拟实验所得出的关于遗存功能、形成过程等结论也比猜想式的结论可靠[⑥]。为能够比较真实地体验制作石器过程的具体细节，我们在仔细观察了雷家坪的石制品特点之后，

---

① 高星：《旧石器时代考古学》，《化石》2002 年第 4 期，第 2~4 页。

② 盖培：《阳原石核的动态类型学研究及其工艺思想的分析》，《人类学学报》1984 年第 3 期，第 244~251 页。

③ 陈淳：《"操作链"与旧石器研究范例的变革》，《第八届中国古脊椎动物学学术年会论文集》，海洋出版社，2001 年，第 234~242 页。

④ 陈淳、沈辰等：《小长梁石工业研究》，《人类学学报》2002 年第 1 期，第 23~40 页。

⑤ 侯亚梅：《"东谷坨石核"类型的命名与初步研究》，《人类学学报》2003 年第 4 期，第 279~292 页。

⑥ 冯恩学：《田野考古学》，吉林大学出版社，2008 年（第三版），第 266 页。

推测出它们的制作过程，我们根据推测的工艺进行了比较简单的制作石器的模拟实验。因条件的限制，我们选用的原料均采集于长春市内开发区的空地。原料有泥岩、板岩石块以及椭圆形角岩砾石。为了便于描述，本文使用一些名词表示石制品上的不同位置，各名称的部位如示意图（图一），A 面和 B 面合称为正面，左侧面和右侧面合称为侧面。

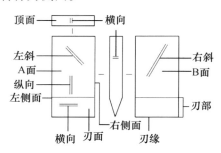

图一　石制品描述术语位置示意图

我们成功加工出石制品 3 件，如下：

EX1　泥岩小石斧，以板状石块为原料，用锤击法修理出扁长方体毛坯，在较大花岗岩石块的平面上单手磨制 15 分钟而成，未见磨痕。

EX2　板岩大石斧，以天然板状石块为原料，石料平面形状基本与预期成品相符，但较厚。为减薄石料厚度，运用锤击法以侧面为台面沿边缘向两正面修理，并在一端打出双面刃形。制作者坐在置于地面厚约 10 厘米的石头上，砺石是一块花岗岩的石板，位于制作者的正前方，磨面距地面约 40 厘米。右手伸直拇指与其余四指对握毛坯于掌心之中。磨制时采用的运动方向与身体的前后方向一致，主要用肩部的力量带动肘部的屈伸完成，此时毛坯移动的方向即用力的方向与毛坯长轴呈约 45°的夹角，这主要是由于人手对握的特点造成的。与此一致的是在毛坯的磨面上我们观察到有左斜约 45°的磨痕。我们把这种对握及磨制的运动方式称作 Aa 磨法。相反如果用左手代替右手，做同样的磨制运动，在磨面上会产生右斜约 45°的磨痕，我们把这种对握及磨制的运动方式称作 Ab 磨法，两种磨法统称为 A 磨法。值得一提的是我们在进行磨制侧面的过程中，常常在正面留下或大或小的疤痕，尤其以近侧面为重，石片疤有清楚的打击点，呈贝壳状，相互不叠压，但是在磨制正面时却很少在侧面产生疤痕。刃缘的磨制最为艰辛，因为在磨制一面时常常在另一面产生片疤，如果磨另一面又会在这一面留有片疤。后改用含有粗粒砂的水泥板为砺石，情况虽稍有改观，但还是会产生小的疤痕。最后改变了磨制的方法，握法与 Aa 磨法的握法相同，但是主要由肘关节的屈伸带动毛坯以肘关节为圆心做弧形轨迹运动，我们把这种对握磨制的运动方式为 Ba 磨法，如果改为左手做同样的工作，将其称为 Bb 磨法，不论 Ba 还是 Bb 磨法，在磨面上产生的都是与毛坯长轴基本垂直的磨痕，所以仅从磨痕上我们难以区分出是左手还是右手的工作，我们把这两种磨法统称为 B 磨法。我们仅在单面刃部的磨制中采用了 Ba 磨法即成功加工出刃缘，刃部可见横向的磨痕。从打坯到磨制成形共花费 1 小时。

EX3　角岩石斧毛坯，原料为椭圆形砾石，器形厚重，因没有明显的转角或边棱，开始的打击修理并未打下石片。后运用我们根据出土的石制品所设计的方案，成功修理成毛坯。修理步骤如下：

（1）截顶，用锤击法打击，使其分成大小两部分，断面与砾石的长轴基本垂直，并且保证大的部分能够达到我们准备加工的石斧的长度。

（2）磨边，在花岗岩上用 Aa 磨法磨制被截顶砾石的两长侧边，使侧面为平面，并与两正面呈一定的夹角（图二）。

（3）修形，利用截顶和磨边产生的平面为台面，修刃和对砾石去薄。

（4）磨制，A 面采用 Ab 磨法，刃部采用 Aa 磨法；B 面的磨制方法：砾石置于制作者两腿之间，毛坯横于砾石上（即毛坯长轴与制作者的左右方向一致），砾石的磨面与制作者的所坐的面基本相同或略高，制作者用双手的拇指和其余四指（或更少，甚至只用食指）捏住毛坯，即拇指在毛坯的一侧其他指头在毛坯的另一侧，使毛坯随制作者肘部的屈伸做前后的移动，这种磨法在石器上留下的是横向的磨痕，与 B 磨法难以区别。我们把这种用双手磨制的方法叫 C 磨法，该种磨法既满足了毛坯与砾石的压力要足够大的要求又符合人体运动特点，但唯一的不足是需要的条件比较苛刻，比如砾石的磨面要大体水平，高度要适合。

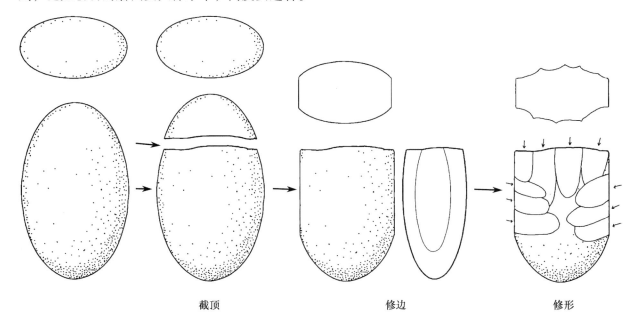

截顶　　　　　　　　　　　　　　　　修边　　　　　　　　　　　　修形

图二　砾石到毛坯的制作过程示意图

除上述的 3 件成品之外，还有部分用砾石加工时产生的废品，废弃原因主要是我们在选料时找到的长宽都能达到制作大石斧尺寸要求的砾石，它的厚度却超出了我们的要求，砾石较厚时，因没明显的转角或边棱，难以剥下石片，即使用大力偶尔打下的石片也往往很大，会影响我们理想中的石斧的形状。

通过此次简单的制作实验得出三点重要的认识：

（1）在磨制过程中尤其是侧面和刃缘的磨制容易产生石片疤；

（2）如果用单手磨制比较省力的方式至少有两种，一种是 A 磨法，另一种是 B 磨法，A 磨法因毛坯对砾石的压力大，更利于磨形时的应用，但它的不足是磨制时毛坯的移动频率较慢磨面也比较粗糙，B 磨法因毛坯对砾石的压力小，磨制时毛坯的移动频率要比 A 磨法的移动频率快一倍左右，磨面光滑更适于抛光或细微磨制时的应用。双手的磨制用 C 磨法比较省力，但要求的条件苛刻；

（3）对于难以打制修理的原料，先磨出平面作为台面不失为一种可行的办法。

二、原料的采办

雷家坪遗址出土的 75 件石制品，分别出于属于 4 个时代的 24 个单位中。岩性以辉绿岩、泥岩和粉砂岩为主，轻微变质的辉绿岩、变质粉砂岩、泥质粉砂岩、安山玢岩和流纹岩等少见（表一）。

表一　雷家坪遗址石制品岩性统计表（单位：件）

性 年 代 岩	岩浆岩						沉积岩				变质岩			合计
	辉绿岩	花岗岩	安山玢岩	火山角砾熔岩	流纹岩	辉长岩	石英长石砂岩	泥质粉砂岩	泥岩	粉砂岩	蛋白石	变质泥质粉砂岩	轻微变质辉绿岩	
春秋	0	0	0	0	0	0	0	0	0	0	0	1	0	1
西周	5	0	1	1	2	0	1	1	4	4	1	3	0	23
夏商	8	0	1	0	0	1	1	3	12	4	0	1	5	36
龙山	6	1	0	0	0	0	0	1	3	2	0		2	15
合计	19	1	2	1	2	1	2	5	19	10	1	5	7	75

这些种类的岩石在雷家坪的长江岸边十分常见。从部分石制品的表面仍保留有的自然石皮来看，各个时代的雷家坪人应以采集长江岸边的砾石或天然石块（包括前人制作的产品）为原料。大多数岩石的硬度都不超过6，甚至部分泥岩手感极轻，还不及指甲的硬度，比较利于磨制加工。硬度较大的安山玢岩、花岗岩、蛋白石、火山角砾熔岩在制作毛坯阶段即被废弃。

从地层上来看，夏商时期的单位中有1/3的石制品以质地最软、容易加工的泥岩为原料，而泥岩在龙山时代的单位中仅占有1/5，这或许与夏商青铜工具的出现有关，但同时我们也不能忽视因为石器自身的特点更容易发生晚期单位出早期遗物的情况。

三、加　工

石制品的加工是使原料变为成品的过程，期间涉及的产品有毛坯、石锤以及修片、石核和砺石等。已经使用的成品对于这一过程的考察也具有重要的意义。在我们研究的75件石制品中与此相关的只见毛坯、石锤和具有使用痕迹的成品。

1. 毛坯

在75件石制品中毛坯有10件，根据原料的不同分为砾石毛坯和石片毛坯，两类毛坯各占一半。石片毛坯除以当时打制的石片为原料之外，还以采集到的天然石块或前人加工的石制品为原料。

砾石毛坯　99BLG1①：7，A面略弧，B面较平，均为砾石面，顶面为折断面，其余三边由A面向B面打击修理，在左侧保留有一小平面为磨面，磨痕左斜，其可能与我们实验制作的EX3的毛坯阶段相似（图三，2）。99BLT406⑥：2，AB两面均为自然面，顶部折断，以顶面为台面向单面有修理，在A面左下部也有一疤，在B面的对应位置有一小的磨面（图三，4）。99BLT404③：1，椭圆形砾石被折断，两侧边为磨面，磨痕为左斜，以两侧磨面为台面对砾石进行修理（图三，3）。99BLT402③：2，扁平的砾石周边进行了双向修理，没有发现磨面（图三，1）。

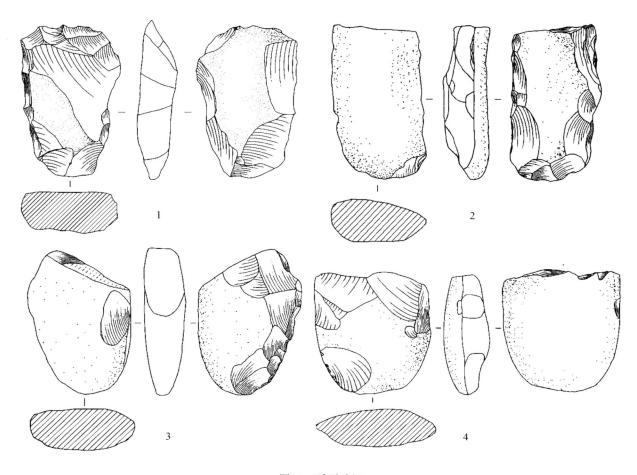

图三　砾石毛坯
1. 99BLT402③:2　2. 99BLG1①:7　3. 99BLT404③:1　4. 99BLT406⑥:2

石片毛坯　99BLT402⑧:2，A 面以砾石面为主，周边片疤颜色可以分成深浅两类，B 面中心的片疤和边缘部分片疤颜色也比下部的颜色浅，浅色的石片疤应为风化的结果，表明两次打片的时间相隔十分遥远（图四，1）。99BLT402⑥:2，厚石片的近端，打击点十分清楚，石片背面为砾石面，石片两侧有从腹面向背面的修理（图四，2）。99BLT402③:5，完整石片，石片背面为砾石面，侧边有腹面向背面的修理，左侧边为一磨制的平面，磨痕左斜（图四，3）。

2. 石锤

根据石头上密集的凹坑，作为锤击使用的痕迹比较容易识别，但是是加工工具的石锤还是工具维修或改制中使用的石锤，或者是工具使用中应用的石锤就难以区分，所以我们在此把可见石锤痕迹的 6 件标本一并叙述。99BLT404③:2，长椭圆形砾石，两端有向两侧崩裂的石片疤，左侧上部及右侧可见作为石锤使用产生的凹坑。左侧大部分为一解理面，这是唯一一件专门用于石锤的工具（图五，1）。99BLT402⑧:4，椭圆形砾石顶部被折断，两侧面为磨面，磨痕左斜，以折断面及磨面为台面向两面修理，仍保留有部分砾石面，A 面的中下部及地面有密集的凹坑，应为作为石锤使用的痕迹，此件石锤为修理不成功的毛坯改制而成（图五，2）。99BLT402⑧:5，椭圆形砾石顶部被折断，以折断面为主台面向两面修理，底部保留有砾石面，两侧面有密集凹坑，说明曾作为石锤使用，此件石锤也为修理不成功的毛坯改制而成（图五，3）。99BLT402⑧:24，此件为刃缘损坏的磨制"石斧"，除两面分布

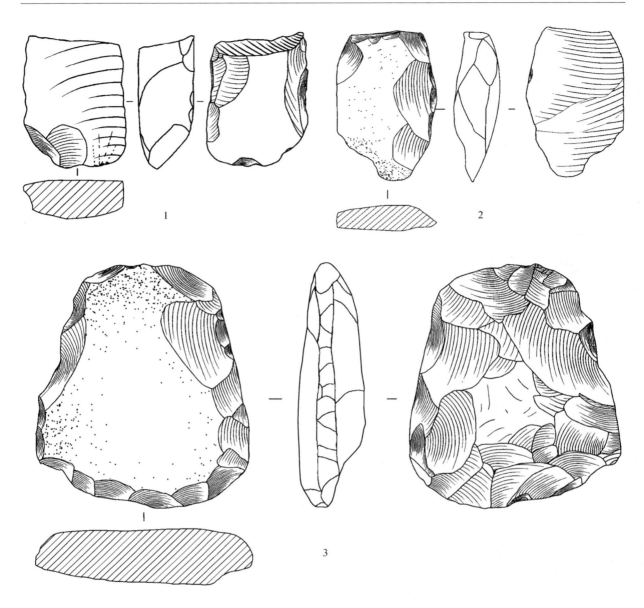

图四　石片毛坯
1. 99BLT402⑧：2　2. 99BLT402⑥：2　3. 99BLT402③：5

的少量疤痕外，在平面处也可见较多的凹坑，曾长时间作为石锤使用，重要的是，A 面中部的凹坑与平面垂直砸击法的石锤十分相似，此件为由废弃的成品改制而成（图五，4）。

3. 成品

根据疤痕的情况难以推测成品的使用情况，因为即使已经使用了的成品也许并没有留下显著的疤痕，而留下了显著疤痕的成品或许只使用了很短的时间，因此我们把顶部刃部及两边都保留的标本称作成品。此次研究的材料共有成品 25 件，其中对于考察制作信息具有重要意义的有 5 件。99BLT404⑥b：6，扁长方体，除一端从两面被磨出刃部外，其余部分均为不甚平整的砾石面，很显然它的制作没有经历打片的过程（图六，1）。97BLH5：21，正面的中心位置及边缘仍保留有砾石面，未见打制毛坯时产生的修疤，显然是以椭圆形砾石稍加磨制而成（图六，2）。97BLT409③：1，刃部及 B 面为磨面，

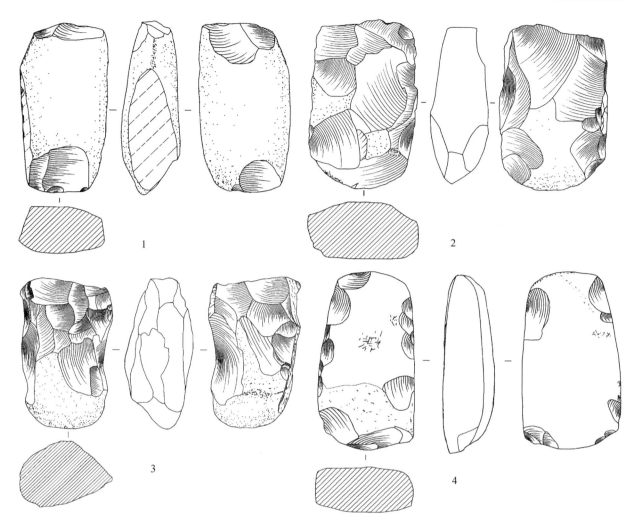

图五　石锤
1. 99BLT404③: 2　2. 99BLT402⑧: 4　3. 99BLT402⑧: 5　4. 99BLT402⑧: 24

其余部分保留有砾石面，未见打制修理的修疤，这也是一件由扁长砾石直接磨制而成的成品（图六，5）。97BLT415③: 2，两面凸出部分有比较清楚的磨痕，边缘凹处为砾石面，两者界限不清，基本可以恢复制作成形之前砾石的样子（图六，4）。97BLT401②: 1，周身磨制，棱角分明，正面及左侧面和右侧面的中下部均不见磨痕，但是顶部和右侧面的上部（上部稍凹）却有清楚地横向磨痕，说明在磨制成形之后还存在抛光的工序（图六，3）。99BLT402③: 1，A 面为磨面，B 面为石片劈裂面并伴有磨面，右侧有负面向背面的修理疤痕，底部为磨制而成的刃，此件为石片稍加修理磨制而成的成品（图六，6）。

　　由此我们总结出成品的制作过程有以下几种制作模式：

　　（1）选用砾石为原料，经过打制出雏形，再磨制而成，在打制毛坯过程中存在磨光台面的现象。并且很可能存在像我们实验制作 EX4 的制作工序。

　　（2）选用扁平的砾石为原料，不经打制直接磨制而成。

　　（3）以石片或片状石块为原料，原料的来源有三种：第一是由当时的石器制作者打制产生；第二是前人加工的产品；第三是自然形成的石片或石块。原料经打制修理出毛坯，再磨制出成品。

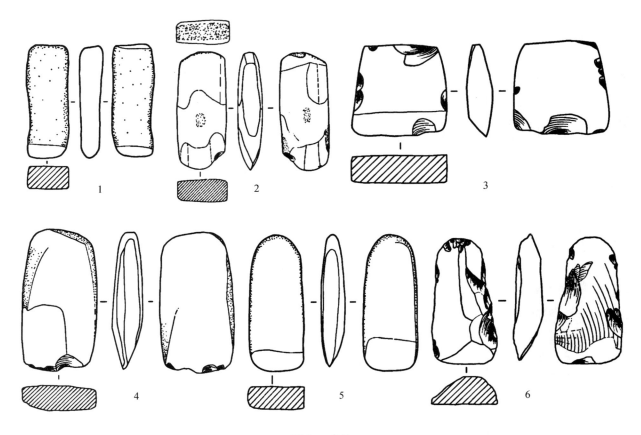

图六　成品

1. 99BLT404⑥b: 6　2. 97BLTH5: 21　3. 97BLT401②: 1　4. 97BLT415③: 2　5. 97BLT409③: 1　6. 99BLT402③: 1

（4）原料与（3）相同，只是不经打制修理，直接磨制而成。

当然这四种模式的最后工序都可能再进行抛光处理。

4. 磨痕

磨制时产生的条痕对于了解石器制作者的磨制习惯以及工艺具有重要的价值。借助放大镜和显微镜我们对 75 件标本的 296 个磨面进行了观察。我们显微镜的放大倍数一般不超过 12 倍，因为超过这个倍数并不利于磨痕的总体观察，如果在这个倍数下仍未见到磨痕，我们即称作未见磨痕。观察结果如表二，总体来看横向磨痕的比例最大，在保存的 296 个磨面中几乎达到一半，左斜的为 15%，远远大于右斜的 2%。如前文所述，运用 B 磨法和 C 磨法在石制品磨面上留下的磨痕为基本平行，与表二中的横向磨痕一致，运用 Aa 磨法在石制品磨面上留下的磨痕与表二中的左斜相一致，运用 Ab 磨法在石制品磨面上留下的磨痕与表二中的右斜相一致。如果仅在这个意义上讲，从各个时代总体来看，雷家坪人在磨制石器时更习惯使用右手。

重要的是在毛坯阶段出现的 4 个磨面，都具有明显的磨痕，并且磨痕的方向均为左斜。在进行改制的 9 件标本的 18 个磨面中左斜和横向各占一半。这可能与我们实验发现的 A 磨法比 B 磨法更适于磨形，同时磨制时比 C 磨法有更大的适应性有关。

在表二中未见磨面的比例仅次于横向的磨痕，这除了部分标本石质过软不易保存之外，更多的还是反映了工艺的特点。在 93 个未见磨痕的磨面中，刃面占了 45%，并且 68 个刃面中有接近 62% 未见磨痕。在实验中进行 EX2 的加工，最难的也是刃部的加工，我们存在将粗糙的花岗岩砾石换成含粗粒砂的水泥板为砺石的过程，所以一般来说只有砺石足够细腻才比较容易完成刃部尤其是刃缘的加工。刃面未见磨痕的比例较大的情况恰恰与我们实验的结果相符。纵向磨痕在刃部比例的增加也与不同于 ABC 的磨制的方法有关。但实际上不得不承认，磨痕的产生具有很大的随意性，磨制的方法也不仅仅是我们实验中应有的几种，对于该问题，我们只是想起到抛砖引玉的作用，希望以后其他的石器研究者能够将磨痕作为一个观察项目，材料的积累更有利于地区间和时代间的比较。

表二　雷家坪遗址石制品磨痕统计表（单位：件）

	左斜	右斜	横向	纵向	未见	合计
正面	13	1	57	1	23	95
侧面	23	3	60	1	22	109
刃面	7	1	10	8	42	68
顶面	0	2	13	3	6	24
合计	43	7	140	13	93	296
百分比（%）	15	2	47	4	31	100

四、使用、维修和改制

如果根据通常对磨制石器的认识标准，我们研究的石制品中的 25 件成品（石锤除外）应该属于楔、斧、锛和凿，为了能够与其他材料对比，所以在报告的正文也有详细的描述。但该种确定石器名称的标准本身就具有明显的主观性特点，因为把形态和功能两个参量混淆使用的后果就是导致了各个器类彼此之间的区别界限不够清晰，从而造成了在实践操作上的困难。确定工具的功能是一件十分复杂的工程。在我国，对磨制石工具功能的探讨比较早，以往主要从伴生器物、形态特点、文献资料、力学演算和民族学材料的对比等角度进行[①]，但是这些都难以作为确定石器功能的直接证据。最近有人开始尝试对磨制石器进行微磨痕的研究[②]，这是一个良好的开端，但对磨制石器进行微磨痕的研究要比对打制石器更为艰难，根据现有的条件我们还难以对雷家坪遗址的石制品进行此项研究。为了便于叙述，我们仅仅根据形态特征，将雷家坪的成品分成双面刃器和单面刃器，如表三。在成品中夏商单位中的双面刃器比单面刃器多 8 倍，如果把可以观察刃形的刃部碎块也计算进来，夏商单位中的双面刃器也比单面刃器多 7.5 倍，这个数字远远大于春秋、西周和龙山时期单位中的单双面刃器的比例。

表三　雷家坪遗址石制品成品与刃部碎块统计表（单位：件）

项目	分类	春秋	西周	夏商	龙山	小计
成品	双面刃器	0	8	9	0	17
	单面刃器	1	5	1	2	8
刃部碎块	双面刃器	0	2	6	1	9
	单面刃器	0	0	1	0	1
合计		1	9	17	3	35

---

① a. 杨鸿勋：《石斧石楔辨——兼及石锛与石鞭铲》，《考古与文物》1982 年第 1 期，第 66~68 页；b. 杨鸿勋：《论石楔及石扁铲——新石器时代考古中被误解了的重要工具》，《文物与考古论集》，文物出版社，1986 年，第 239~251 页；c. 孙机：《我国古代的平木工具》，《文物》1987 年第 10 期，第 70~76 页。

② 谢礼晔：《二里头遗址石斧和石刀的微痕分析》，中国社会科学院硕士论文，2005 年。

　　成品在使用的最后期，已经失去原有的功能，使用者常常会对工具进行维修或改制。如99BLT402⑥b:3，正面及侧面均保留有部分磨面，具有横向磨痕，器身的修疤有比较明显的打击点，并且疤痕的边缘明显，应是形成磨面之后进行打击修理的结果，考虑到刃部残的情况，其可能是为了将其修理或改造成新的工具（图七，2）。99BLT404⑧:7，A 面和 B 面保留有部分的磨面，边缘大量的修疤打破磨面（图七，5）。还有一种就是把使用废掉的成品最为石锤来使用，如前文提到的99BLT402⑧:24（图五，4）。

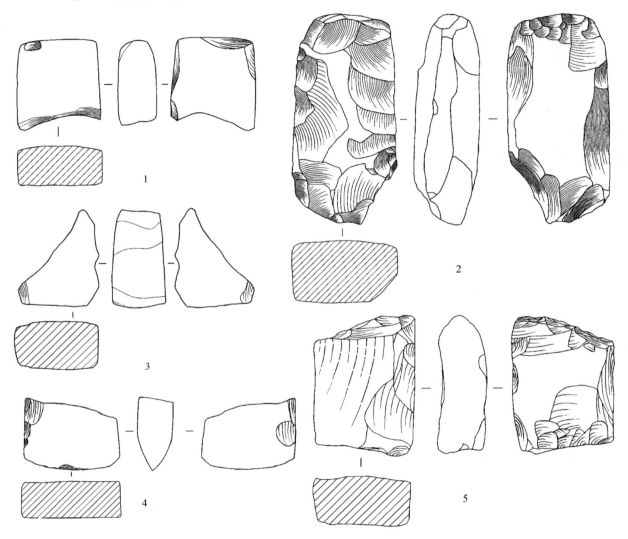

图七　成品毛坯
1、3、4. 碎块（99BLG1①:6、99BLG1①:4、99BLG1①:11）　2、5. 成品毛坯（99BLT402⑥b:3、99BLT402:7）

五、废　弃

　　工具的废弃过程常常与工具的分解相伴的①，我们划分出的属于该阶段的石制品共 28 件，根据

————————

①　这里的使用不考虑特殊情况，如祭祀、埋藏、陪葬和丢失等。

原来所在成品上的位置分成顶部碎块（8 件）、器身碎块（10 件）和刃部碎块（10 件），有趣的是它们的数量相差不大。顶部和刃部碎块的大部分都是横向折断，器身碎块形状多不规则。如99BLG1①：6，顶部碎块，除横断外其余部分均保存较好的磨面（图七，1）。99BLG1①：11，刃部碎块，上部为这断面，刃缘有单侧小疤，保存比较完整（图七，4）。99BLG1①：4，平面形状不规则，AB 面均为磨面，各侧边为断面（图七，3）。

六、结　　语

根据时间上的顺序可以将雷家坪遗址的 75 件石制品划分成毛坯、成品、再生毛坯、碎块和石锤五个部分，分别与人类利用石头的行为相对应，如图八。

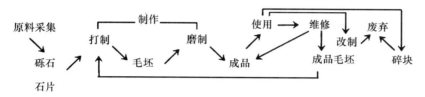

图八　石制品类型与人类活动关系图

其中石锤是一类比较特殊的器物，它贯穿于整个利用石头的阶段，它也在制作、使用和维修阶段都被使用，它可能取自天然砾石也可能是打制时的毛坯还可能是成品或者成品毛坯。

通过以上的分析，对雷家坪遗址石制品的认识最重要的有以下几点：

（1）雷家坪人主要以采集长江岸边常见的辉绿岩、泥岩和粉砂岩质的砾石为原料，并且有利用前人加工的石制品的现象。

（2）在打制毛坯的过程中有磨光台面的迹象，并且对砾石的打坯可能有一套完整的步骤，但它的确定还需要更多材料的支持。

（3）横向磨痕与斜向磨痕的数量在成品和毛坯上的差别，反映了不同的工序阶段采用不同的磨制方法。

（4）刃部未见磨痕的大比例，说明刃部的加工与器身的加工不同，反映了砾石或磨制方法的变化。

（5）成品在使用后存在维修或改制的情况。

（6）处于"生命"各个阶段的石制品都有改制成石锤的现象。

附录三　雷家坪遗址出土的动物遗存研究

陈全家

（吉林大学边疆考古研究中心）

一、动物出土情况简介

在遗址内发现的动物遗存数量非常少，仅见于02BLT135⑥和05BLH1的两个单位内，共计41件，并且破碎相当严重。

二、动物骨骼分类与描述

（一）02BLT135⑥

出土动物骨骼24件。其中有鱼类和哺乳类。

1. 鱼类（Pisces）

发现鱼类骨骼4件，均为鱼的鳃盖骨，破损严重。根据鳃盖骨的纹理特征分析，应该是鳙（*Aristichthys nobilis*）。从鳃盖骨的厚度观察分析（编号为02BLT136⑥：6，图版三九，5），鱼的体重大约15千克。

根据破损的部位分析，属于4个鳃盖骨，最小个体数为2个个体。

2. 哺乳类（Mammalia）

发现该类骨骼20件，其中不可鉴定部位的碎骨片4件。

（1）偶蹄目　Artiodactyla Owen

1）鹿科　Cervidae Gray

鹿属　*Cervus* sp.

共发现角的碎块7件，由于破碎严重无法鉴定其中种属。

獐　*Hydropotes inermis*

共2件。分别为胫骨和距骨。02BLT135⑥：7，左侧胫骨远端。残长72毫米，近端宽2毫米。骨体纤细，胫骨嵴薄锐向外翻卷（图版三九，3）。02BLT135⑥：8，距骨，左侧，保存完整。最大长22毫米，最小长20毫米。在内侧和背侧有数条割痕，是肢解动物时所致（图版三九，8）。

2）猪科　Suidae Gray

猪属　*Sus* Linnaeus

家猪　*Sus domestic* Brisson

共发现骨骼标本 6 件。包括有下颌骨、肱骨、股骨和髋骨。最小个体数是 2。

下颌骨　1 件。02BLT135⑥:1，下颌骨的联合部，破损严重，残长 96 毫米，联合部的前后长 81 毫米。牙齿全部脱落，从联合部的长度和犬齿保留的齿槽孔特征分析，是一个成年雌性个体（图版三九，9）。

肱骨　1 件。02BLT135⑥:2，左侧远端，残长 46 毫米，远端最大宽 39 毫米，滑车宽 33 毫米。内上髁嵴的骨骺未痊愈合，是个未成年个体。在内上髁上有两处砍痕，从痕迹分析是金属工具所为。从鹰嘴窝内无穿孔等特征分析，该个体为雌性（图版三九，4）。

股骨　1 件。02BLT135⑥:3，左侧近端，残损严重，股骨头和大转子缺失。残长 65 毫米。

髋骨　3 件。均为髋臼部分，其中 2 件为右侧坐骨，02BLT135⑥:5，有一砍痕（图版三九，7）；另一件 02BLT135⑥:4，为右侧髂骨，上有啮齿类的咬痕。

（2）灵长目　Primates Linnaeus

人科　Hominidae Gray

人属　*Homo Linnaeus*

现代人　*Homo sapiens*

发现人牙 1 枚，编号为 02BLT135⑥:6，经鉴定为左侧下犬齿，但牙齿已经使用，从齿冠磨蚀程度分析，死亡年龄为青壮年（图版三九，6）。

（3）骨片

发现骨片 4 件。最长者 62 毫米，最短者 35 毫米。纵向断面较平齐；横向断口，根据形态特征可以分为两端尖者 1 件、一平一尖者 1 件和两端平者 1 件（图版三九，1、2）。分析可能是骨料部分。

（二）05BLH1①

发现哺乳动物骨骼 16 件。可鉴定部位的标本 15 件，其中有下颌骨 1、下门齿 1、肱骨 1、尺骨 1、股骨 2、胫骨 3、肋骨 3、掌骨 2、跖骨 1。可鉴定种属的材料 11 件；不可鉴定的骨片 1 件。具体鉴定如下：

（1）偶蹄目　Artiodactyla Owen

1）猪科　Suidae Gray

猪属　*Sus Linnaeus*

家猪　*Sus domestic Brisson*

发现的骨骼材料有右下第三门齿 1、左下颌骨 1、左侧肱骨 1、股骨左右侧远端 1、左右侧胫骨各 1、掌骨 1。可鉴定的全部材料分析，可代表的最小个体数为 2 个。

门齿　05BLH1①:1，左下 I_3，保存完整，长 54 毫米，咬合面已磨蚀（图版四〇，9）。

下颌骨　05BLH1①:2，左侧残，牙齿保留有 DP_4 和 M_1，DP_4 长 17.5 毫米，宽 8 毫米；M_1 长 15 毫米，宽 10 毫米。M_1 已经开始使用，死亡年龄为 4~6 个月（图版四〇，7）。

肱骨　05BLH1①:3，保留左侧骨干部分，近端骨骺脱落，远端残，残长 78 毫米。在远端的后侧有横向的割痕（图版四〇，1）。

股骨　05BLH1①:5，仅保留髌骨关节面。05BLH1①:6，保留骨干的远端部分，骨骺脱落，残长 75 毫米（图版四〇，2）。

胫骨　05BLH1①:7，右侧，仅保留中间的骨管部分，残长 78 毫米（图版四〇，3）。

掌骨　05BLH1①：8，左侧第三掌骨，近端骨骺脱落，残长36毫米。

2）鹿科　Cervidae Gray

　　鹿属　*Cervus* sp.

发现该类标本有3件。

下颌骨　05BLH1①：9，右侧，下颌体残，牙齿仅保留了 M_2 和 M_3。残长50毫米，$M_{2 \sim 3}$ 长34毫米，M_3 长、宽分别为21、11毫米。在 M_2 和 M_3 的颊侧有短小的齿柱，齿冠表面可见鹿皱（图版四〇，4）。M 已经使用，从磨蚀的程度分析，其死亡年龄大约在2个月左右。

尺骨　05BLH1①：10，右侧，两端残，长51毫米，最大宽29毫米（图版四〇，6）。

跖骨　05BLH1①：11，右侧近端部分，骨骺脱落。残长42毫米（图版四〇，5）。

（2）食肉目　Carnivora Bowdich

　　犬科　Canidae Gray

　　　犬属　*Canis* sp.

仅发现掌骨1件。编号为05BLH1⑤：12，近段残，残长42毫米。

（3）可鉴定部位

该类标本共4件，其中肋骨3段，胫骨碎片1件。由于标本破碎严重，无法鉴定种属。

（三）05BLH1⑤

共发现骨骼材料7件。可鉴定部位的骨骼有下颌骨1、肋骨1、股骨2、胫骨1和蹄骨1。不可鉴定部位的骨片1件。种属鉴定如下：

1. 鸟类（Aves）

该类标本仅发现1件。编号05BLH1⑤：1，是鸟的胫骨远端部分，骨骺脱落尚未愈合。残长30毫米。

2. 哺乳类（Mammalia）

（1）偶蹄目　Artiodactyla Owen

1）猪科　Suidae Gray

　　猪属　*Sus* sp.

仅发现左侧下颌骨1件，编号05BLH1⑤：2，残损严重，牙齿仅保留 P_4，还有 M_1 的齿槽孔，残长29毫米。从 P_4 的磨损分析，其年龄为中年个体。

2）鹿科　Cervidae Gray

　　鹿属　*Cervus* sp.

仅发现蹄骨1件，编号05BLH1⑤：3。部分残损，最大长54毫米，背面长45毫米。

（2）食肉目　Carnivora Bowdich

　　犬科　Canidae Gray

　　　犬属　*Canis* sp.

发现股骨两段，其中，中段骨管1件，编号05BLH1⑤：1。残长45毫米。另一件为右侧近端，股骨头和大转子残；保留小转子、转间脊和转间窝以及部分骨管，残长70毫米（图版四〇，8）。

三、小　　结

从遗址内出土的动物骨骼遗存分析，可以得出以下几点认识。

（1）从该遗址的三次发掘所获的动物骨骼数量来看，出土动物骨骼的单位和动物骨骼的数量都是比较少的，其原因可能有三，其一，该发掘区不是人类活动的中心区域；其二，不是人类的主要生活区；其三，在当时狩猎和蓄养经济可能属于次要地位。

（2）在遗址内发现的动物骨骼都比较破碎，从破碎的痕迹分析均为人类的行为所致，其目的有二：一是砸骨取髓，二是加工骨器。

（3）在该遗址发现的动物种类有鱼类：鳙，鸟类，哺乳类的鹿、獐、家猪、人、犬、猪等。虽然发现了上述动物种类，但数量还是比较少。

（4）从渔猎和蓄养动物的种类和数量的比例关系分析，二者的数量大体相当。说明渔猎和蓄养经济并重。

（5）从野生动物的生活习性分析，遗址的周围有河流、灌丛和草原等。

附录四　雷家坪遗址早期青瓷器初步分析

陈章龙

（吉林大学边疆考古研究中心）

雷家坪遗址，位于湖北省巴东县东瀼口镇长江北岸的山坡中部，南距新巴东县城约 1.5 公里。遗址第六期地层和遗迹中出土部分早期青瓷器及其残片，在整理这批遗物时，我们发现其上有较多制作、使用的痕迹，特点较为明显，其所反映的相关问题对我们进一步认识雷家坪遗址早期青瓷器很有意义。本文根据雷家坪遗址并结合其他相关遗址出土物，对遗址早期青瓷器的相关问题分析如下。

一、雷家坪遗址早期青瓷器的工艺特征

由于三峡地区特殊的地理环境和盗掘现象的严重，遗址青瓷器保存状况较差。出土遗物中近于完整的青瓷器仅有 8 件，其他均为破损的青瓷器残片，其中可复原的仅有 51 件，本文以下就从瓷器制作流程的各个阶段来考察雷家坪遗址青瓷器的工艺特征。

1. 制坯成型工艺

雷家坪遗址青瓷器成型时，多采用了拉坯的工艺，这从器物内底面呈漩涡状的坯条可以很明显的看出来，如 97BLH5∶11、97BLH4∶7 底部明显的漩涡状凸棱（图一，3、4）。部分瓷器内底部底、腹转折处有一圈较宽的凹槽或若干道细凹弦纹。从平面上看，每件器物的凹槽和弦纹深度、宽度都较为统一，但仔细观察其形态还稍有不同，可分为以下七种情况。A 种，如 97BLH5∶41 底部凹槽两边坡度不一，靠近腹壁的一边较陡，而另一边坡度则较缓，凹槽底部较尖锐（图一，1），此类凹槽的形成，应该是刮刀倾斜在器物底部旋刻纹饰时，刃部削去一边的胎泥所致。B 种，则如 97BLT302③∶12、97BLH5∶11 等，底部凹槽两边坡度则较一致，弧度较圆滑（图一，2、3），其形成应该是采用一圆头状工具，均匀的抵住器物内底部进而旋转胎体所致。C 种，在器底相近的部位刻画的是一道或若干道细凹弦纹，如 97BLH4∶7 底部刻划一道细凹弦纹，但是弦纹没有闭合，而且弦纹的线条由粗变细，由浅入深（图一，4），证明此类弦纹在制作时工匠用力不均匀，起手时力道较小，刻划时力量逐渐加大，只是很随意地在器物底部刻划一道没有闭合、深浅不一的凹弦纹。D 种，如 97BLH4∶9 旋刻的弦纹，纹饰开头和结尾没有连接在一起而是相互错开，这也说明了此类纹饰制作时较为随意（图一，5）。E 种，弦纹制作比较规整的，如 97BLH5∶2，内底部的凹弦纹粗细、深度都较为统一（图一，6）；F 种，如 97BLH5∶26、97BLH5∶9 等，底部弦纹虽然线条较浅细，但是其同时排列分布着二至三道纹饰，弦纹间间隔距离、线条粗细都较为统一，说明其制作还是较为规整的（图一，7、8）。G 种情况则是部分盏等小型器物，如 97BLT302③∶2，内底直径较小，但是器底部还是装饰有明显的凹弦纹（图一，10）；02BLM2∶2 内底部凹凸不平，表面粗糙，应该是采用捏制的方法制作，其底部也有断断续续、深浅不一的凹弦纹，质量较差（图一，9）。

以上情况说明，雷家坪遗址部分青瓷器内底部存在凹槽或细凹弦纹，这应该是一种人为的器物装饰。凹槽制作较为规整、醒目，且分为两种不同的形式；细凹弦纹则质量相差较大，部分器物纹

饰制作较为随意，纹饰不规整，制作工艺、技术都显得较为不成熟，而另外部分器物的凹弦纹则较前一类细致，纹饰的复杂程度、制作技术都更显进步。同时，我们也可以看出，凹槽和细凹弦纹没有同时出现在器内底的情况，二者都是单独出现。两种装饰手段的运用，是否存在前后相继的联系，有待更多出土材料的佐证。

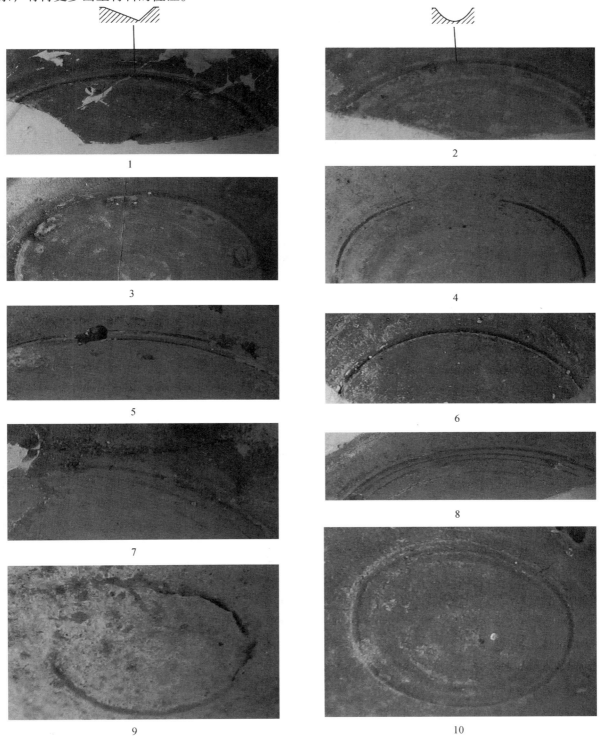

图一　雷家坪遗址青瓷器内底部的制坯痕迹

1. A 种（97BLH5：41）　　2、3. B 种（397BLT302③：12 、97BLH5：11）　　4. C 种（97BLH4：7）　　5. D 种（97BLH4：9）

6. E 种（97BLH5：2）　　7、8. F 种（97BLH5：26、97BLH5：9）　　9、10. G 种（02BLM2：2、97BLT302③：2）

外壁口沿下部或器腹部饰凹弦纹。A 种，器物口沿下施凹弦纹。可细分为两种形式：Aa 种，如 97BLH4：9、97BLH5：2 等，口沿下饰一道较为规整的凹弦纹，97BLH5：1 的凹弦纹相对还较宽，弦纹内积釉（图二，1~3）；Ab 种，如 97BLT414②：1，口沿下部则有两道凹弦纹，二弦纹之间间隔较近，规格相近（图二，4）。经过观察可以看出，此类凹弦纹和器内壁底部的第二种凹槽样式较为相似，应该是采用了相同的圆头状制陶工具，均匀用力顶在器物口沿下部，转动器物从而在口沿下部留下较为规整、匀称的宽凹弦纹。B 种，器物腹部刻划有线条较细的凹弦纹，如 97BLH5：1，在器腹中部刻划有一道明显的细凹弦纹，弦纹规整、醒目（图二，5）。C 种，如 97BLH5：26、97BLH5：9、97BLH5：11 等器物，在器腹的不同位置则存在有不规则的划沟，较为随意，位置、方向都没有选择性（图二，6~8）。相比较 97BLH5：1 的细凹弦纹，这些划沟应该是在制作、装饰器胎时无意中产生的遗留痕迹，不属于器表装饰纹饰。

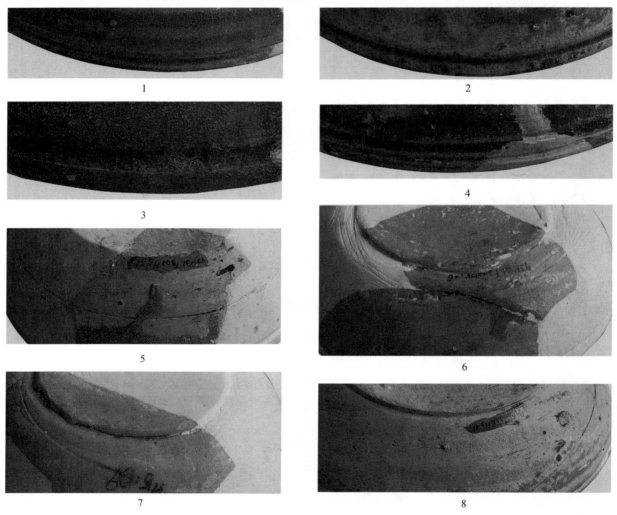

图二　雷家坪遗址青瓷器外壁弦纹、划纹痕迹

1~3. Aa 种（97BLH4：9、97BLH5：2、97BLH5：1）　4. Ab 种（97BLT414②：1）　5. B 种（97BLH5：1）

6~8. C 种（97BLH5：26、97BLH5：9、97BLH5：11）

器物外底可分为三种形式：大平底、假圈足底（又称高台底、饼状底）和内凹底，各类器底制作工艺各有不同。

大平底器，如 97BLH4：8、97BLH4：9 等底部制作规整，底面平滑，腹、底折痕明显（图三，1、

2），器底有较细微的刮挈痕，侧壁也可见轻微抹痕。而97BLH5：41腹底转折处则可见清晰的刮削痕迹（图三，3）。97BLH5：14底部边缘外侧有因刮去泥层而残留的挤堆泥坯残余（图三，4）。根据这几例器物残留的痕迹，我们可以推测出此类大平底的制作方法：器物底部采用片状工具由器底部向腹壁将器底刮磨平整，从而在外底平面上遗留下较明显的摩挲痕迹，并于侧壁留下多余的泥片，而器壁近底部外侧则用手或者其他工具将多余泥片和器壁抹压平整，显得较为光滑。

1

2

3

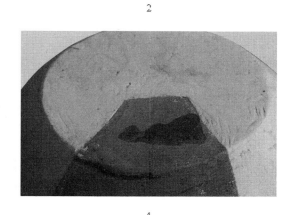
4

图三　雷家坪遗址青瓷器的平底
1. 97BLH4：8　2. 97BLH4：9　3. 97BLH5：41　4. 97BLH5：14

　　假圈足底，可分为两种形式：A种修整为直台状，如97BLH4：6、97BLH5：11，底台较矮，底面刮抹平整，底腹转折自然。转折处内收较深，并有一道断断续续的刀划痕（图四，1、2）。而97BLH5：6，底部制作则较为粗糙，除了转折处有刀划痕外，器底边缘一部分被抹平，而另一部分则保持原样，刮削痕、粘贴泥痕都没有经过进一步修理（图四，3），形成鲜明的对比。从而也给我们很好的展示出，器物在修理前后的明显差别。从这几种不同的形式的假圈足，我们也可以大致推断出此类器底的制作过程：首先，用带尖片状工具将平底器靠近底部的器壁胎体刮去一层（厚度视情况而定），从而使底部边缘突出，工具尖部在腹、底转折处留下一道不完整的刀划痕，然后再用手或者其他工具将刮去的胎体抹压平滑。有的器底成型后则未经过抹压修整，从而得到如97BLH5：10（图四，4）的效果。B种修整为斜台状，如97BLM2：4，底台相对较高，但是圈足边沿被削成斜坡状（图四，6），而在97BLH4：7边缘则可以看见较为清晰的旋刮削痕迹（图四，5）。这说明此类形式的器底，其应该是在直台状假圈足的基础上对圈足边沿加工而成，其也应该是假圈足的一种形式。

　　内凹底，数量相对较少，底部制作较为粗糙。A种，97BLH4：15，外底面近边缘处刻划一道较为清晰的细凹弦纹，底、腹转折较平缓，弧度较大（图五，1），B种，97BLT302③：10底部，除了边缘未经过修整，残留有刮去胎泥后遗留的泥坯痕，凹凸不平外，底部胎体还明显的出现分层的现象，器

图四　雷家坪遗址青瓷器的假圈足底

1～4. A 种（97BLH4∶6、97BLH5∶11、97BLH5∶6、97BLH5∶10）　5、6. B 种（97BLM2∶4、97BLH4∶7）

物胎体上还覆盖一层较薄的泥层（图五，2）。但从器底断面上看，两层之间结合较为紧密，质地也无差别，应该是一个整体（图五，4），造成这种底部分层现象的原因尚不明了。而另一件器物 97BLT302③∶1（图五，3），其底部突出的假圈足，应该是被人为地削掉，器底残留有明显的刀削痕迹。结合这些内凹底器物底部的断面（图五，4、5），其中心部位胎体明显较边缘薄，我们可以推断：此类凹底器，应该是在平底器物（或者假圈足器）的基础上，用陶刀将其底部胎体剔去若干层，然后再将其内压，从而形成外凹内凸的凹底器物。但由于器底修理不精细，从而呈现出不规则的形态。

2. 施釉工艺特征

器表釉层分为两种形式：A 种（内、外半釉）和 B 种（内满釉外壁施半釉或仅底部不施釉）。A 种应该是采用了蘸釉法施釉，手拿器物底部倒扣入釉液中，内壁由于空气的原因，釉层线一般较外壁高。且放入和取出的不平衡，也导致了器物釉层线的不水平；B 种则应该是采用了蘸釉和荡釉法相结合的方式，内底部采用荡釉的方式施釉，如 97BLH5∶10，器物底部釉层较均匀（图六，1），而 97BLT302③∶15，内底部则有积釉现象（图六，2）。而外壁还是采用蘸釉，器物半釉或仅底部未施釉，露出整个底部胎体。

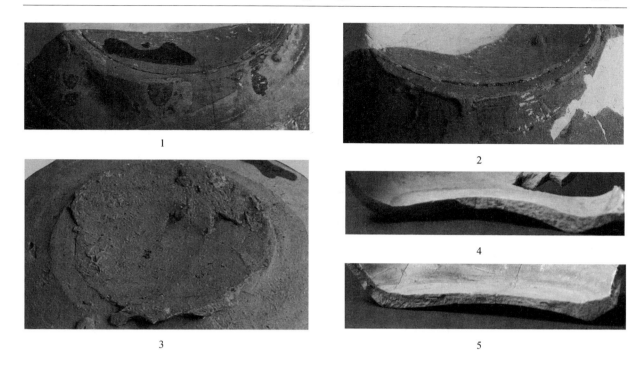

图五　雷家坪遗址青瓷器的内凹底

1. A 种外观（97BLH4：15）　　2. B 种外观（97BLT302③：10）　　3. 圈足削掉一部分（97BLT302③：1）　　4. B 种断面
（97BLT302③：10）　　5. A 种断面（97BLH4：15）

唇部刮釉（芒口）。部分青瓷器唇部刮去釉层，形成芒口。如 97BLH5：25、97BLT302③：10 等，唇部釉层被刮去一周，露出深色胎体，口沿内外有明显、整齐的釉层线（图六，3、4）。在 97BLH4：15唇部内外，则可见清晰的刮削痕迹（图六，5）。早期青瓷芒口器的形成，主要是为了满足对口烧的需要。即在器表施釉完成后，将器物唇部的釉层均匀刮掉，露出胎体，以防止器物在对口烧制时釉层相互接触而连接在一起。雷家坪遗址的芒口器，唇部釉层线较清晰，里外高度基本一致，并有明显的刮削痕迹，制作芒口器的技术已经比较成熟。

唇部脱釉。部分青瓷器由于胎釉结合不好或者使用损伤的原因，从而也导致器物唇部釉层脱落。如 97BLH4：9、97BLH5：2 等，唇部釉层也已脱落，但是和芒口器比较起来，釉层脱落部位多与胎体之间形成一层灰白色结晶面，且釉层线呈不规则的波浪线条（图六，6、7），二者存在很明显的差别。

唇部点彩。少数器物口沿上绘有褐色点彩，分为三种形式：A 种，点彩较为规整，如02BLM2：24，大小、间距都较为匀称，口沿未露胎，褐彩点绘于釉层之上，形成釉上彩（图六，8）；B 种，如 97BLH5：11，器物口沿刮去釉层，褐彩直接点绘于器胎之上，并渗入胎体内部。且褐彩绘制较为凌乱，大小、排列都不规整（图六，9）；C 种，如 97BLT302③：12，口沿上直接装饰不规则的大块褐斑，口沿未刮去釉层，但磨损较为严重，多已露出胎体（图六，10）。褐彩的形成，主要是器物釉料中掺入了铁元素作为成色剂，在氧化焰中充分氧化形成三氧化二铁，从而呈现出深褐色斑块，越窑中的褐彩装饰就是利用了这一原理[1]，而雷家坪遗址的褐色点彩器也不例外。虽然形式上不同于越窑产品，且自身的形态也有所不同。有釉上彩，也有直接绘制于胎体之上的点彩，且点彩在口沿上分布的情况也略有不同。但根据其特点我们可以肯定的是，此类点彩装饰是人为有意的行为，是为了装饰器物而作的进一步加工。这也说明雷家坪遗址青瓷器的制造工匠们，已经能够很好地掌握铁原料成色的原理，利用先进的技术将其均匀的点绘于器物口沿之上。

图六　雷家坪遗址青瓷器的釉面现象

1. 荡釉底面（97BLH5：10）　　2. 积釉（97BLT302③：15）　　3. 芒口（97BLH5：25；上为器口内面，下为器口外面）

4. 芒コ（97BLT302③：10；上为器口内面，下为器口外面）　　5. 芒口（97BLH4：15；上为器口内面，下为器口外面）

6. 唇部釉层脱落现象（97BLH4：9）　　7. 唇部釉层脱落现象（97BLH5：2）　　8. A 种点彩（02BLM2：24）　　9. B 种点彩

（97BLH5：11）10. C 种褐斑（97BLT302③：12）　　11. 淋釉（02BLM2：23）

雷家坪遗址有些青瓷器还采用了多次淋釉的方式。如遗址出土的02BLM2：23，器型相比偏大，器表釉层分布不均匀，满布灰白色斑点，有明显的流釉现象，器物颈部内收处积釉较深（图六，11）。从器表流淌的釉层来看，其应该是采用了多次淋釉的方式来施釉。由于器物体形相对较大，从器物口沿开始，利用容器往器身淋釉，但一次不能从上到下将器身覆盖，必须多次淋釉才能遍布整个器表，所以整个器表的釉层都呈现出流淌叠压的痕迹。且流淌的釉层厚薄不均，再加上部分釉层的脱落，从而使器表出现较多的灰白色斑点，而器物颈部由于施釉时釉层的堆积，釉层较厚。

3. 支烧工艺特征

本文主要是从器物表面的遗留的痕迹来进行分析，根据这些痕迹，我们可以大致推断出与此类痕迹相关的烧造方法。

内底支钉痕。雷家坪遗址部分青瓷器碗内底部残留有A种（长方形）或B种（圆点状）支钉痕，如97BLT302③：5支钉痕为长方形（图七，1），而97BLT302③：12内底部支钉则为圆点状（图七，3）。支钉数一般为7～10个，散布于内底部边缘。97BLH5：9的支钉痕直接压印在器底细凹弦纹之上（图七，4），从而破坏了器物的整体装饰。97BLH5：41、97BLH5：11内底部有支钉痕，但是器物唇部也刮去釉层（芒口）（图七，2、5）。器内底出现支钉痕，应该是采用了间隔具支烧的结果。即在器物内底部再放置另外一件形制类似的器物，二者之间用间隔具将其隔开，已达到防止器物釉层粘连在一起、节省窑内空间的目的。采用这种烧制技法，器物口沿不会相互接触，则不需要将器物唇部刮去釉层，从而产生出芒口器。而且97BLH5：11芒口上还点绘褐彩，更不适宜对口烧制。这说明雷家坪遗址的这件芒口青瓷器，并不是为了烧制的需要，而可能作为一种装饰性手段或其他的用途。

外底部有垫泥和垫饼的遗留。如97BLH4：3，器物底部还粘附有垫泥的残体（图七，7），垫泥表面还粘附有大量黑色颗粒的窑炉灰烬，类似的情况还见于97BLH5：12底部的圆形垫饼（图七，6），泥饼上也附着有少量的窑灰。但是二者还是有所区别：垫泥是没有经过加工，随意挖取贴敷在器底的一块泥胎，所以烧制后和器底结合较紧密，没有一定的形状；而泥饼则是将先胎泥加工成饼状，然后在烧制器物时将其垫于器物底部，所以能和器底明显的区分开来。雷家坪遗址的这两件青瓷器，垫具上都粘附有部分窑炉灰烬，可知其和窑炉底部应该直接接触，从而达到间隔或者增加器物的烧制高度的作用。

器外壁底转折处的泥片疤痕。如97BLH4：15，残片的器物壁底转折处有很明显的3个泥片疤痕，泥片疤接近中心部位颜色较深，而围绕其边缘的区域颜色则为灰白色，其应该是釉层脱落之后，釉层与胎体形成的灰白色结晶面，灰白面上还残留有少量釉层。后由于泥片和釉层脱落从而呈现出不同的颜色。整个泥片痕不仅在腹壁上有分布，而且还延伸到器底（图七，9），根据器底的走势弯转而严密贴附在器壁上（图八），这说明支撑的物体是质地较软的泥片，而不是陶的支具。为什么使用泥块做隔具？可能和支撑的部位有关，支点在转折处，一般的陶支钉是支撑在靠近底的边缘处，转折处不易支撑，所以选择质地柔软的泥。这件器物底面内凹，从断面上看，底面厚度明显小于器壁厚度，如果在底部支垫窑具很可能由于受力过大，从而使器底变形。所以，工匠们选择在器壁最厚部位，即器外壁底转折处，安放一软质垫泥，从而避免在烧制过程中器物变形。

器物内外壁的泥片疤痕。此类泥片疤痕和器外底的泥片痕有较大的相似处，所反映的都是一种用软泥做间隔工具。只是二者位置不同，所承载器物的方式也有所不同。如97BLT302③：10、97BLH4：7，在器物外壁腹部有明显的泥片疤痕（图七，8、10），而97BLH4：9，在器物内壁上也有一类似的泥片疤痕（图七，11）。由于资料少现在不能说清楚是如何装烧的。结合以上泥片疤出现

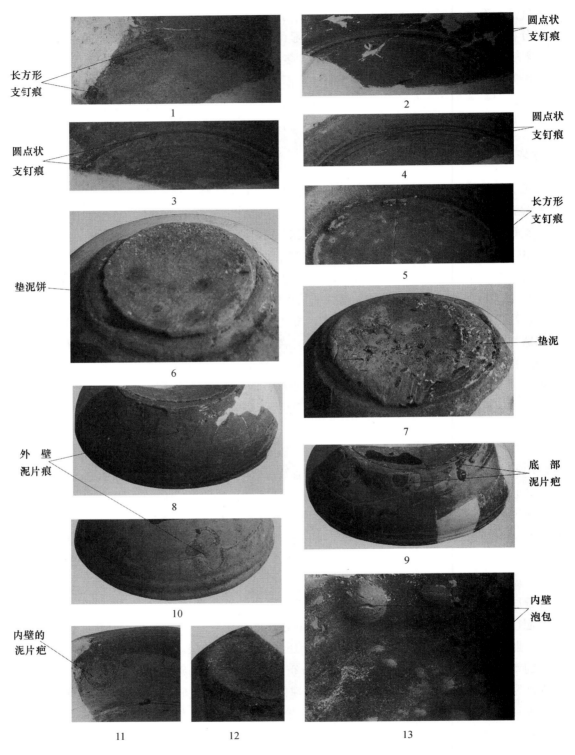

图七　雷家坪遗址青瓷器烧制痕迹

1. A 种支钉痕（97BLT302③∶5）　　2～4. B 种支钉痕（97BLH5∶41、97BLT302③∶12、97BLH5∶9）　　5. A 种支钉痕（97BLH5∶11）　　6. 垫泥饼（97BLH5∶12）　　7. 垫泥（97BLH4∶3）　　8. 外壁泥片疤痕（97BLT302③∶10）　　9. 底转折处的泥片疤痕（97BLH4∶15）　　10. 外壁泥片疤痕（97BLH4∶7）　　11. 内壁泥片疤痕（97BLH4∶9）　　12. 底粘附窑灰（97BLT302③∶5）　　13. 泡包（97BLT302③∶2）

的两种不同的位置，我们可以推测有可能是采用了泥片贴附间隔烧制的形式：即器物在摞叠烧制时，由于器物尺寸、大小相当，摞叠时器物之间（或者说器物釉层之间）可能会相互接触，烧制时可能会粘贴在一起。这样必须在器物口沿上或器物之间垫托泥饼等物，将其各自分隔开来，从而也就在器表不同的位置留下了很明显的泥片疤痕（图九）。而最下部的器物由于火焰燃烧的不充分，器底颜色较深，和器壁颜色相比反差较大，并粘附有大量窑灰（图七，12）。

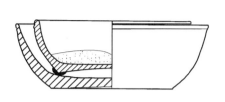

图八　器壁底泥片间隔摞烧示意图

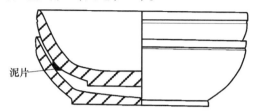

图九　器壁泥片间隔摞烧示意图

器壁出现大小不一泡包。如97BLT302③:2，器内壁胎体形成许多大小不一的泡包，有些泡包甚至破裂，内壁表面也凹凸不平（图七，13）。内壁胎体出现泡包，说明器物胎体内结合不紧密，胎体中含有大量空气。在烧制冷却的过程中，由于胎体内空气受热膨胀，从而在胎体内形成一个个气泡，后器物迅速冷却，空气与胎体膨胀系数不一致，从而导致部分泡包破裂。而此件器物仅内壁出现泡包，而外壁却比较正常，可能是外壁直接和火焰接触，温度较高，胎体较内壁提前一步硬度提高，所以泡包只有向内壁方向冒出所致，可见器物制作和烧造质量之差。

综上所述，根据雷家坪遗址青瓷器器壁上残留的一些相关痕迹，我们可以大致推断出部分器物在烧制过程中的相关工艺。在器物胎体制作阶段，部分青瓷器内底部底、腹转折处装饰有一圈较宽的凹槽或若干道细凹弦纹，外壁口沿下部或器腹部饰凹弦纹，而器物外底部被制作成大平底、假圈足底（又称高台底、饼状底）和内凹底等形式，各类器底制作工艺各有不同。在施釉情况上，多采用蘸釉和荡釉的方式制作内外半釉、内满釉外壁半釉（或仅器底不施釉）的器物，少量大型器物还采用多次淋釉的方式。部分器物唇部刮去釉层，形成芒口，有的芒口还点绘褐彩。当然褐彩也有绘制于釉层之上的，但点绘形式各有不同，且随着唇部釉层的脱落，点彩数量也相对减少。最后，在器物的成型烧制阶段，采用了圆点状和长方形支钉支烧、泥片垫烧和泥片贴附间隔烧制等方式。但器物总体质量上较差，除了器表残留有较多未修理的制作痕迹外，有些器物在烧制后器表出现许多泡包，这也说明胎体制作不精细。

二、雷家坪遗址青瓷器的年代

雷家坪遗址出土青瓷器主要出土于97BLTM2、02BLTM2、97BLH4、97BLH5、97BLT302③等单位和地层中，其胎质一般较粗厚，呈灰白色或灰褐色等，釉面多为青、青黄色等，器表有火刺，多无光泽。釉层较薄，施釉不太均匀，有细小开片。多数器物为内满釉外施半釉，胎釉结合不好，绝大多数器物有脱釉的现象，有些几乎全部脱落，裸露出胎釉结合的灰白面。器表多无装饰，仅在部分器物外壁近口沿处施一周或两周凹弦纹，个别器物在口沿上点绘有不规则的紫褐色点彩装饰。流行大厚平底，部分器物底部稍内凹或成假圈足。通过与其他遗址出土青瓷材料进行类比，可将雷家坪遗址出土的这批青瓷器划分为两个阶段。

1. 西晋时期

代表性器物主要包括碗、盆、罐和盘口壶等。其中原报告的A型方唇碗，口沿近方形，腹、底略有不同。如97BLH4：8，斜直腹，大平底，口沿下施一周宽凹弦纹，内底部有支钉痕，类似的器物见于江西省新干县西晋墓中钵（图一〇，2、11）[2]。B型圆唇碗，口沿一般较宽厚，腹底有差别。如97BLH5：2，口沿下一周宽凹弦纹，弧腹，近底部内收成假圈足，类似的器物见于湖北省鄂城市火车站西晋墓M3中大青瓷碗（图一〇，1、10）[3]；97BLH5：18，敞口稍内敛，弧腹，底部内收，大平底，类似的器物也见于江西省新干县西晋墓中钵（图一〇，3、12）[4]；97BLH4：9，口沿下一道凹弦纹，圆鼓腹，近底部内收，口沿内侧唇下一周旋削弦纹，类似的器物也见于湖北省鄂城石山农机厂M2西晋墓中（图一〇，4、13）[5]；97BLT302②：1，直口，斜直腹近底部内收，口沿下一道凹弦纹，内底部残留约十个方形支钉痕，形制相似的器物见于江西省瑞昌马头西晋墓中（图一〇，5、14）[6]。C型尖唇碗97BLH4：1，敞口，深腹，腹下部内折成假圈足，口沿下一周凹弦纹，内底残留支钉痕2个，相似的器物见于江西瑞昌马头西晋墓中（图一〇，6、15）[7]。盆，97BLT302③a：4，折沿近平，沿面稍内凹，鼓腹，假圈足，平底，内底有细小支钉痕10个，腹外壁

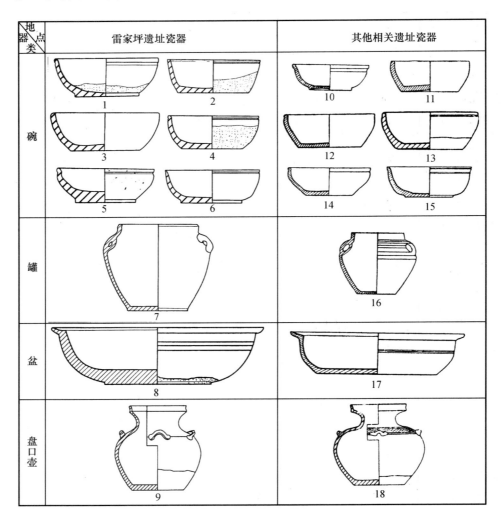

图一〇　雷家坪遗址青瓷器与西晋其他瓷器比较

1. 97BLH5：2　2. 97BLH4：8　3. 97BLH5：18　4. 97BLH4：9　5. 97BLT302②：1　6. 97BLH4：1　7. 97BLT302③a：1　8. 97BLT302③a：4
9. 02BLM2：23　10. 鄂城火车站M3：2　11. 新干县西晋墓出土　12. 新干县西晋墓出土　13. 鄂城石山农机厂M2出土　14. 瑞昌
马头西晋墓出土　15. 瑞昌马头西晋墓出土　16. 鄂城西晋古井出土　17. 瑞昌马头西晋墓出土　18. 鄂城石山农机厂M1出土

偏上有三道细凹弦纹。江西瑞昌马头西晋墓中出土一件盆，除底部稍有差别外，纹饰和造型基本一致（图一〇，8、17）[8]。罐，97BLT302③a：1，口微内敛，外沿削去一周，器物颈、肩连接处贴塑两条形竖耳，器耳贴附处器壁内收较大，斜直腹平底。形制相似的器物见于湖北鄂城古井中出土的器物（图一〇，7、16）[9]。盘口壶，02BLM2：23，小浅盘口，短束颈，鼓腹，腹下斜收，平底。整体器形矮胖，器高与腹径等比。肩部饰一道细弦纹，有四个条形横耳。形制相同的器物见于湖北省鄂城市石山农机厂西晋墓中，只是其肩部饰有一条网格纹带（图一〇，9、18）[10]。

2. 东晋、南朝时期

代表性器物主要包括碗、盏、盘口壶等。其中原报告的 B 型圆唇碗，如 97BLT412③：1，口微敛，下腹弧收，平底，口沿下一周凹弦纹。相似的器物见于湖北省武昌县金口镇火焰村砖瓦厂东晋墓 M1（图一一，1、11）[11]；97BLH4：33，敞口稍内敛，圆鼓腹，腹近底部内收成假圈足。类似的器物见于湖北省武昌县金口镇火焰村砖瓦厂东晋墓 M1（图一一，5、15）[12]；97BLH5：31，弧外壁，内底有七个支钉痕，外壁口沿下有凹弦纹一周。形制相似的器物见于江西省九江市黄土岭东晋墓中（图一一，6、16）[13]；97BLH4：10，壁斜直，内底有支钉痕八个，外壁口沿下有凹弦纹一周，近底部无釉，形制相似的器物也见于湖北省武昌县金口镇火焰村砖瓦厂东晋墓 M2（图一一，2、12）[14]。C 型尖唇碗，如 02BLM2：24，斜鼓腹，近底部内收成假圈足，口沿上点绘规整的褐色点彩，外壁口沿下施一周凹弦纹。形制相似的器物见于湖北省鄂城州市塘角头东晋墓中（图一一，4、15）[15]；97BLH5：10，敞口，鼓腹，假圈足，釉层有细小开片，口沿外侧下部有一周细凹弦纹。类似的器物见于湖北省武昌县金口镇火焰村砖瓦厂东晋墓 M2（图一一，3、13）[16]。盏，多为折腹。如 97BLH5：3、97BLH5：16、97BLT302③：2，造型基本相似，都为直口，斜直腹，平底，类似的器物见于湖北省武昌县金口镇火焰村砖瓦厂东晋墓（图一一，7～9、17～19）[17]。还有一件 97BLT412③：2，圆唇、直口，腹壁斜直，近底部稍内收，口沿下一周细凹弦纹。相似的器物见于湖北省鄂州市塘角头东晋墓中（图一一，10、20）[18]。

综上所述，通过与部分遗址出土青瓷器进行比较研究，雷家坪遗址出土的大部分青瓷器年代集中于两晋时期。另外，还有少量的青瓷器，如本文的点彩碗（02BLM2：24）、盘口壶（02BLM2：25）等出土于南朝墓葬中，但通过与相关器物进行类比，其器形特征还是更为接近两晋时的风格。根据地层学原理，晚期堆积可以出早期遗物[19]，并考虑到两晋、南朝各朝代延续时间较短暂，早期遗物可以沿用到晚期，所以也不排除有些两晋时期的器物延续到南朝时期的可能性。综合以上各种情况，本文将雷家坪遗址青瓷器年代划定为两晋至南朝时期。

三、雷家坪遗址青瓷器与相关窑址瓷器的比较

根据第二部分的分析，我们可以判定雷家坪遗址青瓷器大致年代范围位于两晋时期，部分器物可能晚到南朝时期。这一时期，南方各地的青瓷生产，基本上处于越窑瓷器的影响体系之下，各地区窑址产品或多或少的带有越窑青瓷的特点。但是从细部特征来看，各窑的产品却又不尽相同，呈现出各自的胎釉特点。

雷家坪遗址的青瓷器，胎质一般较粗糙，呈灰白或灰褐色，釉色为青、青灰或青黄等色。釉层较薄，施釉不太均匀，釉面有细小开片。这是南方地区早期青瓷的特点，越州窑、湘阴窑、邛崃窑和洪州窑等窑口青瓷其中都较常见。但是雷家坪瓷器，特别是部分碗等器物，口沿下外侧多饰一至两道凹弦纹，这在早期的越窑、湘阴窑和洪州窑产品中都有此类的青瓷产品出现，而同时在器物口

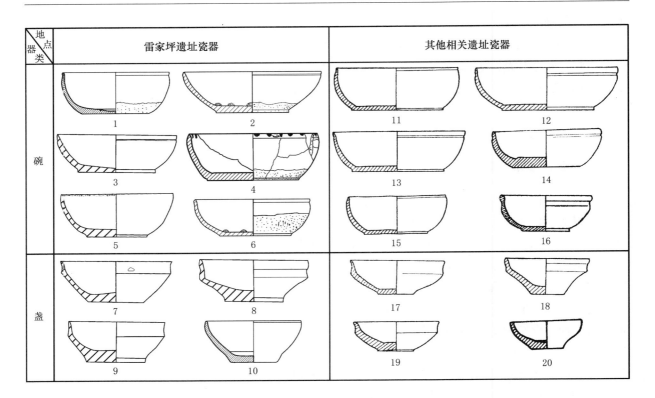

图一一　　雷家坪遗址青瓷与东晋、南朝其他瓷器比较

1. 97BLT412③:1　2. 97BLH4:10　3. 97BLH5:10　4. 02BLM2:24　5. 97BLH4:33　6. 97BLH5:31　7. 97BLH5:3　8. 97BLH5:16
9. 97BLT302③:2　10. 97BLT412③:2　11. 金口镇 M1:1　12. 金口镇 M2:10　13. 金口镇 M2:9　14. 塘角头东晋墓出土　15. 金
　口镇 M1:1　16. 黄土岭东晋墓出土　17. 金口镇 M2:4　18. 金口镇 M2:6　19. 金口镇 M1:3　20. 塘角头东晋墓出土

沿上是褐色点彩，点彩较规整的则仅见于越州窑、洪州窑的瓷器，但越州窑点彩装饰多在口沿上点
绘三至四个一组对称分布的褐色点彩，而洪州窑的产品则与遗址瓷器相似（图一二，1、2、3），内
底部靠近器壁处多施一道较宽的凹弦纹，并残留有长方形或点状支钉痕迹，也见于洪州窑瓷器中
（图一二，4、5）。且雷家坪遗址瓷器，部分器物内外壁多施半釉，器壁和底部都残留有泥片疤痕，
这应该是采用摞烧时，用泥片作间隔压印而留下的（图一二，6）。在洪州窑的产品中有一件斜直口
钵，器口沿上残留有一小块泥片，贴附在芒口之上，底部还残留有支钉痕迹（图一二，7），发掘者
认为其为对口扣烧而成。但根据泥片压印的痕迹，其上应该摞叠另一件器形大小相似的器物，泥片
贴附于芒口之上主要用来间隔上下器物，防止器物粘连在一起，从而在另一器物的器壁外侧也会留
下泥片疤痕。考虑到雷家坪遗址的这批青瓷器内外壁都有泥片疤痕，芒口也较常见，二者都应该是
采用了类似的摞烧工艺。墓葬中出土的并耳罐的耳是对称的复耳（图一二，8），其装系方式、肩部
刻划细弦纹，斜弧腹造型也与洪州窑六耳罐有较相似的地方，洪州窑六耳罐是一对对称的复耳和一
对单耳（图一二，9）。

　　通过以上的比较，我们可以看出，雷家坪遗址的青瓷器和洪州窑的产品存在着较多的共同点，
一些较为有特色的烧制和装饰方式，二者都有出现或采用。三峡地区目前还未发现两晋、南朝初年
的青瓷窑址，而雷家坪遗址的这批青瓷器又和邻近的邛窑、湘阴窑的产品存在较大的差异。因此，
我们推测雷家坪遗址的青瓷器主要来自洪州窑。根据洪州窑窑址瓷器的分期特点，口沿点绘整齐的
褐彩、唇部刮釉、口沿下饰凹弦纹、内底部采用支钉间隔摞烧等工艺都兴起于两晋时期[20]，从而
也证明我们对遗址瓷器的年代推断是正确的。值得注意的是，使用软的泥片支具和在器物的底部垫

图一二　雷家坪遗址青瓷器与洪州窑瓷器比较

1. 雷家坪点彩碗（02BLM2∶24）　　2、3. 洪州窑点彩碗　4. 雷家坪点彩碗（97BLH5∶11）　5. 洪州点彩碗　6. 雷家坪碗
（97BLT302③∶6）　7. 洪州窑斜直腹钵　8. 雷家坪井耳罐（02BLM3∶2）　9. 洪州窑六耳罐

软泥饼等做法，我们还没有找到类似做法的窑址。

我们也注意到雷家坪遗址青瓷器总体质量上相差较大，其中有制作比较规整的器物，如

97BLM2、02BLM2 出土的点彩碗、盘口壶等，器形、施釉都比较细致，但数量却相对较少。多数还是一些质量相对较差的产品，如 97BLT302③：1 底部被削掉底足，97BLH4：3、97BLH5：12 底部还残留泥饼，97BLH5：20 内壁有泡包等，这些器物本应该是窑址烧造的残次品，而雷家坪遗址却还继续使用。这些质量较差的残次品辗转传播到雷家坪地区，而且还在部分居民中使用、流通，说明雷家坪的人们购买力较差，生活较为贫穷。而遗址部分器物特别是墓葬中还出土了质量较好的瓷器，可能反映了当时社会的一种等级差别或者丧葬观念。

注　　释

[1]　　林士民：《越窑与青瓷》，上海古籍出版社，1999 年。

[2]　　江西省文物工作队、新干县文物陈列室：《江西新干县西晋墓》，《考古》1991 年第 2 期。

[3]　　鄂州市博物馆：《湖北鄂城吴晋墓发掘简报》，《考古》1991 年第 7 期。

[4]　　江西省文物工作队、新干县文物陈列室：《江西新干县西晋墓》，《考古》1991 年第 2 期。

[5]　　湖北省博物馆：《鄂城两座晋墓的发掘》，《江汉考古》1984 年第 3 期。

[6]　　江西省博物馆：《江西省瑞昌马头西晋墓》，《考古》1974 年第 1 期。

[7]　　江西省博物馆：《江西省瑞昌马头西晋墓》，《考古》1974 年第 1 期。

[8]　　江西省博物馆：《江西省瑞昌马头西晋墓》，《考古》1974 年第 1 期。

[9]　　鄂城基建指挥部文物小组、鄂城县博物馆：《湖北鄂城发现古井》，《考古》1978 年第 5 期。

[10]　　湖北省博物馆：《鄂城两座晋墓的发掘》，《江汉考古》1984 年第 3 期。

[11]　　武汉市考古队、武昌县文管所：《武昌县金口汉晋墓发掘简报》，《江汉考古》1994 年第 3 期。

[12]　　武汉考古队、武昌县文管所：《武昌县金口汉晋墓发掘简报》，《江汉考古》1994 年第 3 期。

[13]　　九江市博物馆：《江西九江黄土岭两座东晋墓》，《江汉考古》1995 年第 3 期。

[14]　　武汉市考古队、武昌县文管所：《武昌县金口汉晋墓发掘简报》，《江汉考古》1994 年第 3 期。

[15]　　鄂城博物馆：《湖北鄂州市塘角头六朝墓》，《考古》1996 年第 11 期。

[16]　　武汉市考古队、武昌县文管所：《武昌县金口汉晋墓发掘简报》，《江汉考古》1995 年第 3 期。

[17]　　武汉市考古队、武昌县文管所：《武昌县金口汉晋墓发掘简报》，《江汉考古》1995 年第 3 期。

[18]　　鄂城博物馆：《湖北鄂州市塘角头六朝墓》，《考古》1996 年第 11 期。

[19]　　冯恩学：《田野考古学》（第三版），吉林大学出版社，2008 年。

[20]　　张文江：《洪州窑》，文汇出版社，2002 年。

附表

附表一 雷家坪 2002 年 T135 ③ 层陶片统计表

项目	夹粗砂夹炭			夹细砂				泥质				合计	%
	红褐	黄褐	灰褐	红褐	红	黑褐	灰褐	红	黄褐	灰	黑皮		
细绳纹						52						52	14.36
粗绳纹	37						37	12	1			87	24.03
方格纹		16						16	1	1	1	35	9.67
凹弦纹									1			1	0.28
戳刺纹									2			2	0.55
素面			2	22	38	25	14	16	25	25	18	185	51.10
合计	37	16	2	22	38	77	51	44	30	26	19	362	
%	10.22	4.42	0.55	6.08	10.50	21.27	14.09	12.15	8.29	7.18	5.25	100	100

附表二 雷家坪 2002 年 T135 ④ 层陶片统计表

项目	夹粗砂夹炭		夹细砂					泥质				合计	%
	黄褐	灰褐	红	红褐	黑褐	灰褐	黄褐	红	黄褐	灰	黑皮		
细绳纹	34											34	7.46
粗绳纹	1											1	0.22
方格纹	7		86							26		119	26.10
瓦楞纹					1							1	0.22
附加堆纹										3		3	0.66
素面	65					28		20	163		22	299	65.35
合计	107		86		1	28		20	163	29	22	456	
%	23.46		18.86		0.22	6.14		4.39	35.75	6.36	4.82	100	100

附表三　雷家坪 2002 年 T135 ⑤ 层陶片统计表

项目	夹粗砂夹炭			夹细砂		泥质					合计	%
	灰褐	红	黄褐	灰褐	黄褐	红	红褐	黄褐	灰	黑皮		
细绳纹	20		26								46	5.84
方格纹	11						170		29	2	212	26.90
水波戈纹		1									1	0.13
附加堆纹				9			9			3	21	2.66
素面	128		9			80		135	124	32	508	64.47
合计	159		36	9		80	170	144	153	37	788	
%	20.18		4.57	1.14		10.15	21.57	18.27	19.42	4.7	100	100

附表四　雷家坪 2002 年 T135 ⑥ 层陶片统计表

项目	夹砂夹炭			夹细砂			泥质				合计	%
	红褐	褐	灰褐	红	黑	褐	红	黄	灰	黑皮		
细绳纹		27				22					49	3.75
粗绳纹									1		1	0.08
线纹						3					3	0.23
方格纹		6			5	16	196		82		305	23.37
篮纹						4					4	0.31
附加堆纹				2		1		11			14	1.07
素面		282		18		21	130	245	190	43	929	71.19
合计		315		20	5	67	326	256	273	43	1305	
%		24.14		1.53	0.38	5.13	24.98	19.62	20.92	3.3	100	100

附表五　雷家坪 2002 年 T135 ⑦ 层陶片统计表

项目	夹炭夹砂				夹细砂					泥质				合计	%
	红	红褐	黄褐	黑褐	红	红褐	黑皮	灰	褐	红	黄褐	灰	黑皮		
细绳纹			1	3				3						7	2.97

续表

项目	夹炭夹砂				夹细砂					泥质				合计	%
	红	红褐	黄褐	黑褐	红	红褐	黑皮	灰	褐	红	黄褐	灰	黑皮		
粗绳纹								1						1	0.42
线纹									1					1	0.42
方格纹										35			1	36	15.25
素面			29	62		12	12		1	31	5	20	16	188	79.66
篮纹													1	1	0.42
附加堆纹							2							2	0.85
合计			30	65		12	18	2		66	5	20	18	236	
%			12.7	27.54		5.08	7.63	0.85		27.97	2.12	8.47	7.63	100	100

附表六　巴东雷家坪遗址 1997 年墓葬发掘登记表

墓号	位置	形制	骨骼		随葬品	年代
			数量	保存情况		
97BLM1	Ⅰ区	土洞墓	1	残	盘口壶、铁刀	唐
97BLM2	Ⅴ区	石砖混筑单室墓	无		青瓷盏、有刃石器、蚌器、残陶器、瓷钵底、石器、五铢钱、红漆皮	东汉晚期到晋初
97BLM3	Ⅴ区	长方形竖穴土坑墓	无		陶片、青瓷片	六朝

附表七　巴东雷家坪遗址 1999 年墓葬发掘登记表

墓号	位置	形制	骨架		随葬品	年代
			数量	保存情况		
99BLM1	Ⅰ区	单室砖室墓	1	残	银簪、青瓷碗、青瓷壶	明
99BLM2	Ⅰ区	土坑竖穴	1	残	青铜壶、青铜铃铛、铁器、漆器痕	战国
99BLM3	Ⅴ区	单室砖室墓	无		黑瓷壶	唐
99BLM4	Ⅴ区	单室砖室墓	无		无	唐
99BLM5	Ⅴ区	单室砖室墓	无		无	唐
99BLM6	Ⅴ区	单室砖室墓	无		无	南朝
99BLM7	Ⅵ区	积石墓	1	残	无	清

附表八　巴东雷家坪遗址 2002 年墓葬发掘登记表

墓号	位置	形制	骨架		随葬品	年代
			数量	保存情况		
02BLM1	Ⅰ区	土坑竖穴	1	残	青瓷盅，酱釉鼓丁三足炉	清代
02BLM2	Ⅴ区	砖室墓	1	残	银指环、银手镯、铜钗、鎏金铜包片、铜刀、青瓷盘口壶、青瓷钵、青瓷罐、青瓷点彩碗、玻璃珠、铜钱、文字砖、陶片、五铢钱、货泉钱、大泉五十钱、五铢钱	六朝
02BLM3	Ⅴ区	砖室墓	无		青瓷四系罐、"陈清"款青瓷器底、陶钵口、陶壶片、五铢钱、铁镢	六朝
02BLM4	Ⅴ区	土坑竖穴	1	残	陶盂、青铜鍪、青铜剑、青铜矛	战国
02BLM5	Ⅴ区	土坑竖穴	5	残	青瓷点彩罐、青瓷壶、三系罐、瓷钵口沿、铁刀、铁矛、铁带具等铜腰带牌饰	唐
02BLM6	Ⅴ区	土坑竖穴	无		青瓷碗、开元通宝、铁带具等	唐

附表九　巴东雷家坪遗址 2004 年墓葬发掘登记表

墓号	位置	形制	骨骼		随葬品	年代
			数量	保存情况		
04BLM1	Ⅴ区	长方形砖室墓	无		无	东汉六朝
04BLM2	Ⅴ区	长方形砖室墓	1	残	青瓷盏、铜发钗	东汉六朝
04BLM3	Ⅴ区	刀形砖室墓	1	残	无	东汉六朝
04BLM4	Ⅴ区	长方形砖室墓	1	残	无	东汉六朝
04BLM5	Ⅴ区	刀形砖室墓	1	残	无	东汉六朝
04BLM6	Ⅴ区	长方形砖室墓	1	残	无	东汉六朝

附表一〇　巴东雷家坪遗址 2005 年墓葬发掘登记表

墓号	位置	形制	骨骼		随葬品	年代
			数量	保存情况		
05BLM1	Ⅱ区	长方形券顶砖室墓	无		无	东汉 南朝
05BLM2	Ⅱ区	长方形券顶砖室墓	无		铜钱	东汉 南朝
05BLM3	Ⅱ区	长方形券顶砖室墓	无		灰陶片	东汉 南朝

附表一一　巴东雷家坪遗址 2006 年墓葬发掘登记表

墓号	位置	形制	骨骼		随葬品	年代
			数量	保存情况		
06BLM1	张家坡	长方形土坑竖穴墓	1	残	陶楼、褐釉陶罐、青瓷碗、白瓷碗、白瓷盅、铁棺销、铁铺首、崇宁重宝、弘治通宝、方砖	明
06BLM2	张家坡	长方形土坑竖穴墓	3	完整	铜钱、枕瓦	明
06BLM3	张家坡	长方形土坑竖穴墓	2	完整	玉牌、铜铺首、方砖、铜钱、枕瓦	明
06BLM4	张家坡	砖室墓（残留一角）				明
06BLM5	王家湾	刀形券顶砖室墓	不明	残	无	东汉南朝
06BLM6	王家湾	长方形砖石室墓	无		器盖、板瓦	唐
06BLM7	张家坡	刀形券顶砖室墓	无		瓷罐、陶钵、开元通宝	唐
06BLM8	张家坡	长方形券顶砖室墓	无		铜钱、琥珀饰、玻璃珠、银销、银饰、铅坠、铁刀	东汉南朝
06BLM9	Ⅲ区	长方形土坑竖穴墓，斜坡墓道，椁室内分为四室：即棺室、东室、西室和北室	无		玉环、玉璧、铜附件、盖弓帽、铜壁插、铜辖、鹿角、铜镜	战国

后　记

一

在编完这本报告时，我参加的 4 次发掘的往事又浮现在眼前。

三峡大坝预定在 1997 年 11 月 8 日实施首次大江截流壮举，举世瞩目，早在 9 月各地记者已经云集三峡，三峡考古也同样受到人们格外关注。陈国庆主持的雷家坪第一次发掘开工就得到多家媒体的报道。抢救三峡文物、抢救三峡历史，我们感到肩负的责任比以往考古发掘更加沉重。初到三峡，酷热对我们北方人是一个考验，黏硬土质、大倾斜的地层以及对当地文化序列和内涵的陌生对我们控制层位是更大的考验。听说三峡多倒装层，多混层，面对少而破碎的陶片，心总是悬着。10 月 24 日专家组到工地检查，黄景略、黄展岳、胡美洲、陈振玉、杨权喜、王风竹、孟华平、周国平等专家学者仔细检查后，对我们的工作给予肯定，对出土陶片的时代进行认定，与地层叠压关系相符，这是三峡内少见的从龙山到周代的原生地层，我们的心落了地！

1999 年春我带学生第二次发掘雷家坪，邀请宜昌博物馆的李孝沛参加。进驻工地的第 4 天，李孝沛在刮断崖的壁面时发现了青铜壶盖的铜锈渣，随后发现了战国墓葬，出一壶。国家文物局张柏副局长率领的由文物局、公安部、移民局组成的联合检查组到工地检查，其中有胡美洲、陈振玉、邓一章、关强、王风竹、孟华平、周国平等。4 月 21 日中央电视台新闻部的记者到三峡工地采访吉林大学考古实践教学，于 5 月 2 日"午间新闻"栏目播出了雷家坪战国墓葬画面。恰巧中央电视台"走进科学"栏目记者周俊到三峡拍摄科普短片《巴人之迷》，听说发现了青铜器墓就到工地，拍摄了发掘现场和民居老屋、篝火等素材，后到巴东县城拍摄博物馆藏品、土家族巫师举行丧祭的场面。该片在 9 月份编辑播出后，又翻译成英文在美国等播出。雷家坪这个崇山峡谷中的弹丸之地，供人类默默无闻地开发利用四千余年，在行将沉入水下之际，却因一个铜壶的发现而一时扬名，此壶还真有点灵气！

2002 年冬我们进行了第三次发掘。踏入遗址，火红的柑橘挂满枝头，多数村民搬迁到高处新居，我们曾经住过的张家老屋一半已经变成废墟。考古队部也只好选在高头镇内一座俯视遗址的楼内，由于道路崎岖，发掘墓葬期间刘力、黄镇亚等常常中午在墓边烧地瓜吃方便面充饥。在屋后的坎底，去掉淤泥层就发现了战国武士墓的青铜鏊，带着黑灰的圆底朝上，已到了墓底。此断崖是盖房挖地基形成的，此墓器物全部能保留下来，实在是幸运！在西山坡早年被盗的南朝砖室墓内，发掘出利用旧墓圹的唐代墓，着实令我们意外。更奇怪的是，石头围框不是当地习俗，M5 中的 2 号人骨鉴定是一位年轻女子，身右侧放着一柄铁矛，腰系男子常用的蹀躞带，看来她还是一位练武之人，发生什么样的变故，使得他们一家躲藏到三峡深处的雷家坪，又如此草草掩埋于古墓之中？并列的 M3 盗毁严重，细心的杜赤捏碎每一块黏土块，把瓷片一一清洗拼对，其中拼对起一个青瓷器底，上面刻写"陈"字，据此可推测其拥有者姓陈。雷家坪村的雷姓为汉人，是后来迁居者，陈姓为土家人，但问之来源，皆不知祖居何地。2003 年元旦过后，在我们撤离工地一天，沿途看到农民开始用电锯放倒果树，三峡水库开始蓄水，二期水位将上升到海拔 135 米！

　　2005 年冬我们到雷家坪时，原在半山腰的平台变成了三面环水的半岛。在西瀼口修筑的巴东跨江大桥已通车，去县城已经天堑变通途。遗址旁昔日江边农田橘林已经长满茂盛的野草，雷光辉家的摆渡小船整日闲置在岸边，这与寇准在巴东曾经吟唱的"野水无人渡，孤舟尽日横"的画面何其相似。此次发掘到一个井形祭祀深坑，中腰以石层封堵，内有火烧痕迹，祭以木工具和碎骨，是三峡内仅见的特殊遗迹，所祭何神，令人迷茫。

　　2006 年春黄石博物馆挖开我们曾经居住过的屋基，竟然发掘到战国楚墓，此墓古代就被大规模盗掘，残余的遗物中有车器，雷家坪周围地势陡峭，车马无用武之地，现代雷家坪居民有船而无车。虽然三峡新石器时代遗址发现过马骨，但马在三峡内是罕见的，1999 年发掘时，我曾听年近花甲的房东张传孝讲，他只见过一次马，1948 年解放军骑兵路过雷家坪，马在他的院子里吃草料后就向西走了。而这个大墓是楚向西推进后形成的，是迄今为止湖北省三峡内发现最大的战国墓，车马器陪伴的墓主与楚国征服者是什么关系？

　　2006 年 10 月雷家坪平台遗址完全沉没于水下，结束了作为人类活动场所的四千年的历史。他的历史碎影缩进这本小小的书内，他的故事迷雾萦绕在移民者与考古者的脑海中。

二

　　雷家坪遗址先后 9 次发掘，历经十年，承担发掘单位有吉林大学、黄石博物馆、荆州博物馆、中山大学。本报告是吉林大学和黄石博物馆合作整理编写的两个单位 7 次发掘成果，是集体工作的成果。发掘时间跨度长，参加人员多。在此向曾经参加过雷家坪遗址抢救发掘者致以敬意！向关心雷家坪发掘，到工地指导的各位专家领导致谢！在历次发掘和整理期间，得到巴东县博物馆和当地政府的积极协助，巴东县博物馆的李庆荣、向勇、税世纲、李刚对发掘和整理工作给予了大力支持，在此表示由衷的谢意！

　　在整理和编写发掘报告期间，多家单位的科研人员进行了辛勤工作。中国科学院科技考古与科技史系的王昌燧教授主持了珠子的检测与分析研究工作，中国科技大学的毛振伟、董俊青、杨益民参加了分析工作。我校陈全家对动物骨骼进行了研究。我校张全超和周蜜对 2003 年发掘的人骨性别年龄进行鉴定。哈尔滨博物馆的李斌拍摄了 2002 年发掘器物照片，杜赤做了拓片，吉林市文管处的刘力也拍摄部分照片。黄石博物馆胡继权对前三次发掘的部分出土物进行了拍照。1997 年发掘的瓷器修复由黄功扬、胡静完成，照相由鲁静、程波完成，底图由陈丽燕完成。陈斌、阮鹏负责对黄石博物馆 2006 年发掘的遗迹图和器物图进行电脑绘制，陈斌、余乐、罗晓东负责 2006 年发掘器物照片拍摄工作，谢昆、陈军、曲毅、王勇、张伟等同志参加 2003 年相关的考古发掘和资料整理工作。吉林大学吴敬对 1997 年发掘的土洞墓的年代重新做了分析，李有骞对部分石器进行了分析与绘图，地球科学学院的刘建峰对部分石料进行鉴定。赵明星、李有骞、王亚娟对吉林大学发掘的器物进行电脑绘图。陈章龙对全文的编排做了基础工作。1999 年的器物由宜昌博物馆的王超修复。2002 年的器物由内蒙古的李永和李树国等修复。辽宁省文物保护中心张晓东合成并清绘了总分布图。湖北省文物局三峡办的余萍、李雁对查阅资料给予积极帮助。杨权喜先生对初稿进行审阅，并提出宝贵的修改意见。宋小军、曹明明编辑对报告付出很多辛苦。在此对他们深表感谢！

　　由于发掘和整理的历程很复杂，加之编者水平有限，使得本报告存在很多不足，敬请读者谅解。

　　本报告由冯恩学和蔡维任主编，周百灵、潘艺、陈国庆为副主编。各章具体执笔分工如下：

第一章　冯恩学　　　　　　　　　　　第二章　蔡维、冯恩学

第三章　陈国庆、冯恩学　　　　　　　第四章　陈国庆、冯恩学

第五章　陈国庆、冯恩学　　　　　　　第六章　冯恩学、邵海波

第七章　陈斌、冯恩学　　　　　　　　第八章　冯恩学、黄功扬、陈国庆

第九章　冯恩学、陈斌　　　　　　　　第十章　冯恩学、蔡维

在整理研究和编写过程中得到教育部人文社会科学研究基地吉林大学边疆考古研究中心基金支持。

冯恩学记于长春

2007 年 9 月 10 日

1. 雷家坪遗址中部西部远景（2002 年 12 月拍摄，由东北向西南）

2. 雷家坪遗址中部（2006 年拍摄，由北向南）

雷家坪遗址

1. 罐口沿（02BLT403 ③：10）

2. 鼎足（99BLT402 ⑩：3）

3. B 型陶缸（99BLT402 ⑧：7）

4. 陶缸腹片断面的夹炭（99BLT402 ⑧出土）

一期陶器

1. 二期灰陶片的红衣呈粉状脱落现象（02BLT135⑥出土）

2. 三期陶罐沿面的陶衣呈片状脱落现象（02BLT135③：1）

3. 二期泥质红陶片断面的夹芯现象（02BLT135⑤出土）

4. 三期夹炭陶包足鬲的包层脱落现象（99BLT404③：38）

二、三期陶片

1. 一期的石铲（02BLT135 ⑦：1）

2. 三期的 A 型石斧（02BLT402 ③：2）

3. 三期的 A 型石斧（02BLT408 ③：1）

一、三期石器

1. 第4层封石层

2. 坑穴发掘到底的形状

3. 坑底器物的分布状态

四期祭祀坑（05BLH1）

1. 青铜鐁（05BLH1：1）

2. A 型陶豆（99BLT302 ④：2）

3. A 型陶豆（99BLT302 ④：3）

4. 石锛（05BLH1：4）

5. 陶纺轮（99BLT302 ④：1）

四期器物

1. 墓坑底全景（02BLM4）

2. 战国墓青铜鍪（02BLM4∶2）

战国墓及出土器物

1. 青铜剑 （02BLM4：3）

2. 青铜矛 （02BLM4：4）

3. 陶盂 （02BLM4：1）

4. 青铜壶 （99BLM2：1）

战国墓出土器物

1. 墓坑全景

2. 棺椁

战国墓（06BLM9）

1. 铜盖弓帽（06BLM9 西室：2）

2. 铜盖弓帽（06BLM9 棺室：14）

3. 铜盖弓帽（06BLM9 棺室：10）

4. 铜辖（06BLM9 东室：3）

战国墓出土器物

1. 铜附件顶视、侧视（06BLM9西室：1）

2. 玉璧（06BLM9西室：4）

3. 玉环（06BLM9北室：2与M9棺室：5）

战国墓出土器物

1. 六朝砖室墓（02BLM2）全景

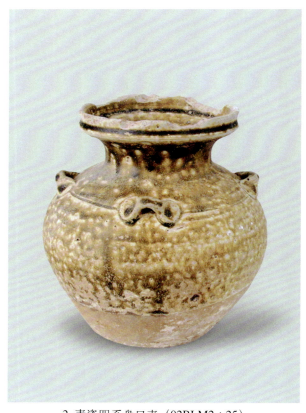

2. 青瓷四系盘口壶（02BLM2：25）

3. 青瓷点彩碗（02BLM2：27）

六朝墓

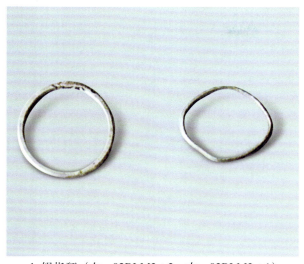

1. 银指环（左：02BLM2：2、右：02BLM2：1）

2. 银手镯（02BLM2：8）

3. 鎏金青铜包片（02BLM2：4）

4. 项链坠饰与珠子

六朝墓出土器物

1. 青瓷四系罐（02BLM2：26）

2. 银饰（06BLM8：7）

3. 青铜钗（04BLM2：3）

4. 琥珀动物坠饰侧视、前视（06BLM8：3）

东汉六朝墓出土器物

1. B 型碗（97BLH4：10）

2. B 型碗（97BLH5：31）

3. A 型盆（97BLT302 ③ a：3）

4. B 型罐（97BLH5：7）

六朝时期青瓷器

1. 碗（97BLT302 ③：10）

2. 修复前的碗残片（97BLT302 ③：10）

3. 碗的内部细部特征（97BLT302 ③：10）

六朝时期青瓷碗及细部

1. 碗正面（97BLH4：15）

2. 碗内面（97BLH4：15）

3. 盏（04BLM2：1）

4. 碗胎与芒口（97BLH4：15）

5. 盏（04BLM2：2）

6. 碗底特征（97BLH4：15）

六朝时期青瓷器

1. B 型碗（97BLH5：2）

2. C 型碗（97BLT302 ③：12）

3. B 型碗（97BLH5：25）

4. A 型盏心削成凹陷（97BLH4：17）

5. B 型碗底外观特征（97BLH5：25）

6. 张裂的碗底（97BLT302 ③：13）

1. B 型碗（97BLH5：1）

2. 点彩碗（97BLH5：11）

3. 点彩碗底视（97BLH5：11）

4. C 型碗（97BLH5：26）

5. 盏（97BLM2：4）

6. B 型碗釉下化妆土层（97BLH5：18）

六朝时期青瓷器

1. B 型碗（97BLT302 ② ：1）

2. B 型碗（97BLH4 ：9）

3. 珠饰显微照片（02BLM2）

（依次为 DB1、DL1、DLZ1、XB1、XL3、XDH1、XG4、XR4、XH4、XY4、XZL3、XZL5、DLZ1、XDH3、
XR1、XR5，1～12 为样品全貌，13～16 为样品局部）

六朝时期青瓷器、显微镜下的珠饰特征

1. 青釉点彩罐顶视（02BLM5∶1）

2. 青瓷点彩罐侧视（02BLM5∶1）

3. 壶（02BLM5∶2）

4. 碗（02BLM6∶2）

5. 碗底视（02BLM6∶2）

唐墓出土青瓷器

1. 铜带具
（左上：02BLM5：5、左下：02BLM5：8-3；中上：02BLM5：8-4；中下：02BLM5：8-1；
右上：02BLM5：8-2；右下：02BLM5：3-2）

2. 黑瓷壶（99BLM3：1）

3. 盘口壶（97BLM1：1）

唐墓出土铜器及瓷器

1. 白瓷碗（06BLM1∶4）

2. 白瓷盅（06BLM1∶6）

3. 白瓷盅（06BLM1∶5）

4. 白瓷盅（06BLM1∶21）

5. 白瓷盅底视（06BLM1∶5）

6. 白瓷盅的足与字款（06BLM1∶21）

明墓出土白瓷器

1. 青花碗顶视（99BLT302 ②：1）

2. 青花碗（99BLT302 ②：1）

3. 青瓷盅（02BLM1：1）

4. 青瓷盅（02BLM1：2）

5. 青花小碗（02BLT403 ③：1）

清代瓷器

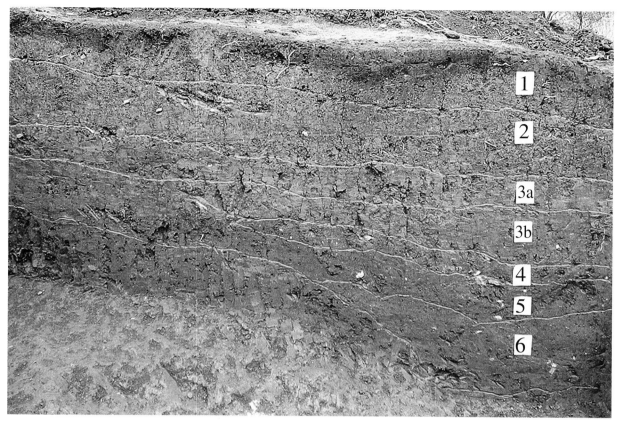

1. Ⅰ区 02BLT135 东壁地层

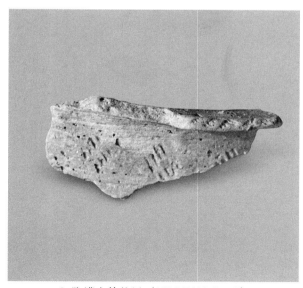

2. 陶罐上的纹唇 (02BLT403 ③ : 3)

3. 折沿釜内壁 (99BLT404 ⑧ : 9)

雷家坪遗址Ⅰ区地层及一期陶片

1. 砍砸器（99BLT402 ⑧：2）

2. A 型石楔（99BLT402 ⑧：24）

3. 砍砸器（99BLT402 ⑧：6）

4. B 型石斧（99BLT404 ⑧：6）

一期石器

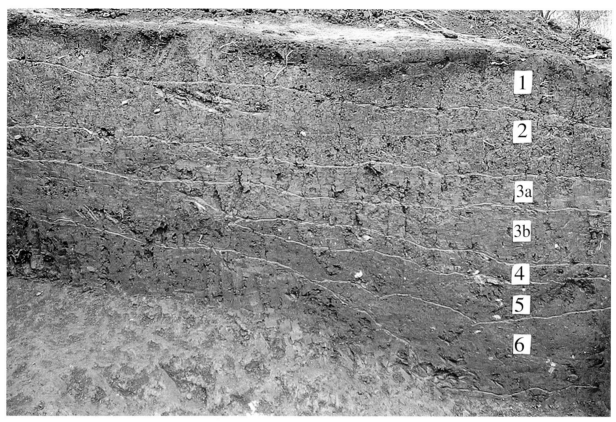

1. Ⅰ区 02BLT135 东壁地层

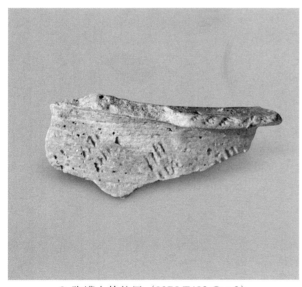

2. 陶罐上的纹唇（02BLT403 ③：3）

3. 折沿釜内壁（99BLT404 ⑧：9）

雷家坪遗址Ⅰ区地层及一期陶片

1. 砍砸器（99BLT402 ⑧：2）

2. A 型石楔（99BLT402 ⑧：24）

3. 砍砸器（99BLT402 ⑧：6）

4. B 型石斧（99BLT404 ⑧：6）

一期石器

1. 石锤顶视与侧视（99BLT404 ⑧：3）

2. A 型石斧（97BLT402 ④：1）　　　　　3. B 型石楔（99BLT402 ⑧：30）

一期石器

1. A 型石锛正面（99BLH1：3）

2. A 型石锛背面（99BLH1：3）

3. 石核（99BLT402 ⑧：5）

4. B 型石楔（99BLT404 ⑧：1）

一期石器

1. A 型石斧（99BLT404 ⑦：1）

2. A 型石锛（99BLT404 ⑦：2）

3. B 型石锛（99BLG1 ②：2）

4. 石锛背面（99BLG1 ②：2）

二期石器

1. A 型石斧（99BLT404 ⑥ a：4）

3. A 型石斧背面（99BLT404 ⑥ a：3）

2. A 型石凿（99BLT404 ⑥ a：3）

4. 石凿侧面（99BLT404 ⑥ a：3）

二期石器

1. 毛坯 （99BLT404 ⑥ a：31）

2. 石斧 （99BLT402 ⑥ a：3）

二期石器

1. 三期 A 型石斧（97BLT415 ③：2）

2. 三期 A 型石斧（97BLH5：1）

3. 二期烧熘的废陶片（02BLT135 ⑥：40）

二期陶片、三期石器

1. 毛坯（99BLG1 ① : 1）

2. 石楔（99BLG1 ① : 11）

3. B 型石斧（99BLT404 ④ a : 6）

二期石器

1. B 型石锛（97BLT403 ④：6）

2. C 型石锛（02BLT134 ② b：1）

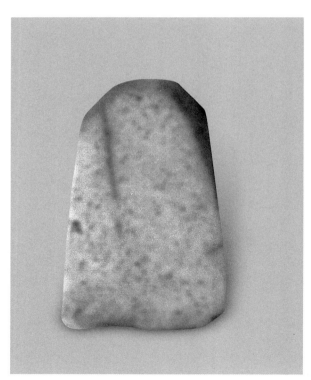

3. D 型石锛（99BLM4 填土：1）

4. A 型石凿（99BLT404 ⑥ b：6）

二期石器

1. 锤（02BLT407 ⑦：4）

2. 毛坯（99BLG1 ②：3）

3. B 型刀（99BLG1 ①：15）

二期石器

1. C 型凿正面（99BLT404 ⑥ a：6）

2. B 型斧(99BLT404 ⑥：2)

3. 刮削器（02BL T135 ⑥：2）

4. 石凿侧面（99BLT404 ⑥ a：6）

二期石器

1. A 型斧（99BLT404 ② : 2）

2. 锛（02BLT408 ③ : 2）

3. 锛（97BLT417 ③ : 1 ）

4. B 型斧（99BLT402 ③ : 3）

三期石器

1. A 型凿（97BLT409 ③：1）

2. A 型凿（99BLT404 ③：5）

3. C 型凿（99BLT402 ③：1）

4. 凿背面（99BLT402 ③：1）

三期石器

1. 二期纺轮（02BLT135 ⑤：2）

2. 三期纺轮（02BLT408 ③：5）

3. 三期鬲足（02BLT135 ③：11）

4. 三期豆盘（99BLT404 ③：7）

二、三期陶器

1. 二期骨镞（99BLT404 ④ b：1）

2. 二期牙凿（99BLT404 ⑥ b：3）

3. 青铜镞（99BL 采：1）

4. 青铜镞（99BL 采：2）

5. 青铜镞（97BLG1：1）

6. 青铜镞（97BL 采：1）

出土器物

1. B 型陶豆（05BLH1∶17）

2. A 型陶豆（05BLH1∶19）

3. 砺石（05BLH1∶6）

四期陶器、石器

1. 石片（05BLH1：3）

2. 石片（05BLH1：5）

3. 杵（05BLH1：2）

四期石器

1. 墓底发掘现场

2. 青铜剑的埋藏状态

3. 青铜鍪和陶盉的
埋藏状态

战国墓（02BLM4）发掘现场

1. 墓顶部堆积状态

2. 墓底前部（由北向南拍摄）

六朝墓（02BLM2）发掘现场

1. 板瓦与筒瓦的出土状态

2. 现场拼对瓦后的复原状态

02BLM2 甬道内的瓦

1. 墓顶与墓壁以反置砖层为界

2. 被盗挖破坏的生土棺床和棺床土台前的包砖

02BLM2 细部情况

1. 壶（02BLM2：23）

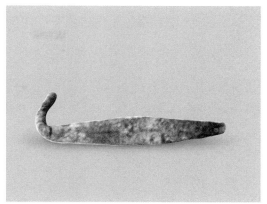

2. 铜钗（上：02BLM2：3、下：02BLM2：18）

3. 02BLM2 前部瓷器分布

02BLM2 出土器物情况

内底的支钉痕迹（02BLM2：27）

外底（02BLM2：27）

02BLM2 出土点彩碗

1. 02BLM3 全景

2. 铁镤(02BLM3 : 1)

六朝墓 (02BLM3)

内外底部的支钉痕迹（02BLM2：24）

青釉钵

1. 器盖顶视（97BLT412 ③：3）

2. 器盖底视（97BLT412 ③：3）

3. C 型碗（97BLT302 ③：6）

地层出土六朝瓷器

1. B 型碗（99BLT403 ④：1）

2. A 型盏（02BLT412 ③：2）

3. B 型碗（02BLT412 ③：1）

4. B 型盏底视（97BLH5：12）

5. A 型盏底视（97BLH4：3）

6. A 型碗底视（97BLH4：7）

地层出土六朝青瓷器

1. 并耳四系罐（02BLM3：2）

2. C 型盆（97BLT302 ③ a：4）

3. B 型碗（99BLT403 ④：2）

六朝青瓷器

1. 99BLM4 全部揭露后的状态

2. 02BLM6 在 02BLM2 中的位置

唐墓

1. 02BLM6骨架全景（从南向北拍摄）

2. 骨架中部的底砖和骨骼
碎裂状态

3. 骨骼上半身清理现场

唐墓（02BLM6）骨架

1. 02BLM5 在 02BLM2 中的位置（从北向南拍摄）

2. 02BLM5 平面分布情况

唐墓（02BLM5）布局情况

1. 铁刀与带具出土现场

2. 青瓷点彩罐出土状态

3. 清理罐现场

02BLM5 发掘现场

1. 02BLM5 出土铁器

2. 三系罐（02BLM5：6）

02BLM5 出土器物

1. 99BLM1 小龛内壶的出土状态

2. 青瓷壶（99BLM1：1）

3. 褐釉陶罐（06BLM1：3）

明墓出土现场

1. 人形棺销 （06BLM1：9）

2. 桃形棺销 （06BLM1：8）

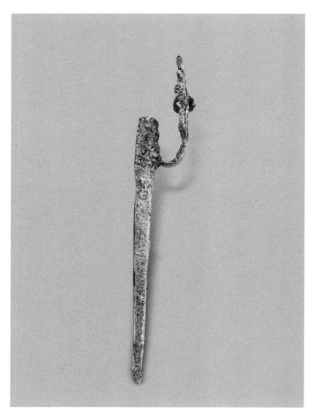

3. 人形棺销 （06BLM1：9）

4. 鸟形棺销 （06BLM1：7）

明墓出土铁器

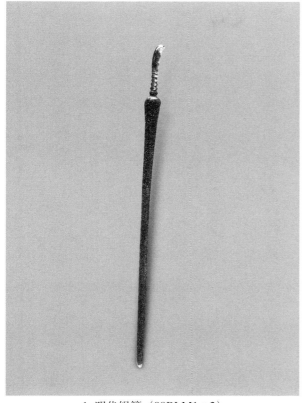

1. 明代银簪（99BLM1：2）

2. 桃形棺销（06BLM1：8）

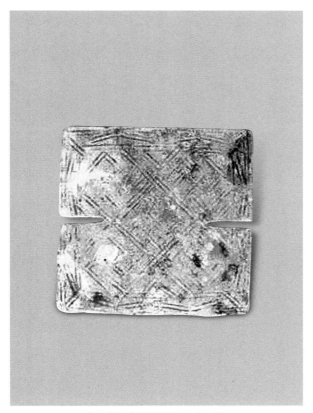

3. 玉牌（06BLM3－1：1）

4. 青瓷碗（06BLM1：2）

明墓出土器物

1. 酱釉鼓丁三足炉（02BLM1：3）

2. 三足炉底部（02BLM1：3）

3. 铜铺首（06BLM3 -1：3）

明清墓葬出土器物

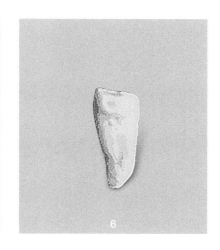

1、2. 骨片（02BLT135 ⑥：10、11）　3. 獐左侧胫骨（02BLT135 ⑥：7），前侧视　4. 家猪左侧肱骨（02BLT13 ⑥：2），后侧视　5. 鱼鳃盖骨（02BLT135 ⑥：6），外侧视　6. 人左下犬齿（02BLT135 ⑥：6），近中视　7. 家猪右侧髋骨（02BLT135 ⑥：5），外侧视　8. 獐左侧距骨（02BLT135 ⑥：8），跖侧视　9. 家猪下颌骨（02BLT135 ⑥：1），腹侧视

动物骨骼

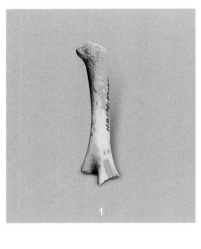

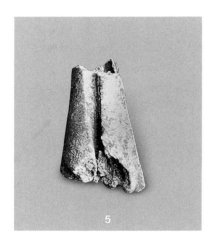

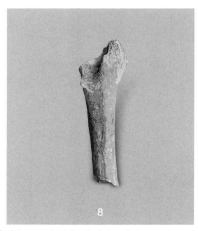

1. 家猪肱骨左侧（05BLH1 ①：3），后侧视　2. 家猪股骨右侧（05BLH1 ①：6），前视　3. 猪胫骨右侧（05BLH ①：7），前视　4. 鹿下颌骨右侧（05BLH1 ①：9），颊侧视　5. 鹿跖骨右侧（05BLH1 ①：11），背侧视　6. 鹿尺骨右侧（05BLH1 ①：10），前侧视　7. 家猪下颌骨左侧（05BLH1 ①：2），嚼面视　8. 犬股骨右侧（05BLH1 ⑤：1），后侧视　9. 家猪I3左侧（05BLH1 ①：1），近中视

动物骨骼

(K — 1234.0101)

ISBN 978-7-03-022842-0